Der Mann ohne Land und andere Geschichten

Edward Everett Hale

Writat

Cette édition parue en 2024

ISBN : 9789359947440

Publié par
Writat
email : info@writat.com

Inhalt

DER MANN OHNE LAND.

AUS DEN INGHAM-PAPIEREN.

Diese Geschichte wurde im Sommer 1863 geschrieben, als Beitrag, so bescheiden er auch sein mag, zur Bildung eines gerechten und wahren Nationalgefühls oder eines Gefühls der Liebe zur Nation. Es war zu der Zeit, als Herr Vallandigham über die Grenze geschickt wurde. Es war tatsächlich mein Wunsch, dass die Geschichte vor den Wahlen im Herbst dieses Jahres gedruckt würde – als mein „Zeugnis" über die darin enthaltenen Prinzipien –, aber die Umstände verzögerten ihre Veröffentlichung, bis die Dezemberausgabe des Atlantic erschien.

Es handelt sich ausschließlich um eine Fiktion, die „auf Tatsachen beruht". Die Tatsachen, auf denen es basiert, sind folgende: Aaron Burr segelte 1805 und erneut 1806 den Mississippi hinunter und wurde 1807 wegen Hochverrats angeklagt. Der Rest ist, mit einer Ausnahme, die erwähnt werden muss, alles frei erfunden.

Es war meine Absicht, die Geschichte ohne den Namen des Autors außer dem von Captain Frederic Ingham, USN, zu veröffentlichen. Ob ich nun unter seinem Namen oder unter meinem eigenen schreibe, ich habe mir in Bezug auf die Geschichte keine Freiheiten genommen, außer denen, die jeder Romanautor hat privilegiert zu nehmen – ja, muss nehmen, wenn überhaupt Fiktion geschrieben werden soll.

Nachdem die Geschichte einmal veröffentlicht worden war, entfiel sie meinen Händen. Von diesem Moment an hat es nach und nach verschiedene Zubehörteile erhalten, für die ich nicht verantwortlich bin. So habe ich gehört, dass in einem Büro des Marineministeriums gesagt wurde, Nolan sei tatsächlich begnadigt worden und zum Sterben nach Hause zurückgekehrt. Bei einem anderen Büro wurde mir gesagt, dass die Antwort auf Fragen lautete, dass ein Beamter zwar sein ganzes Leben lang im Ausland festgehalten wurde, sein Name jedoch nicht Nolan war. Ein ehrwürdiger Freund von mir in Boston, der jede Tradition diskreditiert, erinnert sich noch immer an dieses „Nolan-Kriegsgericht". Einer der genauesten meiner jüngeren Freunde hatte Nolans Tod in der Zeitung bemerkt, erinnerte sich aber, „dass es im September und nicht im August war". Eine Dame in Baltimore schreibt mir, ich glaube in gutem Glauben, dass Nolan zwei verwitwete Schwestern hat, die in dieser Nachbarschaft leben. Ein Korrespondent des Philadelphia Despatch glaubte, „der Artikel sei unwahr, da die US-Korvette ‚Levant' seit fast drei Jahren zwischen San Francisco und San Juan auf See verloren ging." Ich möchte anmerken, dass diese Ungewissheit über den Ort ihres Verlusts eher die Wahrscheinlichkeit erhöht, dass sie nach drei Jahren in Lat wieder auftaucht. 2° 11' S., lang. 131°

W. Ein Autor im New Orleans Picayune erklärte in einem sorgfältigen historischen Aufsatz ausführlich, dass ich mich die ganze Zeit geirrt habe; dass Philip Nolan nie zur See fuhr, sondern nach Texas; dass er dort am 21. März 1801 im Kampf erschossen wurde und auf Befehl Spaniens jeder fünfte Mann seiner Gruppe erschossen werden sollte, wenn sie nicht im Gefängnis gestorben wären. Glücklicherweise hinterließ er jedoch seine Papiere und Karten, die in die Hände eines Freundes des Picayune- Korrespondenten fielen. Dieser Freund schlägt vor, sie zu veröffentlichen – und die Öffentlichkeit wird dann hoffentlich die wahre Geschichte von Philip Nolan, dem Mann ohne Land, erfahren.

Mit all diesen Fortsetzungen habe ich jedoch nichts zu tun. Ich kann nur wiederholen, dass mein Philip Nolan reine Fiktion ist. Ich kann sein Sammelalbum nicht an meinen Freund schicken, der danach fragt, weil ich es nicht zum Verschicken habe.

Als ich Material für meine Geschichte sammelte, fiel mir ein, dass in General Wilkinsons Galimatias, die er seine „Memoirs" nennt, häufig auf einen seiner Geschäftspartner namens Nolan Bezug genommen wird, der ganz am Anfang dieser Geschichte stand Jahrhundert, wurde in Texas getötet. Wann immer Wilkinson sich noch tiefer in der Klemme befand als sonst, rechtfertigte er sich damit, dass er diese oder jene Anklage nicht erklären könne, weil „die diesbezüglichen Dokumente verloren gingen, als *Mr. Nolan* in Texas inhaftiert war." Als ich diesen mythischen Charakter in den mythischen Legenden einer mythischen Zeit fand, nahm ich mir die Freiheit, ihm einen eher mythischen Cousin zu geben, dessen Abenteuer auf den Meeren stattfinden sollten. Ich hatte den Eindruck, dass Wilkinsons Freund Stephen hieß – und als solchen sprach ich in den frühen Ausgaben dieser Geschichte von ihm. Aber lange nachdem dies gedruckt wurde, stellte ich fest, dass die New Orleans-Zeitung Recht hatte, als sie sagte, dass der texanische Held Philip Nolan hieß.

Wenn ich ihn und seinen Namen vergessen hätte, kann ich nur sagen, dass Mr. Jefferson, der ihn nicht vergaß, ihn und seinen Namen im Stich ließ – als die spanische Regierung ihn ermordete und seine Mitarbeiter lebenslang einsperrte. Ich habe mein Bestes getan, um meine Schuld wiedergutzumachen und mich an einen tapferen Mann zu erinnern, indem ich die Geschichte seines Schicksals in einem Buch mit dem Titel „Philip Nolans Freunde" erzählt habe. Der Leser wird auf die historischen Aussagen in diesem Buch verwiesen. Dass der Texaner Philip Nolan eine wichtige, wenn auch vergessene Rolle in unserer nationalen Geschichte spielte, wird der Leser verstehen, wenn ich sage, dass der Terror der spanischen Regierung, erregt durch seine Abenteuer, auch ihre gesamte Politik gegenüber Texas und Louisiana bestimmte. bis das letzte Territorium nicht mehr ihr eigenes war.

Wenn irgendein Leser der Meinung ist, dass die Erfindung eines Cousins eine zu große Freiheit ist, als dass man sie in die Fiktion einfließen lassen könnte, wage ich es, ihn daran zu erinnern, dass „das schon sechzig Jahre her ist"; und dass ich die höchste Autorität in der Literatur haben würde, selbst wenn es um weitaus größere Freiheiten geht, wenn man Annalen betrachtet, die so weit von unserer Zeit entfernt sind.

Als eine Bostoner Zeitung auf die Geschichte von „My Double" aufmerksam wurde, die in einem anderen Teil dieser Sammlung enthalten war, sagte sie, sie sei höchst *unwahrscheinlich* . Ich habe diesem Kritiker immer zugestimmt. Ich gestehe, dass ich die gleiche Meinung zu dieser Geschichte von Philip Nolan habe. Es geht um Schiffe, die nicht existierten, um Zeugnisse von Offizieren, die nie gelebt haben. Sein Held befindet sich an zwei oder drei Orten gleichzeitig, in einem Prozess, der unter jeder denkbaren Verwaltung völlig unmöglich ist . Als mein Freund, Mr. WH Reed, mir aus City Point in Virginia die Aufzeichnungen über den Tod von PHILIP NOLAN schickte, einem Neger aus Louisiana, der für die Sache seines Landes im Dienst eines farbigen Regiments starb, spürte ich das er hatte etwas getan, um die eingebildete Schuld des eingebildeten Namensvetters seines unglücklichen Paten zu sühnen.

EEH

ROXBURY, MASS., 20. März 1886.

* * * * *

Ich nahm an, dass nur sehr wenige Gelegenheitsleser des New York Herald vom 18. August in einer dunklen Ecke unter den „Toten" die Ankündigung bemerkten:

> „NOLAN. Gestorben an Bord der US Corvette
> Levant, Breite 2° 11' S., Länge. 131° W., am 11. Mai,
> PHILIP NOLAN."

Ich habe es zufällig beobachtet, weil ich im alten Missionshaus in Mackinaw gestrandet war und auf einen Lake-Superior-Dampfer wartete, der nicht kommen wollte, und ich die gesamte aktuelle Literatur, die ich bekommen konnte, bis auf die letzten Stoppeln verschlang. sogar bis hin zu den Todesfällen und Hochzeiten im Herald. Mein Gedächtnis für Namen und Personen ist gut, und der Leser wird im weiteren Verlauf sehen, dass ich Grund genug hatte, mich an Philip Nolan zu erinnern. Es gibt Hunderte von Lesern, die bei dieser Ankündigung innegehalten hätten, wenn der Offizier der Levante, der sie berichtete, beschlossen hätte, sie so zu formulieren: „Gestorben am 11. Mai, DER MANN OHNE LAND." Denn der arme Philip Nolan war bei den Offizieren, die ihn etwa fünfzig Jahre lang befehligten, allgemein als „Der Mann ohne Land" bekannt, ebenso wie bei allen Männern, die unter ihnen segelten . Ich wage zu behaupten, dass es manchen Mann gibt, der auf einer dreijährigen Kreuzfahrt alle zwei Wochen

Wein mitgenommen hat und nie wusste, dass er „Nolan" heißt oder ob der arme Kerl überhaupt einen Namen hatte.

Es kann jetzt nicht mehr schaden, die Geschichte dieser armen Kreatur zu erzählen. Grund genug, dass es seit dem Ende der Regierung von Madison im Jahr 1817 Grund genug für eine strenge Geheimhaltung, das Ehrengeheimnis selbst, unter den Herren der Marine gab, die Nolan nacheinander anführten. Und sicherlich spricht es für den *Korpsgeist des Berufsstandes und die persönliche Ehre seiner Mitglieder, dass die Geschichte dieses Mannes der Presse* und, glaube ich, auch dem ganzen Land völlig unbekannt war . Aufgrund einiger Nachforschungen, die ich im Marinearchiv durchgeführt habe, als ich dem Bureau of Construction angehörte, habe ich Grund zu der Annahme, dass jeder offizielle Bericht über ihn verbrannt wurde, als Ross die öffentlichen Gebäude in Washington niederbrannte. Einer der Tuckers oder möglicherweise einer der Watsons hatte Nolan am Ende des Krieges an der Spitze; und als er nach der Rückkehr von seiner Kreuzfahrt in Washington einem der Crowninshields Bericht erstattete , der bei seiner Rückkehr im Marineministerium war, stellte er fest, dass das Ministerium die ganze Angelegenheit ignorierte. Ob sie wirklich nichts davon wussten oder ob es sich um ein „ *Non mi*" *handelte Ich* weiß es nicht. Aber ich weiß, dass seit 1817 und möglicherweise auch davor kein Marineoffizier Nolan in seinem Bericht über eine Kreuzfahrt erwähnt hat.

Aber wie gesagt, es besteht kein Bedarf mehr an Geheimhaltung. Und jetzt, wo das arme Geschöpf tot ist, scheint es mir der Mühe wert zu sein , ein wenig von seiner Geschichte zu erzählen, um den jungen Amerikanern von heute zu zeigen, was es heißt, EIN MANN OHNE LAND ZU SEIN .

* * * * *

Philip Nolan war ein hervorragender junger Offizier wie in der „Legion des Westens", wie die westliche Division unserer Armee damals genannt wurde. Als Aaron Burr 1805 seine erste mutige Expedition nach New Orleans unternahm, in Fort Massac oder irgendwo oben am Fluss, traf er, wie der Teufel es wollte, diesen fröhlichen, schneidigen, aufgeweckten jungen Kerl auf einer Dinnerparty , Ich finde. Burr markierte ihn, sprach mit ihm, ging mit ihm spazieren, nahm ihn ein oder zwei Tage lang mit in seinem Flachboot und faszinierte ihn, kurz gesagt. Im folgenden Jahr verlief das Leben in der Baracke für den armen Nolan sehr entspannt. Gelegentlich nutzte er die Erlaubnis, die ihm der große Mann gegeben hatte, um ihm zu schreiben. Lange, gekünstelte, gestelzte Briefe, die der arme Junge schrieb, umschrieb und abschrieb. Aber von dem schwulen Betrüger erhielt er nie eine Antwort. Die anderen Jungen in der Garnison verspotteten ihn, weil er in dieser unerwiderten Zuneigung zu einem Politiker die Zeit opferte, die sie Monongahela, Hazard und High-Low-Jack widmeten. Bourbon, Euchre und Poker waren noch unbekannt. Doch eines Tages rächt sich Nolan. Diesmal kam Burr den Fluss hinunter, nicht als Anwalt, der einen Platz für sein Büro suchte, sondern als getarnter Eroberer. Er hatte ich weiß nicht wie viele Bezirksstaatsanwälte besiegt ; er hatte an, ich weiß nicht wie vielen, öffentlichen Abendessen teilgenommen; er war in – ich weiß nicht wie vielen – wöchentlichen Arguses angekündigt worden, und es ging das Gerücht, dass er eine Armee hinter sich und ein Imperium vor sich hatte. Es war ein großartiger Tag – seine Ankunft – für den armen Nolan. Burr war noch keine Stunde in der Festung gewesen, als er nach ihm schickte. An diesem Abend bat er Nolan, ihn in seinem Boot mitzunehmen, um ihm, wie er sagte, einen Zuckerrohr- oder Pappelbaum zu zeigen – eigentlich um ihn zu verführen; und als die Segelfahrt vorbei war, war Nolan mit Leib und Seele rekrutiert. Von diesem Zeitpunkt an lebte er, obwohl er es noch nicht wusste, als „ EIN MANN OHNE LAND".

Was Burr vorhatte, weiß ich genauso wenig wie Sie, lieber Leser. Es geht uns im Moment nichts an. Erst als die große Katastrophe kam und Jefferson und das damalige Haus Virginia es unternahmen, durch den großen Hochverratsprozess in Richmond alle möglichen Clarences des damaligen Hauses York auf dem Rad zu brechen, schlossen sich einige der geringeren Mitglieder an Dieses ferne Mississippi-Tal, das weiter von uns entfernt war als Puget's Sound heute, führte auf seiner Provinzbühne eine ähnliche Neuheit ein und veranstaltete, um die Monotonie des Sommers in Fort Adams zu vertreiben, eine Reihe von *Schauspielen* Kriegsgerichtsverfahren gegen die dortigen Beamten. Der eine oder andere der Obersten und Majore wurde vor Gericht gestellt, und um die Liste zu vervollständigen, war der kleine Nolan, gegen den es, Gott weiß, Beweise genug gab, dass er den Dienst satt hatte, bereit gewesen, ihn zu betrügen , und hätte jedem Befehl gehorcht, mit jedem , der ihm folgen würde , irgendwohin zu marschieren , wenn der Befehl unterzeichnet worden wäre: „Auf Befehl seines Exc. A. Burr." Die Gerichte zogen sich hin. Die großen Fliegen sind entkommen, soweit ich weiß, zu Recht. Nolan wurde, wie gesagt, ausreichend schuldig bewiesen; Dennoch hätten Sie und ich nie von ihm gehört, lieber Leser, wenn der Präsident des Gerichts ihn nicht am Ende gefragt hätte, ob er etwas sagen wolle, um zu zeigen, dass er den Vereinigten Staaten immer treu geblieben sei, hätte er aufgeschrien , in einem Anfall von Raserei, –

„D—— n die Vereinigten Staaten! Ich wünschte, ich würde nie wieder von den Vereinigten Staaten hören!"

Ich nehme an, er wusste nicht, wie schockiert diese Worte den alten Colonel Morgan waren, der das Gericht hielt. Die Hälfte der Offiziere, die darin saßen, hatten während der Revolution gedient, und ihr Leben, ganz zu schweigen von ihrem Hals, war für genau die Idee riskiert worden, die er in seinem Wahnsinn so unbekümmert verfluchte. Er seinerseits war im damaligen Westen aufgewachsen, inmitten der „spanischen Verschwörung", der „Orleans-Verschwörung" und allem anderen. Er war auf einer Plantage ausgebildet worden, wo die beste Gesellschaft ein spanischer Offizier oder ein französischer Kaufmann aus Orleans war. Seine Ausbildung, so wie sie war, hatte er auf kommerziellen Expeditionen nach Vera Cruz vervollkommnet, und ich glaube, er erzählte mir, dass sein Vater einmal einen Engländer als Privatlehrer für einen Winter auf der Plantage eingestellt hatte. Er hatte die Hälfte seiner Jugend mit einem älteren Bruder auf der Pferdejagd in Texas verbracht; und mit einem Wort: Für ihn waren die „Vereinigten Staaten" kaum eine Realität. Dennoch wurde er in all den Jahren , seit er in der Armee war, von den „Vereinigten Staaten" ernährt. Er hatte bei seinem Glauben als Christ geschworen, den „Vereinigten Staaten" treu zu bleiben. Es waren die „Vereinigten Staaten", die ihm die Uniform gaben, die er trug, und das Schwert an seiner Seite. Nein, mein armer Nolan, nur weil die „Vereinigten Staaten" Sie zuerst als einen ihrer eigenen vertraulichen Ehrenmänner ausgewählt hatten, lag „A. Burr" ein bisschen mehr an Ihnen als an den Flachbootmännern, die auf seinem Schiff segelten Arche für ihn. Ich entschuldige Nolan nicht; Ich erkläre dem Leser nur, warum er sein Land verdammte und wünschte, er würde ihren Namen nie wieder hören.

Er hörte ihren Namen nie, aber noch einmal. Von diesem Moment, dem 23. September 1807, bis zu seinem Tod, dem 11. Mai 1863, hörte er ihren Namen nie wieder. Für dieses halbe Jahrhundert und länger war er ein Mann ohne Land.

Der alte Morgan war, wie gesagt, furchtbar schockiert. Wenn Nolan George Washington mit Benedict Arnold verglichen oder „Gott schütze König George" gerufen hätte, hätte sich Morgan nicht schlechter gefühlt. Er rief das Gericht in sein Privatzimmer und kam nach fünfzehn Minuten mit einem Gesicht wie ein Laken zurück, um zu sagen:

„Gefangener, hören Sie sich das Urteil des Gerichts an! Das Gericht entscheidet, vorbehaltlich der Zustimmung des Präsidenten, dass Sie den Namen der Vereinigten Staaten nie wieder hören werden."

Nolan lachte. Aber sonst lachte niemand. Der alte Morgan war zu feierlich und der ganze Raum war für eine Minute totenstill. Sogar Nolan verlor augenblicklich seine Prahlerei. Dann fügte Morgan hinzu:

„Herr Marschall, bringen Sie den Gefangenen in einem bewaffneten Boot nach Orleans und übergeben Sie ihn dort dem Marinekommandanten."

Der Marschall gab seinen Befehl und der Gefangene wurde aus dem Gerichtssaal gebracht.

„Mr. Marshal", fuhr der alte Morgan fort, „sorge dafür, dass niemand dem Gefangenen gegenüber die Vereinigten Staaten erwähnt. Mr. Marshal, erweisen Sie Leutnant Mitchell in Orleans meinen Respekt und bitten Sie ihn, anzuordnen, dass niemand die Vereinigten Staaten gegenüber erwähnen darf." den Gefangenen, während er sich an Bord des Schiffes befindet. Ihre schriftlichen Anweisungen erhalten Sie heute Abend vom hier diensthabenden Offizier. Das Gericht wird auf einen Tag vertagt."

Ich habe immer angenommen, dass Colonel Morgan selbst die Gerichtsverhandlungen nach Washington City gebracht und sie Mr. Jefferson erläutert hat. Sicher ist, dass der Präsident sie gebilligt hat – sicher, wenn ich den Männern glauben darf, die sagen, sie hätten seine Unterschrift gesehen. Bevor die Nautilus mit dem Gefangenen an Bord von New Orleans zur Nordatlantikküste gelangte, war das Urteil gefällt worden, und er war ein Mann ohne Land.

Der damals angenommene Plan war im Wesentlichen derselbe, der zwangsläufig bis heute befolgt wurde. Vielleicht wurde dies durch die Notwendigkeit nahegelegt, ihn auf dem Wasserweg von Fort Adams und Orleans aus zu schicken. Der Marineminister – es muss der erste Crowninshield gewesen sein , obwohl er ein Mann ist, an den ich mich nicht erinnere – wurde gebeten, Nolan an Bord eines Regierungsschiffs zu bringen, das zu einer langen Kreuzfahrt unterwegs war, und anzuweisen, dass er sich nur bis zu einem gewissen Grad aufhalten dürfe Er wurde dort eingesperrt, um sicherzustellen, dass er das Land nie gesehen oder gehört hatte. Wir hatten damals nur wenige lange Kreuzfahrten und die Marine war völlig in Ungnade gefallen; und da diese Geschichte, wie ich erklärt habe, fast ausschließlich überliefert ist, weiß ich nicht genau, was seine erste Kreuzfahrt war. Aber der Kommandant, dem er anvertraut wurde – vielleicht war es Tingey oder Shaw, obwohl ich glaube, dass es einer der jüngeren Männer war – wir sind jetzt alle alt genug –, regelte die Etikette und die Vorsichtsmaßnahmen der Angelegenheit und entsprechend Sein Plan wurde vermutlich bis zu Nolans Tod ausgeführt.

Als ich etwa dreißig Jahre später Zweiter Offizier der „Intrepid“ war, sah ich das Originalpapier mit den Anweisungen. Es tut mir seitdem leid, dass ich nicht alles kopiert habe. Es verlief jedoch weitgehend so :

  „WASHINGTON (mit einem Datum, das Ende
         1807 liegt).

  „ SIR, – Sie erhalten von Leutnant Neale die Person
  von Philip Nolan, einem verstorbenen Leutnant der
  US-Armee.

  „Diese Person drückte in ihrem Prozess vor dem
  Kriegsgericht mit einem Eid den Wunsch aus, dass sie
  ‚nie wieder etwas von den Vereinigten Staaten hören‘
  würde.“

  „Das Gericht verurteilte ihn zur Erfüllung seines
  Wunsches.“

  „Vorerst wird die Ausführung der Anordnung vom
  Präsidenten dieser Abteilung übertragen .

  „Sie werden den Gefangenen an Bord Ihres Schiffes
  nehmen und ihn dort mit solchen

Vorsichtsmaßnahmen festhalten, die seine Flucht verhindern.

„Sie werden ihm solche Unterkünfte, Verpflegung und Kleidung zur Verfügung stellen, wie es einem Offizier seines letzten Ranges angemessen wäre , wenn er im Auftrag seiner Regierung Passagier auf Ihrem Schiff wäre .

„Die Herren an Bord werden alle für sie angenehmen Regelungen bezüglich seiner Gesellschaft treffen. Er darf keinerlei Demütigungen ausgesetzt werden, noch darf er jemals unnötigerweise daran erinnert werden, dass er ein Gefangener ist."

„Aber unter keinen Umständen darf er jemals von seinem Land hören oder irgendwelche Informationen darüber sehen, und Sie werden alle Offiziere unter Ihrem Kommando ausdrücklich darauf hinweisen, dafür zu sorgen, dass diese Regel in den verschiedenen Ablässen, die gewährt werden können, womit seine Strafe verbunden ist, darf nicht gebrochen werden.

„Es ist die Absicht der Regierung, dass er das Land, das er verleugnet hat, nie wieder sehen wird. Vor dem Ende Ihrer Kreuzfahrt werden Sie Befehle erhalten, die diese Absicht in die Tat umsetzen."

"Hochachtungsvoll,

„W. SOUTHARD, für den Marineminister."

Wenn ich nur das gesamte Papier aufbewahrt hätte, gäbe es am Anfang meiner Skizze dieser Geschichte keine Unterbrechung. Denn Kapitän Shaw, wenn er es wäre, übergab es an seinen Nachfolger, und dieser an seinen, und ich nehme an, der Kommandeur der Levante hat es heute als seine Autorität, diesen Mann in dieser milden Obhut zu behalten.

Die an Bord der Schiffe, auf denen ich den „Mann ohne Land" getroffen habe, angenommene Regel wurde, glaube ich, von Anfang an weitergegeben. Kein Schlamassel wollte ihn dauerhaft festhalten, denn seine Anwesenheit unterbrach jedes Gespräch über die Heimat oder die Aussicht auf Rückkehr, über Politik oder Briefe, über Frieden oder Krieg – schnitt mehr als die Hälfte der Gespräche ab, die Männer auf See gern führten. Aber man dachte immer zu sehr daran, dass er den Rest von uns nie treffen sollte, außer um Hüte anzufassen, und so versanken wir schließlich in einem System. Es war ihm nicht gestattet, mit den Männern zu sprechen, es sei denn, ein Offizier war anwesend. Mit Offizieren hatte er ungehemmten Verkehr, soweit sie und er es wollten. Aber er wurde schüchtern, obwohl er Favoriten hatte: Ich war einer. Dann lud ihn der Kapitän immer am Montag zum Abendessen ein.

Jedes Chaos der Reihe nach folgte der Einladung. Je nach Größe des Schiffes hatte man ihn beim Abendessen mehr oder weniger oft in der Kantine. Sein Frühstück nahm er in seiner eigenen Kabine ein – er hatte immer eine Kabine –, von der aus ein Wachposten oder jemand, der Wache hielt, die Tür sehen konnte. Und was er sonst noch aß oder trank, aß oder trank er allein. Manchmal, wenn die Marinesoldaten oder Matrosen eine besondere Freude hatten, durften sie „Plain-Buttons", wie sie ihn nannten, einladen. Dann wurde Nolan mit einem Offizier geschickt, und den Männern war es verboten, über sein Zuhause zu sprechen , während er dort war. Ich glaube an die Theorie, dass ihnen der Anblick seiner Bestrafung gut getan hat. Sie nannten ihn „Plain-Buttons", weil er zwar stets eine reguläre Armeeuniform trug , das Tragen des Army-Buttons jedoch nicht gestattet war, da dieser entweder die Initialen oder die Insignien des Landes trug, in dem er tätig war hatte verleugnet.

Ich erinnere mich, dass ich kurz nach meinem Eintritt in die Marine mit einigen der älteren Offiziere unseres Schiffes und der Brandywine, die wir in Alexandria getroffen hatten, an Land war. Wir hatten Urlaub, um eine Party zu veranstalten und nach Kairo und zu den Pyramiden zu fahren. Während wir entlang joggten (damals ging man auf Eseln), begannen einige der Herren (wir Jungs nannten sie „Dons", aber der Ausdruck wurde längst geändert) über Nolan zu reden, und jemand erzählte das System, das von Nolan übernommen wurde zunächst über seine Bücher und andere Lektüre. Da es ihm fast nie erlaubt war, an Land zu gehen, obwohl das Schiff monatelang im Hafen lag, war seine Zeit bestenfalls schwer. und jeder durfte ihm Bücher leihen, wenn sie nicht in Amerika veröffentlicht wurden und keinen Hinweis darauf machten. Diese waren früher durchaus üblich, als die Menschen in der anderen Hemisphäre genauso wenig über die Vereinigten Staaten sprachen wie wir über Paraguay. Er hatte fast alle ausländischen Papiere, die früher oder später ins Schiff kamen; Nur muss jemand sie zuerst durchgehen und alle Werbeanzeigen oder vereinzelten Absätze herausschneiden, die auf Amerika anspielen. Das war manchmal etwas grausam, wenn die Rückseite dessen, was herausgeschnitten wurde , so unschuldig sein konnte wie Hesiod. Mitten in einer von Napoleons Schlachten oder einer von Cannings Reden fand der arme Nolan ein großes Loch, denn auf der Rückseite der Seite dieser Zeitung befand sich eine Anzeige für ein Paket nach New York oder einen Teil davon die Botschaft des Präsidenten. Ich sage, das war das erste Mal, dass ich von diesem Plan hörte, mit dem ich im Nachhinein mehr als genug zu tun hatte. Ich erinnere mich daran, weil der arme Phillips, der mit von der Partie war, sobald die Anspielung auf das Lesen gemacht wurde, eine Geschichte von etwas erzählte, das sich am Kap der Guten Hoffnung auf Nolans erster Reise zugetragen hatte; und es ist das Einzige, was ich je über diese Reise wusste. Sie hatten am Kap gelandet und hatten die zivile Angelegenheit mit dem englischen Admiral und der Flotte besprochen, und

dann, als er zu einer langen Kreuzfahrt auf dem Indischen Ozean aufbrach, hatte Phillips sich von einem Offizier viele englische Bücher geliehen, die in diesen Tage, wie in der Tat in diesen, war ein ziemlicher Glücksfall. Darunter war, wie der Teufel es befohlen hatte, das „Lied vom letzten Minnesänger", von dem sie alle gehört hatten, das die meisten aber noch nie gesehen hatten. Ich denke, es hätte nicht lange veröffentlicht werden können. Nun, niemand glaubte, dass darin eine Gefahr für irgendetwas Nationales bestehen könnte, obwohl Phillips schwor, dass der alte Shaw den „Sturm" aus Shakespeare herausgeschnitten hatte, bevor er ihn Nolan überließ, weil er sagte: „Die Bermudas sollten uns gehören, und zwar …" Jove, sollte eines Tages sein. So durfte Nolan eines Nachmittags dem Kreis beitreten, als viele von ihnen rauchend und laut vorlesend an Deck saßen. Heutzutage machen die Leute solche Dinge nicht mehr so oft, aber als ich jung war , haben wir viel Zeit damit verschwendet. Nun, so geschah es, dass Nolan seinerseits das Buch nahm und den anderen vorlas; und er las sehr gut, wie ich weiß. Niemand im Kreis kannte eine Zeile des Gedichts, nur war es alles Magie und Grenzritterlichkeit und geschah vor zehntausend Jahren. Der arme Nolan las den fünften Gesang ruhig durch, hielt einen Moment inne , trank etwas und begann dann, ohne darüber nachzudenken, was kommen würde:
„Da atmet der Mann, dessen Seele so tot ist,
Wer hat nie zu sich selbst gesagt: „—
Es scheint uns unmöglich, dass irgendjemand dies jemals zum ersten Mal gehört hat; aber alle diese Kerle taten es damals, und der arme Nolan selbst fuhr fort, immer noch unbewusst oder mechanisch:
„Das ist mein eigenes, mein Heimatland!"
Dann sahen sie alle, dass etwas zu bezahlen war; aber er erwartete, durchzukommen, nehme ich an, wurde ein wenig blass, stürzte sich aber weiter, —
„Dessen Herz hat noch nie in ihm gebrannt,
Er hat seine Fußstapfen nach Hause gelenkt
        Vom Wandern auf einem fremden Strand?—
Wenn jemand da atmet, geh und markiere ihn gut."
Zu diesem Zeitpunkt waren die Männer alle außer sich und wünschten, es gäbe irgendeine Möglichkeit, ihn dazu zu bringen, zwei Seiten umzublättern; aber dafür war er nicht ganz geistesgegenwärtig; er würgte ein wenig, wurde purpurrot und taumelte weiter, —
„Für ihn schwellen keine Minnesänger-Verzückungen an;
Hoch trotz seiner Titel, stolz sein Name,
Sein Reichtum ist grenzenlos, so wie es der Wunsch beanspruchen kann,
Trotz dieser Titel, Macht und Pelf,
Der Elende, ganz auf sich selbst konzentriert ," —
Und hier verschluckte sich der arme Kerl, konnte nicht weiter, sondern sprang auf, schwang das Buch ins Meer und verschwand in seiner Kabine.

„Und beim Himmel", sagte Phillips, „wir haben ihn zwei Monate lang nicht wiedergesehen." Und ich musste diesem englischen Chirurgen eine armselige Geschichte erzählen, warum ich ihm seinen Walter Scott nicht zurückgegeben habe.

Diese Geschichte handelt von der Zeit, als Nolans Prahlerei zusammengebrochen sein muss. Zuerst, so sagten sie, habe er einen sehr hohen Ton angeschlagen, seine Gefangenschaft für eine bloße Farce gehalten, so getan, als ob er die Reise genießen wollte, und so weiter; aber Phillips sagte, dass er, nachdem er seine Kabine verlassen hatte, nie wieder derselbe Mann gewesen sei. Er las nie wieder laut vor, es sei denn, es war die Bibel oder Shakespeare oder etwas anderes, dessen er sich sicher war. Aber das war es nicht nur. Er kam nie wieder als Gesellschaftspartner zu den anderen jungen Männern. Er war danach immer schüchtern, wenn ich ihn kannte, und sprach sehr selten, es sei denn, man sprach mit ihm, außer mit sehr wenigen Freunden. Gelegentlich strahlte er auf – ich erinnere mich, dass ich ihn spät in seinem Leben ziemlich beredt über etwas sprechen hörte, das ihm in einer von Fléchiers Predigten nahegelegt worden war –, aber im Allgemeinen hatte er den nervösen, müden Ausdruck eines herzverletzten Mannes.

Als Kapitän Shaw nach Hause kam – wenn es, wie gesagt, Shaw war –, machten sie sich zur großen Überraschung aller auf eine der Windward-Inseln und hielten sich dort fast eine Woche lang hin und her. Die Jungen sagten, die Beamten hätten den Salzmüll satt und wollten Schildkrötensuppe essen, bevor sie nach Hause kamen. Aber nach mehreren Tagen kam der Warren zum selben Treffpunkt; sie tauschten Signale aus; Sie schickte Briefe und Papiere an Phillips und diese heimkehrenden Männer und sagte ihnen, sie sei auf dem Weg nach draußen, vielleicht ins Mittelmeer, und nahm den armen Nolan und seine Fallen mit auf das Boot zurück, um seine zweite Kreuzfahrt zu unternehmen. Er sah sehr ausdruckslos aus, als ihm gesagt wurde, er solle sich darauf vorbereiten, sich ihr anzuschließen. Er hatte genug von den Zeichen des Himmels gewusst, um zu wissen, dass er bis zu diesem Moment „nach Hause" gehen würde. Aber das war ein eindeutiger Beweis für etwas, woran er vielleicht nicht gedacht hatte – dass es für ihn keine Möglichkeit gab, nach Hause zu gehen, nicht einmal in ein Gefängnis. Und dies war die erste von etwa zwanzig solchen Versetzungen, die ihn früher oder später auf die Hälfte unserer besten Schiffe brachten, ihn aber zeitlebens mindestens einige hundert Meilen von dem Land fernhielten, von dem er gehofft hatte, nie wieder etwas zu hören.

Vielleicht war es auf dieser zweiten Kreuzfahrt – es war einmal, als er im Mittelmeer unterwegs war –, dass Mrs. Graff, die berühmte Schönheit des Südens jener Tage, mit ihm tanzte. Sie lagen lange Zeit in der Bucht von Neapel, und die Offiziere waren mit der englischen Flotte sehr vertraut, und es gab große Festlichkeiten, und unsere Männer dachten, sie müssten an

Bord des Schiffes einen großen Ball veranstalten. Wie sie das jemals an Bord der „Warren" gemacht haben, weiß ich sicher nicht. Vielleicht war es nicht das „Warren", oder vielleicht nahmen die Damen nicht so viel Platz ein wie jetzt. Sie wollten Nolans Kabine für irgendetwas nutzen, und sie hassten es, dies zu tun, ohne ihn zum Ball einzuladen; Also sagte der Kapitän, sie könnten ihn fragen, ob sie dafür verantwortlich wären, dass er nicht mit den falschen Leuten sprach, „die ihm Informationen geben würden." Also ging der Tanz weiter, die schönste Party, die es je gegeben hat, wage ich zu behaupten; denn ich habe noch nie von einem Kriegsschiffball gehört, der das nicht getan hätte. Als Damen hatten sie die Familie des amerikanischen Konsuls, ein oder zwei Reisende , die bisher Abenteuer erlebt hatten, und eine nette Schar englischer Mädchen und Matronen, vielleicht Lady Hamilton selbst.

Nun, verschiedene Beamte lösten sich gegenseitig ab, indem sie freundlich mit Nolan sprachen, um sicherzustellen, dass niemand sonst mit ihm sprach. Der Tanz ging voller Elan weiter, und nach einer Weile hatten selbst die Burschen, die Nolans Ehrengarde übernahmen, keine Angst mehr vor *Kontroversen* . Erst als eine englische Dame – vielleicht Lady Hamilton, wie ich sagte – zu einer Reihe „amerikanischer Tänze" aufrief, geschah etwas Seltsames. Anschließend tanzten alle Kontratänze. Die schwarze Band, die nichts dagegen hatte, beriet sich darüber, was „amerikanische Tänze" seien, und begann mit einem „Virginia Reel", dem sie mit „Money-Musk" folgten, was damals wiederum hätte folgen sollen von „The Old Thirteen". Aber gerade als Dick, der Anführer, auf seine Geigen tippte und sich nach vorne beugte, wollte er in echter Negerhaltung sagen: „Die alten Dreizehn, meine Herren und Damen!" wie er gesagt hatte: „‚Virginny Reel', bitte!" und „‚Money-Musk', bitte!" Der Kapitänsjunge klopfte ihm auf die Schulter, flüsterte ihm zu, den Namen des Tanzes verriet er nicht; Er verneigte sich nur, begann zu sprechen, und alle stürzten sich darauf – die Offiziere brachten den englischen Mädchen die Figur bei, sagten ihnen aber nicht, warum sie keinen Namen hatte.

Aber das ist nicht die Geschichte, die ich zu erzählen begann. – Während der Tanz weiterging, entspannten sich Nolan und unsere Kameraden, wie ich bereits sagte, so sehr, dass es für ihn ganz natürlich schien, sich vor dieser großartigen Mrs. zu verbeugen. Graff, und sag: –

„Ich hoffe, Sie haben mich nicht vergessen, Miss Rutledge. Soll ich die Ehre haben zu tanzen?"

Er tat es so schnell, dass Fellows, der bei ihm war, ihn nicht daran hindern konnte. Sie lachte und sagte: –

„Ich bin nicht mehr Miss Rutledge, Mr. Nolan; aber ich werde trotzdem tanzen", nickte Fellows nur zu, als wollte er sagen, er müsse Mr. Nolan ihr überlassen, und führte ihn zu dem Ort, an dem der Tanz stattfand bildete sich.

Nolan dachte, er hätte seine Chance bekommen. Er hatte sie in Philadelphia gekannt und an anderen Orten getroffen, und das war ein Geschenk Gottes. Man konnte nicht in Kontratänzen sprechen, wie man es in Cotillons tut, oder auch nicht in den Pausen des Walzers; aber es gab Chancen für Zungen und Laute sowie für Augen und Erröten. Er begann mit ihren Reisen und Europa und dem Vesuv und den Franzosen; und dann, als sie fertig waren und die lange Gesprächszeit am Ende der Gruppe hatten, sagte er kühn – ein wenig blass, sagte sie, als sie mir Jahre später die Geschichte erzählte – „Und was hören Sie von zu Hause, Frau Graff?"
Und dieses herrliche Geschöpf blickte durch ihn hindurch. Jove! wie sie durch ihn hindurchgeschaut haben muss!
„Zuhause!! Mr. Nolan!!! Ich dachte, Sie wären der Mann, der nie wieder etwas von zu Hause hören wollte!" – und sie ging direkt das Deck hinauf zu ihrem Mann und ließ den armen Nolan in Ruhe, wie er es immer war. – Er tanzte nicht mehr.
Ich kann keine Geschichte über ihn angeben; niemand kann es jetzt; und tatsächlich versuche ich es nicht. Das sind die Überlieferungen, die ich, so wie ich sie glaube, aus den Mythen heraussortiere, die seit vierzig Jahren über diesen Mann erzählt werden. Die Lügen, die über ihn erzählt wurden, sind Legion. Die Leute sagten immer, er sei die „Eiserne Maske"; und der arme George Pons ging in dem Glauben zu Grabe, dass dies der Autor von „Junius" sei, der für seine berühmte Verleumdung von Thomas Jefferson bestraft wurde. Pons war in der historischen Linie nicht sehr stark. Eine glücklichere Geschichte als jede dieser Geschichten, die ich erzählt habe, ist die vom Krieg. Das kam bald darauf. Ich habe diese Angelegenheit auf drei oder vier Arten erzählt – und tatsächlich ist sie möglicherweise mehr als einmal vorgekommen. Aber auf welchem Schiff es war, kann ich nicht sagen. Zumindest in einem der großen Fregattenduelle mit den Engländern, in denen die Marine wirklich getauft wurde, geschah es jedoch, dass ein feindliches Geschoss in einen unserer Hafenplätze einschlug und den Offizier der Fregatte niederschlug die Waffe selbst und fast jeder Mann der Waffenbesatzung. Nun können Sie über Mut sagen, was Sie wollen, aber das ist keine schöne Sache. Aber als die Männer, die nicht getötet wurden, sich wieder aufrafften und zusammen mit den Leuten des Chirurgen die Leichen wegtrugen, erschien Nolan in Hemdsärmeln, mit dem Stampfer in der Hand, als ob er es getan hätte Er war der Offizier, sagte ihnen mit Autorität, wer mit den Verwundeten ins Cockpit gehen sollte , wer bei ihm bleiben sollte, vollkommen fröhlich und auf eine Art und Weise, die den Männern das Gefühl gibt, dass alles in Ordnung ist und auch gut werden wird . Und er beendete das Laden der Waffe mit seinen eigenen Händen, zielte damit und befahl den Männern zu schießen. Und dort blieb er, Kapitän dieses Geschützes, und hielt diese Kerle bei Laune, bis der Feind zuschlug. Er saß auf der Lafette, während das Geschütz abkühlte, obwohl er die ganze Zeit

ungeschützt war, und zeigte ihnen einfachere Möglichkeiten, mit schwerem Geschoss umzugehen. – brachte die rohen Hände dazu, über ihre eigenen Fehler zu lachen – und als die Waffe wieder abkühlte, wurde sie doppelt so oft geladen und abgefeuert wie jede andere Waffe auf dem Schiff. Der Kapitän ging vorwärts, um die Männer zu ermutigen, und Nolan berührte seinen Hut und sagte:

„Ich zeige ihnen, wie wir das bei der Artillerie machen, Sir."

Und das ist der Teil der Geschichte, in dem alle Legenden übereinstimmen; und der Kommodore sagte:

„Das sehe ich, und ich danke Ihnen, Sir; und ich werde diesen Tag nie vergessen, Sir, und Sie werden es auch nie vergessen, Sir."

Und als die ganze Sache vorüber war und er das Schwert des Engländers hatte, sagte er inmitten des Prunks und der Zeremonie auf dem Achterdeck :

„Wo ist Mr. Nolan? Bitten Sie Mr. Nolan, hierher zu kommen."

Und als Nolan kam, sagte der Kapitän:

„Herr Nolan, wir sind Ihnen heute alle sehr dankbar; Sie sind heute einer von uns; Sie werden in den Depeschen genannt ."

Und dann nahm der alte Mann sein eigenes Zeremonienschwert ab, gab es Nolan und ließ ihn es anziehen. Das hat mir der Mann erzählt, der es gesehen hat. Nolan weinte wie ein Baby, und das könnte er auch. Seit diesem höllischen Tag in Fort Adams hatte er kein Schwert mehr getragen . Aber immer danach trug er bei feierlichen Anlässen das urige alte französische Schwert des Kommodore.

Der Kapitän erwähnte ihn in den Depeschen . Es hieß immer, er habe darum gebeten, begnadigt zu werden. Er schrieb einen besonderen Brief an den Kriegsminister. Aber daraus wurde nie etwas. Wie gesagt, das war ungefähr zu der Zeit, als sie anfingen, die ganze Transaktion in Washington zu ignorieren, und als Nolans Inhaftierung anfing, sich fortzusetzen, weil es niemanden gab, der sie ohne neue Befehle von zu Hause stoppen konnte.

Ich habe gehört, dass er bei Porter war, als er die Nukahiwa -Inseln in Besitz nahm. Nicht dieser Porter, wissen Sie, sondern der alte Porter, sein Vater, Essex Porter – das heißt, der alte Essex Porter, nicht dieser Essex. Als Artillerieoffizier, der im Westen gedient hatte, wusste Nolan mehr über Befestigungen, Schießscharten, Ravelins, Palisaden und all das als jeder andere von ihnen ; und er arbeitete mit gutem Willen daran, die Batterie wieder in Ordnung zu bringen. Ich fand es immer schade, dass Porter ihm nicht das Kommando über Gamble überlassen hat. Damit wäre die Frage nach seiner Bestrafung geklärt. Wir hätten die Inseln behalten sollen, und in diesem Moment hätten wir eine Station im Pazifischen Ozean haben sollen. Auch unsere französischen Freunde hätten, als sie diese kleine Wasserstelle brauchten, festgestellt, dass sie besetzt war. Aber Madison und die Virginians haben das natürlich alles weggeworfen.

Das alles ist fast fünfzig Jahre her. Wenn Nolan damals dreißig war, muss er bei seinem Tod fast achtzig gewesen sein. Mit vierzig sah er aus wie sechzig. Aber es kam mir danach nicht so vor, als würde er sich im Geringsten verändern. Wenn ich mir sein Leben vorstelle, muss er nach dem, was ich gesehen und gehört habe, in jedem Meer gewesen sein, und doch fast nie an Land. Er muss formell mehr Offiziere in unserem Dienst gekannt haben, als irgendein lebender Mensch kennt. Er erzählte mir einmal mit ernstem Lächeln, dass kein Mensch auf der Welt ein so methodisches Leben führte wie er. „Du weißt, dass die Jungs sagen, ich sei die Eiserne Maske, und du weißt, wie beschäftigt er war." Er sagte, es sei für niemanden sinnvoller , ständig zu lesen, als ständig irgendetwas anderes zu tun; aber dass er nur fünf Stunden am Tag las. „Dann", sagte er, „führe ich meine Notizbücher und schreibe zu den und den Stunden, die ich gelesen habe, in sie hinein; und ich füge in diese meine Notizbücher ein." Diese waren wirklich sehr neugierig. Er hatte sechs oder acht mit unterschiedlichen Themen. Es gab eines über Geschichte, eines über Naturwissenschaften, eines, das er „Kleinigkeiten" nannte. Aber es handelte sich nicht nur um Bücher mit Auszügen aus Zeitungen. Sie enthielten Pflanzenstücke und Bänder, angebundene Muscheln und geschnitzte Knochen- und Holzreste, die er den Männern beigebracht hatte, für ihn zu schneiden, und sie waren wunderschön illustriert. Er zeichnete bewundernswert. Er hatte dort einige der lustigsten und einige der erbärmlichsten Zeichnungen, die ich je in meinem Leben gesehen habe. Ich frage mich, wer Nolans Sammelalben haben wird.
Nun, er sagte, das Lesen und das Schreiben von Notizen seien sein Beruf und sie würden jeden Tag fünf Stunden bzw. zwei Stunden in Anspruch nehmen. „Dann", sagte er, „sollte jeder Mann neben einem Beruf auch eine Abwechslung haben. Meine Naturgeschichte ist meine Ablenkung." Das dauerte zwei Stunden pro Tag mehr. Früher brachten ihm die Männer Vögel und Fische, aber auf einer langen Kreuzfahrt musste er sich mit Tausendfüßlern, Kakerlaken und solchem Kleinwild zufrieden geben. Er war der einzige Naturforscher, den ich je getroffen habe, der etwas über die Gewohnheiten der Stubenfliege und der Mücke wusste. Alle diese Leute können Ihnen sagen, ob es *Lepidoptera* oder *Steptopotera sind* ; aber was das Erzählen betrifft, wie man sie loswerden kann oder wie sie einem entkommen, wenn man sie schlägt – warum wusste Linné ebenso wenig darüber wie John Foy, der Idiot? Diese neun Stunden bildeten Nolans regelmäßige tägliche „Beschäftigung". Den Rest der Zeit redete oder ging er. Bis er sehr alt wurde, ging er viel in die Höhe. Er hielt seine Übungen stets aufrecht ; und ich habe nie gehört, dass er krank war. Wenn irgendein anderer Mann krank war, war er der freundlichste Krankenpfleger der Welt; und er wusste, dass mehr als die Hälfte der Chirurgen dies tun. Wenn dann jemand krank war oder starb oder wenn der Kapitän es aus irgendeinem anderen

Anlass wünschte, war er immer bereit, Gebete zu lesen. Ich habe gesagt, dass er wunderbar gelesen hat.

Meine eigene Bekanntschaft mit Philip Nolan begann sechs oder acht Jahre nach dem Krieg, auf meiner ersten Reise, nachdem ich zum Midshipman ernannt worden war. Es war in den ersten Tagen nach unserem Sklavenhandelsvertrag, als das regierende Haus, das noch das Haus Virginia war, noch eine Art Sentimentalität hinsichtlich der Unterdrückung der Schrecken der Middle Passage hegte, und manchmal wurde etwas auf diese Weise getan . Aus diesem Grund waren wir im Südatlantik. Ich glaube, dass ich Nolan seit meinem Beitritt für eine Art Laiengeistlicher gehalten habe – einen Geistlichen mit einem blauen Kittel. Ich habe nie nach ihm gefragt. Alles auf dem Schiff kam mir fremd vor. Ich wusste, dass es grün ist, Fragen zu stellen, und ich glaube, ich dachte, es gäbe auf jedem Schiff einen „Plain-Button". Wir ließen ihn einmal in der Woche in unserer Kantine speisen, und es wurde darauf hingewiesen, dass an diesem Tag nichts über die Heimat gesagt werden durfte. Aber wenn sie uns gesagt hätten, wir sollten nichts über den Planeten Mars oder das Buch Deuteronomium sagen, hätte ich nicht nach dem Grund gefragt; Es gab sehr viele Dinge, die mir ebenso wenig Sinn zu machen schienen. Eines Tages verstand ich zum ersten Mal etwas über „den Mann ohne Land", als wir einen schmutzigen kleinen Schoner überholten , an dem sich Sklaven befanden. Ein Offizier wurde geschickt, um sich um sie zu kümmern, und nach ein paar Minuten schickte er sein Boot zurück mit der Bitte, dass ihm jemand geschickt werden könnte, der Portugiesisch sprechen konnte. Wir schauten alle über die Reling, als die Nachricht kam, und wir alle wünschten, wir könnten dolmetschen, als der Kapitän fragte, wer Portugiesisch spreche. Aber keiner der Beamten tat es; Und gerade als der Kapitän nach vorn schickte, um zu fragen, ob einer der Leute das könne, stieg Nolan aus und sagte, er würde gerne dolmetschen, wenn der Kapitän dies wünschte, da er die Sprache verstünde. Der Kapitän dankte ihm, rüstete mit ihm ein weiteres Boot aus, und in diesem Boot hatte ich Glück, mitzufahren.

Als wir dort ankamen, war es eine Szene, wie man sie selten sieht und nie sehen möchte. Unerklärliche Bösartigkeit, und inmitten der Bösartigkeit herrscht Chaos. Es gab nicht viele Neger; Aber um den Anwesenden klar zu machen, dass sie frei waren, hatte Vaughan ihre Hand- und Fußfesseln abschlagen lassen und legte sie der Einfachheit halber den Schurken der Schonerbesatzung an. Die Neger waren, die meisten von ihnen, aus dem Laderaum und schwärmten rund um das schmutzige Deck, wobei eine zentrale Menschenmenge Vaughan umgab und ihn in allen Dialekten und *Patois* eines Dialekts anredete, vom Zulu-Click bis zum Pariser von Beledeljereed .

Als wir an Deck kamen, blickte Vaughan von einem Schweinskopf herab, auf den er in seiner Verzweiflung geklettert war, und sagte:

„Um Gottes willen, gibt es irgendjemanden, der diesen Kerlen etwas klarmachen kann? Die Männer gaben ihnen Rum, und das beruhigte sie nicht. Ich habe diesen großen Kerl zweimal niedergeschlagen, und das beruhigte ihn nicht. Und dann redete ich mit Choctaw alle zusammen; und ich werde gehängt, wenn sie das genauso gut verstehen würden wie das Englische.

Nolan sagte, er könne Portugiesisch sprechen, und ein oder zwei gutaussehende Kroomen wurden herausgezerrt, die, wie bereits festgestellt worden war, für die Portugiesen an der Küste von Fernando Po gearbeitet hatten.

„Sag ihnen, dass sie frei sind“, sagte Vaughan; „Und sagen Sie ihnen, dass diese Schurken gehängt werden sollen, sobald wir genug Seile haben.“

Nolan „brachte das ins Spanische“ – das heißt, er erklärte es auf einem solchen Portugiesisch, das die Kroomen verstehen konnten, und diese wiederum den Negern, die sie verstehen konnten. Dann gab es so einen Freudenschrei, das Ballen der Fäuste, das Springen und Tanzen, das Küssen von Nolans Füßen und einen allgemeinen Ansturm auf den Hogshead als spontane Verehrung für Vaughan, als den *deus ex machina* des Anlasses.

„Sagen Sie ihnen “, sagte Vaughan hocherfreut, „dass ich sie alle nach Cape Palmas bringen werde.“

Das hat nicht so gut geantwortet. Cape Palmas war praktisch so weit von den Heimatorten der meisten von ihnen entfernt wie New Orleans oder Rio Janeiro; das heißt, sie wären dort für immer von ihrer Heimat getrennt. Und ihre Dolmetscher sagten , wie wir verstehen konnten, sofort : „ *Ah, nicht Palmas* “ und begannen, in äußerst wortgewandter Sprache unzählige andere Hilfsmittel vorzuschlagen. Vaughan war von diesem Ergebnis seiner Großzügigkeit ziemlich enttäuscht und fragte Nolan eifrig, was sie gesagt hätten. Die Tropfen standen auf der weißen Stirn des armen Nolan, als er die Männer zum Schweigen brachte und sagte:

„Er sagt: ‚Nicht Palmas‘. Er sagt: „Bringt uns nach Hause, bringt uns in unser eigenes Land, bringt uns in unser eigenes Haus, bringt uns zu unseren eigenen Picknickplätzen und unseren eigenen Frauen.“ Er sagt, er hat einen alten Vater und eine alte Mutter, die sterben werden, wenn sie ihn nicht sehen. Und dieser sagt, er habe seine Leute alle krank zurückgelassen und sei zu Fernando gepaddelt, um den weißen Arzt anzuflehen, zu kommen und ihnen zu helfen, und dass diese Teufel Ich habe ihn in der Bucht gerade in Sichtweite seines Zuhauses erwischt und dass er seitdem nie wieder jemanden von zu Hause gesehen hat. Und dieser sagt“, würgte Nolan, „dass er seit sechs Monaten kein Wort aus seinem Zuhause gehört hat, während er … wurde in einer höllischen Baracke eingesperrt.

Vaughan sagte immer, er sei selbst ergraut, während Nolan sich mit dieser Interpretation abmühte. Ich, der nichts von der Leidenschaft verstand, die darin steckte, sah, dass die Elemente in glühender Hitze schmolzen und dass sich irgendwo etwas lohnen sollte. Sogar die Neger selbst hörten auf zu heulen, als sie Nolans Qualen und Vaughans fast ebenso große Mitleidsqualen sahen. So schnell er die Worte finden konnte, sagte er: –

„Sag ihnen ja, ja, ja; sag ihnen, dass sie in die Berge des Mondes gehen sollen, wenn sie wollen. Wenn ich mit dem Schoner durch die Große Weiße Wüste segle, sollen sie nach Hause gehen!"

Und nach einiger Zeit sagte Nolan es. Und dann küssten sie ihn alle wieder und wollten seine Nase mit ihrer reiben.

Aber er konnte es nicht lange ertragen; Und als er Vaughan dazu brachte, zu sagen, dass er vielleicht zurückgehen würde , winkte er mich hinunter in unser Boot. Als wir uns in der Heckdecke zurücklehnten und die Männer nachgaben, sagte er zu mir: „Junger, lass dir das zeigen, was es heißt, ohne Familie, ohne Zuhause und ohne Land zu sein. Und wenn du es jemals sein solltest." Wenn du versucht bist, ein Wort zu sagen oder etwas zu tun, das eine Barriere zwischen dir und deiner Familie, deinem Zuhause und deinem Land errichtet, bete zu Gott in seiner Barmherzigkeit, dass er dich sofort nach Hause in seinen eigenen Himmel bringt. Bleib bei deiner Familie, Junge ; vergiss, dass du ein Selbst hast, während du alles für sie tust. Denk an dein Zuhause, Junge, schreibe und sende und rede darüber. Lass es deinem Gedanken immer näher kommen, je weiter du dich davon entfernen musst; und eile dorthin zurück, wenn du frei bist, wie es dieser arme schwarze Sklave jetzt tut. Und für dein Land, Junge", und die Worte rasselten in seiner Kehle, „und für diese Flagge", und er zeigte auf das Schiff, „ Träum nie einen Traum, außer ihr zu dienen, wie sie es dir befiehlt, auch wenn der Dienst dich durch tausend Höllen trägt. Ganz gleich, was dir widerfährt, ganz gleich, wer dir schmeichelt oder wer dich beschimpft, schaue niemals auf eine andere Flagge, lass niemals eine Nacht zu passieren, aber Sie beten zu Gott, dass er diese Flagge segnet. Denken Sie daran, Junge, dass hinter all diesen Männern, mit denen Sie zu tun haben, hinter Offizieren, der Regierung und sogar den Menschen, das Land selbst steht, Ihr Land, und dass Sie zu ihr gehören, wie Sie zu Ihrer eigenen Mutter gehören. Steh ihr bei, Junge, wie du deiner Mutter beistehen würdest, wenn diese Teufel dort heute ihre Gewalt ergriffen hätten!"

Ich fürchtete mich zu Tode vor seiner ruhigen, harten Leidenschaft, aber ich machte den Fehler, dass ich es tun würde, bei allem, was heilig ist, und dass ich nie daran gedacht hatte, etwas anderes zu tun. Er schien mich kaum zu hören; aber er sagte fast flüsternd: „O, wenn mir das jemand gesagt hätte, als ich in deinem Alter war!"

Ich glaube, es war dieses halbe Selbstvertrauen, das ich nie missbraucht habe, denn ich habe diese Geschichte bisher noch nie erzählt, das uns später zu guten Freunden gemacht hat. Er war sehr nett zu mir. Oft saß er nachts auf oder stand sogar auf, um mit mir über das Deck zu gehen, wenn ich Wache hatte. Er hat mir einen großen Teil meiner Mathematik erklärt, und ich verdanke ihm meine Vorliebe für Mathematik. Er lieh mir Bücher und half mir beim Lesen. Er hat nie wieder so direkt auf seine Geschichte angespielt; Aber von dem einen und anderen Offizier habe ich in dreißig Jahren gelernt, was ich erzähle. Als wir uns am Ende unserer Kreuzfahrt im Hafen von St. Thomas von ihm trennten, tat es mir mehr Leid , als ich sagen kann. Ich war sehr froh, ihn 1830 wiederzusehen; und später im Leben, als ich glaubte, in Washington Einfluss zu haben, setzte ich alles daran, ihn entlassen zu lassen. Aber es war, als würde man einen Geist aus dem Gefängnis holen. Sie taten so, als gäbe es keinen solchen Mann, und es gab auch nie einen solchen Mann. Das werden sie jetzt im Ministerium sagen! Vielleicht wissen sie es nicht. Es wird nicht das erste sein, von dem das Ministerium scheinbar nichts weiß!

Es gibt eine Geschichte, dass Nolan Burr einmal auf einem unserer Schiffe traf, als eine Gruppe Amerikaner im Mittelmeer an Bord kam. Aber das halte ich für eine Lüge; oder besser gesagt, es ist ein Mythos, *Ben Trovato* , der eine gewaltige Sprengung beinhaltet, mit der er Burr versenkte – und ihn fragt, wie es ihm gefiel, „ohne Land" zu sein. Aber aus Burrs Leben geht klar hervor, dass nichts dergleichen hätte passieren können; und ich erwähne dies nur als Beispiel für die Geschichten, die dort entstehen, wo es im Grunde auch nur das geringste Geheimnis gibt.

Der Wunsch des armen Philip Nolan wurde also erfüllt. Ich kenne nur ein Schicksal, das schrecklicher ist; Es ist das Schicksal, das jenen Männern vorbehalten ist, die eines Tages die Möglichkeit haben werden, sich aus ihrem Land zu verbannen, weil sie versucht haben, es zu ruinieren, und gleichzeitig den Wohlstand und die Ehre erleben werden, zu denen es aufsteigt, wenn es sich von ihnen befreit hat und ihre Sünden. Der Wunsch des armen Nolan, wie wir ihn alle nennen lernten, nicht weil seine Strafe zu hoch war, sondern weil seine Reue so deutlich war, war genau der Wunsch jedes Bragg und Beauregard, der vor zwei Jahren den Eid eines Soldaten gebrochen hat, und zwar von Jeder Maury und Barron, der einen Matrosenpanzer kaputt gemacht hat. Ich weiß nicht, wie oft sie Buße getan haben . Ich weiß, dass sie alles getan haben, was in ihnen lag, damit sie kein Land haben könnten – damit alle Ehren, Assoziationen, Erinnerungen und Hoffnungen, die zum „Land" gehören, in kleine Fetzen zersplittert und in alle Winde verteilt würden. Ich weiß auch, dass ihre Strafe, während sie durch die Überreste ihres Lebens im elenden Boulognes und Leicester Square vegetieren, wo sie dazu bestimmt sind, sich gegenseitig zu beschimpfen, bis sie sterben, die gleiche Qual wie Nolan haben wird, mit noch mehr Es tut weh, dass jeder , der sie sieht, sie sehen wird, um sie zu verachten und zu verfluchen. Sie werden ihren Wunsch erfüllen, genau wie er.

Für ihn, der arme Kerl, bereute er seine Torheit und unterwarf sich dann wie ein Mann dem Schicksal, um das er gebeten hatte. Er hat die Aufgabe derjenigen, die ihn in der Hand hatten, nie absichtlich schwieriger oder heikler gemacht. Unfälle würden passieren; aber sie sind nie aus seiner Schuld entstanden. Leutnant Truxton erzählte mir, dass es nach der Annexion von Texas eine sorgfältige Diskussion unter den Offizieren gegeben habe, ob sie sich Nolans schönen Kartensatz besorgen und Texas daraus herausschneiden sollten – aus der Weltkarte und der Karte von Mexiko. Die Vereinigten Staaten waren ausgeschnitten worden, als der Atlas für ihn gekauft wurde. Aber es wurde zu Recht beschlossen, dass dies praktisch bedeuten würde, ihm zu enthüllen, was passiert war, oder, wie Harry Cole sagte, ihn glauben zu lassen, dass Old Burr Erfolg gehabt hatte. Es war also nicht Nolans Verschulden, dass an meinem eigenen Tisch, als ich für kurze Zeit das Kommando über die George-Washington-Korvette auf der südamerikanischen Station innehatte, ein großer Patzer passierte . Wir lagen im La Plata, und einige der Offiziere, die an Land gewesen waren und gerade wieder zurückgekommen waren, unterhielten uns mit Berichten über ihre Missgeschicke beim Reiten der halbwilden Pferde von Buenos Ayres. Nolan saß am Tisch und war in einer ungewöhnlich fröhlichen und gesprächigen Stimmung. Eine Geschichte über einen Sturz erinnerte ihn an ein eigenes Abenteuer, als er mit seinem abenteuerlustigen Cousin in Texas wilde Pferde fing, zu einer Zeit, als er noch ein ziemlicher Junge gewesen sein musste. Er erzählte die Geschichte mit viel Elan – so sehr, dass die Stille, die oft auf eine gute Geschichte folgt, einen Moment lang über dem Tisch schwebte und von Nolan selbst gebrochen wurde. Denn er fragte völlig unbewusst:

„Bitte, was ist aus Texas geworden? Nachdem die Mexikaner ihre Unabhängigkeit erlangt hatten, dachte ich, dass die Provinz Texas sehr schnell Fortschritte machen würde. Es ist wirklich eine der schönsten Regionen der Erde; es ist das Italien dieses Kontinents. Aber ich habe es getan Ich habe seit fast zwanzig Jahren kein Wort von Texas gesehen oder gehört.

Am Tisch saßen zwei texanische Offiziere. Der Grund, warum er noch nie von Texas gehört hatte, war, dass Texas und seine Angelegenheiten schmerzlich aus seinen Zeitungen gestrichen worden waren, seit Austin seine Siedlungen begonnen hatte; So dass, während er von Honduras und Tamaulipas und, bis vor Kurzem, von Kalifornien las, diese jungfräuliche Provinz, in der sein Bruder so weit gereist war und, wie ich glaube, gestorben war, für ihn aufgehört hatte, etwas zu sein. Waters und Williams , die beiden Männer aus Texas, sahen sich grimmig an und versuchten, nicht zu lachen. Edward Morris wurde durch das dritte Glied in der Kette des Kronleuchters des Kapitäns auf sich aufmerksam gemacht. Watrous bekam einen Nieskrampf. Nolan selbst sah, dass es etwas zu bezahlen gab, er wusste nicht, was. Und ich als Leiter des Festes musste sagen:

„Texas ist nicht mehr auf der Karte, Mr. Nolan. Haben Sie Captain Backs seltsamen Bericht über Sir Thomas Roes Begrüßung gesehen?"

Nach dieser Kreuzfahrt habe ich Nolan nie wieder gesehen. Ich schrieb ihm mindestens zweimal im Jahr, denn auf dieser Reise wurden wir sogar vertraulich vertraut; aber er hat mir nie geschrieben. Die anderen Männer erzählen mir, dass er in diesen fünfzehn Jahren sehr schnell *gealtert ist*, was er tatsächlich könnte, aber dass er immer noch derselbe sanfte, klaglose, schweigsame Leidende war, der er jemals war, und so gut er konnte seine selbst auferlegte Strafe ertrug. – vielleicht eher weniger gesellig gegenüber neuen Männern, die er nicht kannte, aber offenbar mehr denn je darauf bedacht, den Jungen zu dienen, sich mit ihnen anzufreunden und sie zu unterrichten, von denen einige ihn regelrecht zu verehren schienen. Und jetzt scheint es, als wäre der liebe alte Kerl tot. Er hat endlich ein Zuhause und ein Land gefunden.

* * * * *

Seitdem ich dies schreibe und darüber nachdenke, ob ich es drucken würde oder nicht , habe ich von Danforth, der mit an Bord ist, eine Warnung an die jungen Nolaner , Vallandighams und Tatnalls von heute erhalten, was es heißt, ein Land wegzuwerfen The Levant, ein Brief , der über Nolans letzte Stunden berichtet . Es beseitigt alle meine Zweifel daran, diese Geschichte zu erzählen.

Um die ersten Worte des Briefes zu verstehen, sollte sich der Laienleser daran erinnern, dass die Position jedes Offiziers, der Nolan anführte, nach 1817 eine äußerst heikle Angelegenheit war . Die Regierung hatte es versäumt, die ihn betreffende Anordnung von 1807 zu erneuern. Was sollte ein Mann tun? Sollte er ihn gehen lassen? Was wäre dann, wenn er vom Ministerium wegen Verstoßes gegen die Verordnung von 1807 zur Rechenschaft gezogen würde? Sollte er ihn behalten? Was wäre dann, wenn Nolan eines Tages freigelassen würde und eine Klage wegen falscher Inhaftierung oder Entführung gegen jeden Mann einreichen würde, der ihn an der Spitze hatte? Ich habe Southard dazu gedrängt und darauf gedrängt, und ich habe Grund zu der Annahme, dass andere Beamte das Gleiche getan haben. Aber der Minister sagte immer, wie so oft in Washington, dass es keine besonderen Befehle zu erteilen gäbe und dass wir nach unserem eigenen Urteil handeln müssten. Das bedeutet: „Wenn Sie Erfolg haben, werden Sie erhalten; wenn Sie scheitern, werden Sie desavouiert." Nun, wie Danforth sagt, ist das alles jetzt vorbei, obwohl ich es nicht weiß, aber ich setze mich aufgrund der Beweise für die Enthüllung, die ich mache, einer strafrechtlichen Verfolgung aus.

Hier ist der Brief:—

"LEVANT, 2° 2' S. @ 131° W.

„LIEBER FRED: – Ich versuche, Mut und Leben zu
finden, um Ihnen zu sagen, dass mit dem lieben alten
Nolan alles vorbei ist. Ich war auf dieser Reise mehr
als je zuvor bei ihm und kann jetzt völlig verstehen,

wie Sie vorgehen pflegte von dem lieben alten Kerl zu sprechen. Ich konnte sehen, dass er nicht stark war, aber ich hatte keine Ahnung, dass das Ende so nahe war. Der Arzt hat ihn sehr aufmerksam beobachtet, und gestern Morgen kam er zu mir und sagte mir, dass Nolan es sei Es ging ihm nicht so gut, und er hatte seine Kabine nicht verlassen – etwas, woran ich mich noch nie zuvor erinnern konnte. Er hatte den Arzt kommen lassen, um ihn zu sehen , während er dort lag – als der Arzt zum ersten Mal in der Kabine gewesen war – und er sagte, er würde mich gerne sehen. Oh mein Lieber! Erinnerst du dich an die Geheimnisse, die wir Jungen in den alten Tagen der Intrepid über sein Zimmer erfanden? Nun, ich ging hinein, und da lag der arme Kerl Er lag in seiner Koje und lächelte freundlich, als er mir die Hand reichte, sah aber sehr gebrechlich aus. Ich konnte einen Blick in die Runde nicht verkneifen, der mir zeigte, was für einen kleinen Schrein er aus der Kiste gemacht hatte, in der er lag. Das Sternenbanner war verziert über und um ein Bild von Washington herum, und er hatte einen majestätischen Adler gemalt, aus dessen Schnabel Blitze strahlten und dessen Fuß gerade den ganzen Globus umfasste, den seine Flügel überschatteten. Der liebe alte Junge sah meinen Blick und sagte mit einem traurigen Lächeln: „Siehst du, ich habe ein Land!“ Und dann zeigte er auf das Fußende seines Bettes, wo ich noch nie zuvor eine große Karte der Vereinigten Staaten gesehen hatte, wie er sie aus dem Gedächtnis gezeichnet hatte und die er dort liegend betrachten konnte. Urige, seltsame alte Namen standen darauf in großen Buchstaben: „Indiana Territory“, „Mississippi Territory“ und „Louisiana Territory“, wie unsere Väter vermutlich so etwas gelernt haben : Aber der alte Kerl hatte auch in Texas gepatcht; er hatte seine westliche Grenze bis zum Pazifik ausgedehnt, aber an diesem Ufer hatte er nichts definiert.

„O Danforth‘, sagte er, ‚ich weiß, dass ich sterbe. Ich kann nicht nach Hause kommen. Sicher wirst du mir jetzt etwas sagen ? Nicht auf diesem Schiff, das es in Amerika nicht gibt – Gott segne sie! –, einen treueren Mann als mich. Es kann keinen Mann geben, der die alte Flagge so liebt wie ich oder für sie betet wie ich oder auf sie hofft es, wie ich es tue. Es sind jetzt vierunddreißig Sterne darin, Danforth. Ich danke Gott dafür, obwohl ich nicht weiß, wie sie heißen. Es wurde nie einer weggenommen: Ich danke Gott dafür. Ich weiß es dass es nie einen erfolgreichen Burr gegeben hat. „O Danforth, Danforth", seufzte er, „wie einem elenden Nachttraum die Vorstellung eines Jungen von persönlichem Ruhm oder von eigener Souveränität gleicht, wenn man nach so einem Leben darauf zurückblickt Aber erzähl mir, erzähl mir etwas, erzähl mir alles, Danforth, bevor ich sterbe!'

„Ingham, ich schwöre dir, dass ich mich wie ein Monster gefühlt habe, weil ich ihm vorher nicht alles erzählt hatte. Gefahr oder nicht, Zartheit hin oder her, wer war ich, dass ich die ganze Zeit über diesen Schatz als Tyrannen hätte agieren sollen." , heiliger alter Mann, der vor Jahren in seinem ganzen Mannleben den Wahnsinn des Verrats eines Jungen gesühnt hatte? „Mr. Nolan", sagte ich, „ich werde Ihnen alles sagen , worüber Sie fragen. Nur, wo soll ich anfangen? ?'

„O das gesegnete Lächeln, das sich über sein weißes Gesicht schlich! Und er drückte meine Hand und sagte: ,Gott segne dich'. ,Sag mir ihre Namen', sagte er und zeigte auf die Sterne auf der Flagge. ,Das Letzte, was ich weiß.' ist Ohio. Mein Vater lebte in Kentucky. Aber ich habe Michigan und Indiana und Mississippi vermutet – dort ist Fort Adams – das ergibt zwanzig. Aber wo sind deine anderen vierzehn? Du hast keines der alten zerschnitten, Ich hoffe?'

„Nun, das war kein schlechter Text, und ich nannte ihm die Namen so gut ich konnte, und er befahl mir, seine wunderschöne Karte herauszunehmen und sie so gut wie möglich mit meinem Bleistift einzuzeichnen. Er war außer sich vor Freude über Texas, erzählte mir, wie sein Cousin dort starb; er hatte ein goldenes Kreuz in der Nähe der Stelle markiert, an der er sein Grab vermutete; und er hatte auf Texas geraten. Dann war er entzückt, als er Kalifornien und Oregon sah; – das, sagte er, er hatte es zum Teil vermutet, weil es ihm nie gestattet worden war, an diesem Ufer zu landen, obwohl dort so viele

Schiffe lagen. „Und die Männer", sagte er lachend,
„haben außer Pelzen noch viel mehr erwirtschaftet."
Dann ging er zurück – Himmel, wie weit! – um nach
dem Chesapeake zu fragen und was Barron angetan
wurde, weil er es dem Leoparden überlassen hatte,
und ob Burr es jemals wieder versuchte – und
knirschte mit den Zähnen mit der einzigen
Leidenschaft, die er zeigte. Aber in einem Moment
war das vorbei und er sagte: „Gott vergib mir, denn
ich bin sicher, ich vergebe ihm." Dann erkundigte er
sich nach dem alten Krieg, erzählte mir die wahre
Geschichte seines Waffendienstes an dem Tag, als wir
die Java einnahmen, und fragte nach dem lieben alten
David Porter, wie er ihn nannte. Dann ließ er sich
ruhiger und sehr glücklich nieder. mich in einer
Stunde die Geschichte von fünfzig Jahren erzählen zu
hören.

„Wie ich wünschte, es wäre jemand gewesen, der
etwas wusste! Aber ich tat, so gut ich konnte. Ich
erzählte ihm vom englischen Krieg. Ich erzählte ihm
von Fulton und den Anfängen der Dampfschifffahrt.
Ich erzählte ihm vom alten Scott und Jackson;
erzählte Er war alles, was mir über den Mississippi,
New Orleans, Texas und sein eigenes altes Kentucky
einfiel. Und glauben Sie, er fragte, wer das
Kommando über die „Legion des Westens" habe? Ich
erzählte ihm, dass es sich um einen sehr tapferen
Offizier namens Grant handelte und dass er nach
unseren letzten Nachrichten dabei war, sein
Hauptquartier in Vicksburg einzurichten. Dann fragte
ich: „Wo war Vicksburg?" Ich habe das auf der Karte
ausgerechnet; es lag etwa hundert Meilen, mehr oder
weniger, über seinem alten Fort Adams; und ich
dachte, Fort Adams müsste jetzt eine Ruine sein . „Es
muss auf der Plantage des alten Vick sein", in Walnut
Hills, sagte er: „Nun, das ist eine Veränderung!"
„Ich sage Ihnen, Ingham, es war schwierig, die
Geschichte eines halben Jahrhunderts in diesem
Gespräch mit einem kranken Mann
zusammenzufassen. Und ich weiß jetzt nicht, was ich
ihm erzählt habe – von der Auswanderung und den
Mitteln dazu ... von Dampfschiffen und
Eisenbahnen und Telegraphen – von Erfindungen

und Büchern und Literatur – von den Colleges und West Point und der Marineschule – aber mit den seltsamsten Unterbrechungen, die Sie je gehört haben. Sie sehen, es war Robinson Crusoe Ich stelle alle angesammelten Fragen von sechsundfünfzig Jahren!

„Ich erinnere mich, dass er plötzlich fragte, wer jetzt Präsident sei; und als ich es ihm erzählte, fragte er, ob Old Abe der Sohn von General Benjamin Lincoln sei. Er sagte, er habe den alten General Lincoln getroffen, als er selbst noch ein ziemlicher Junge war Irgendein indischer Vertrag. Ich sagte nein, der alte Abe sei ein Kentuckianer wie er, aber ich konnte ihm nicht sagen, aus welcher Familie er stammte; er hatte sich von den Rängen aufgearbeitet. „Gut für ihn!“ rief Nolan. „Darüber bin ich froh. Während ich grübelte und mich wunderte, dachte ich, unsere Gefahr bestehe darin, die regelmäßige Nachfolge in den ersten Familien aufrechtzuerhalten.“ Dann begann ich über meinen Besuch in Washington zu sprechen. Ich erzählte ihm von einem Treffen mit dem Kongressabgeordneten Harding aus Oregon; ich erzählte ihm vom Smithsonian und der Exploring Expedition; ich erzählte ihm vom Kapitol und den Statuen für den Giebel und Crawfords Freiheit , und Greenoughs Washington: Ingham, ich habe ihm alles erzählt, was mir einfiel, um die Größe seines Landes und seinen Wohlstand zu zeigen; aber ich konnte mich nicht zusammenreißen, um ihm ein Wort über diese höllische Rebellion zu sagen!

„Und er trank es aus und genoss es, wie ich es Ihnen nicht sagen kann. Er wurde immer stiller, aber ich hätte nie gedacht, dass er müde oder ohnmächtig war. Ich gab ihm ein Glas Wasser, aber er befeuchtete nur seine Lippen und erzählte es Ich bat mich, nicht wegzugehen. Dann bat er mich, das presbyterianische „Buch des öffentlichen Gebets“ mitzubringen, das dort lag, und sagte lächelnd, dass es an der richtigen Stelle aufgeschlagen werden würde – und so geschah es. Da war seins doppelte rote Markierung auf der Seite; und ich kniete nieder und las, und er wiederholte mit mir: „Für uns und unser Land, o gnädiger Gott, danken wir Dir, dass Du trotz unserer vielfältigen Übertretungen Deiner heiligen Gesetze damit

fortgefahren hast." uns deine wunderbare Güte' – und
so bis zum Ende dieser Danksagung. Dann schlug er
das Ende desselben Buches auf, und ich las die Worte,
die mir vertrauter waren: „Von ganzem Herzen bitten
wir dich, dass du deine Gunst erblickst und segnest."
„Dein Diener, der Präsident der Vereinigten Staaten
und alle anderen Autoritäten" – und der Rest der
bischöflichen Versammlung. „Danforth", sagte er,
„ich habe diese Gebete Nacht und Morgen
wiederholt, es sind jetzt fünfundfünfzig Jahre her." .'
Und dann sagte er, er würde schlafen gehen. Er
beugte mich über sich und küsste mich; und er sagte:
„Schau in meiner Bibel nach, Danforth, wenn ich weg
bin." Und ich ging weg.
„Aber ich hatte nicht gedacht, dass es das Ende wäre.
Ich dachte, er wäre müde und würde schlafen. Ich
wusste, dass er glücklich war und ich wollte, dass er
allein war."
sanft hineinging, stellte er fest, dass Nolan sein Leben
mit einem Lächeln ausgehaucht hatte. Er hatte etwas
dicht an seine Lippen gedrückt. Es war das Abzeichen
seines Vaters vom Orden der Cincinnati."
„Wir haben in seiner Bibel nachgeschaut und an der
Stelle, wo er den Text markiert hatte, war ein Zettel :
‚„Sie wünschen sich ein Land, sogar ein himmlisches;
darum schämt sich Gott nicht, ihr Gott genannt zu
werden; denn er hat für sie eine Stadt vorbereitet.'
„Auf diesem Zettel hatte er geschrieben:
‚„Begrabt mich im Meer; es war mein Zuhause, und
ich liebe es. Aber wird nicht jemand in Fort Adams
oder in Orleans einen Stein zu meinem Andenken
aufstellen, damit meine Schande nicht größer wird, als
ich ertragen sollte?' ? Sagen Sie darauf :—

"' *In Erinnerung an*
PHILIP NOLAN,
Leutnant der Armee der
Vereinigten Staaten .
Er liebte sein Land wie kein
anderer Mann es geliebt hat;
aber kein Mann hat weniger
von ihr verdient.""

DAS LETZTE AUS FLORIDA.

AUS DEN INGHAM-PAPIEREN.

[Der anglo-rebellische Pirat Floridas wurde, nachdem er dem Handel Amerikas und dem guten Namen Englands schrecklichen Schaden zugefügt hatte, von Kapitän Collins aus der Bucht von Bahia vertrieben, durch einen dieser glücklichen Fehler im Völkerrecht, die Tapferkeit lieben Männer an die Nationen, in deren Interesse sie sich engagieren. Als sie hier ankam, war die Regierung gezwungen, die Tat zu desavouieren. Die Frage war dann, was wir mit ihr machen sollten, da wir sie versehentlich hatten. Zu diesem Zeitpunkt war in Boston die Nationale Seemannsmesse in vollem Gange, und ich antwortete darauf mit meinem Vorschlag im folgenden Artikel, der am 19. November 1864 in der „Boatswain's Whistle", einer kleinen Zeitung, die auf der Messe herausgegeben wurde, veröffentlicht wurde.

Die Regierung nahm den Vorschlag nicht an. Sehr bedauerlicherweise sank die Florida, bevor sie zur Seefahrt bereit gemacht wurde, versehentlich bei einer Kollision mit einem Schlepper vor Fort Monroe, und die Erben der konföderierten Regierung oder die englischen Anleihegläubiger müssen dort nach ihr suchen, wenn die brasilianische Regierung will gib ihnen die Erlaubnis.

Für den New York Observer möchte ich anmerken, dass eine Sendung , die 1.200 Mal spiralförmig um die Welt nach Westen geschickt wurde, vier Jahre vor ihrem Abflug nicht wirklich ihr Ziel erreichen würde. Es ist nur ein Witz, der das nahelegt.]

* * * * *

SONDERVERSAND.

BRIEF VON KAPITÄN INGHAM, KOMMANDANT DER FLORIDA.

[Vier Jahre vor der Post von einem Blitzexpress erhalten, der diese Zeit dadurch gewonnen hat, dass er auf dem Weg von Brasilien zu unserem Veröffentlichungsbüro 1.200 Mal spiralförmig nach Westen um die Welt gefahren ist. Da die Adresse von Frau Ingham nicht bekannt ist, wird der Brief zu ihrer Information abgedruckt.]
Nr. 29.

BAHIA, BRASILIEN, 1. April 1868.

MEINE LIEBE FRAU: — Wir sind endlich hier, dem Glück sei Dank; und ich werde den alten Piraten heute den Regierungsbeamten übergeben. Wir wurden begrüßt, müssen gefeiert werden, und vielleicht werde ich zum Ritterkommandeur der Goldenen Gans ernannt. Ich war noch nie so froh, als ich die Lichter auf der Landzunge von San Esperitu sah, die die Südspitze dieser Bahia oder Bucht bildet.

Loando erhalten haben und möglicherweise 26 und 24 verpasst haben, die ich den *hinausgehenden* Walfängern gegeben habe. Ich habe immer gezweifelt, ob Sie 1, 7, 9 und 11 bekommen haben. Und ich habe kein Wort von Ihnen, seit Sie am Morgen des 1. Juni 1865, fast vier Jahre lang, Ihr Taschentuch aus dem Fenster in der Springfield Street geschwenkt haben. Mein liebes Kind, du wirst mich nicht kennen.

Lassen Sie mich dann ganz kurz den Umriss dieser seltsamen Kreuzfahrt wiederholen; und wenn die Briefe kommen, können Sie die Lücken ausfüllen. Die Regierung hatte beschlossen, dass die Florida in den neutralen Hafen zurückgebracht werden musste, aus dem sie kam. Sie hatten sie vollständig instand gesetzt, und sechs Monate Diplomatie hatten sich angemessen bei der brasilianischen Regierung entschuldigt. In der Zwischenzeit war Collins, der sie versehentlich gefangen genommen hatte, durch einen weiteren Fehler zum Admiral ernannt worden und befehligte ein Geschwader. und um ihre sichere und respektvolle Übergabe zu gewährleisten, wurde ich, der ich gewartet hatte, aus dem Dienst genommen und, wie Sie wissen, aufgefordert, das Kommando zu übernehmen.

Sie war in bester Ordnung. Die Motoren waren gereinigt; und ich dachte, wir könnten schnell etwas daraus machen. Ich war ein wenig enttäuscht, als ich feststellte, dass die Crew klein war; aber seitdem ich keine Münder mehr hatte, war ich froh. Niemand außer mir kannte unser Ziel. Die Männer dachten, wir sollten Depeschen an das Golfgeschwader überbringen.

Sie erinnern sich, dass ich nur mündliche Befehle erhalten hatte, das Kommando zu übernehmen, und nachdem wir die Bucht verlassen hatten , öffnete ich meine versiegelten Depeschen . Der Kern davon war in diesen Worten:

„Sie werden verstehen, dass die Ehre dieser Regierung für die *sichere* Übergabe der Florida an die brasilianische Regierung gelobt wird. Sie werden daher nichts riskieren, um an Geschwindigkeit zu gewinnen. Die Menge Ihrer Kohle wurde angepasst, um Ihrem Schiff mehr Sicherheit zu geben bester Schnitt, und der Vorrat ist nicht groß. Sie werden sorgfältig damit umgehen und alle Vorsichtsmaßnahmen treffen, um mit Ihrem Schützling *sicher* in Bahia anzukommen , und zwar in der Zeit, die Ihnen *Ihr bestes Ermessen empfehlen kann.*

„ *Ihre beste Diskretion* " wurde betont.

Ich rief Prendergast an und zeigte ihm den Brief. Dann riefen wir den Ingenieur an und fragten nach der Kohle. Er war nicht in den Bunkern gewesen, sondern kam mit weißem Gesicht durch den schwarzen Schmutz zurück und kehrte zurück, um zu melden, dass er „nicht vier Tage verbraucht" habe. Durch einen verfluchten Zufall, sagte er, seien die Bunker mit Fässern voll Salzschweinefleisch und Mehl gefüllt worden!

Daraufhin bestellte ich ein Licht und ging nach unten. Irgendwo hatte es ein fatales Missverständnis gegeben. Das Schiff war für eine Arktisfahrt ausgerüstet. Überall Hartbrot, Mehl, Schweinefleisch, Rindfleisch, Essig, Sauerkraut ; aber ganz klar, bestenfalls nicht fünf Tage Kohle!

Und ich sollte mit diesem alten Piraten, der in ein Versorgungsschiff umgewandelt wurde, nach Brasilien gelangen, „nach meinem besten Ermessen".

„Prendergast", sagte ich, „wir lassen es ruhig angehen. Waren Sie jemals in Bahia?"

„Ich habe dort 1955 Mehl gekauft und von Juli bis Oktober auf Kautschuk gewartet. Sechs Männer durch Yellow Jack verloren."

Prendergast war von der Handelsmarine. Ich kannte ihn seit unserer Kindheit. „Ethan", sagte ich, „nach meinem besten Ermessen wäre es schlecht, vor Ende Oktober dort anzukommen. Wohin würdest du gehen?"

Ich kann nicht sagen, dass er die Verantwortung übernommen hat. Er würde es nicht nehmen. Du weißt natürlich, meine Liebe, dass ich es war, der Upernavik vorgeschlagen hat . Von den Tagen des alten Marmorpapiers „Northern Regions" bis zum Quarto „Ross und Parry und Back und dem Neffen Ross und Kane und McClure und McClintock", weißt du, meine Liebe, was meine einzige Leidenschaft war: diese Eisschollen zu sehen und Eisberge für mich. Sicherlich verzeihen Sie mir oder entschuldigen mich zumindest. Nicht wahr? Hier war dieser Schnelldampfer unter mir. Ich sollte nicht vor dem 25. Oktober in Bahia sein. Es war der 1. Juni. Natürlich fuhren wir nach Upernavik .

Ich werde nicht sagen, dass ich es jetzt bereue. Dennoch möchte ich sagen, dass von dieser vorsichtig getroffenen Entscheidung, obwohl sie „in meinem Ermessen" lag, all unser späteres Unglück abhängt. Die Dänen waren freundlich zu uns, besonders der Gouverneur, obwohl ich dem armen Kerl schlechte Nachrichten über die Herzogtümer und den dänischen Krieg überbringen musste, die damals noch alles frisch waren. Ich erinnere mich, dass er für uns einen Tanz auf die Beine gestellt hat, und dort habe ich Ihnen Nr. 1 geschrieben. Ich konnte natürlich nicht anders, als wir ihn verließen, sie ein paar Grad nach Norden hinaufzufahren, nur um zu sehen, ob es diesen Durchgang zwischen Igloolik und Prince Rupert's Headland gibt oder nicht (und den gibt es übrigens auch). Nachdem wir Igloolik passiert hatten, war das Wetter so herrlich, dass ich nur ein wenig Kohle verbrauchte, um sie entlang der Küste von King William's Land zu fahren. Und als wir eines Tages, wie es unser Glück befahl, am Rande einer Scholle darauf warteten, dass kleine Enten geschossen wurden, kam eine Gruppe Eingeborener an Bord, und wir behandelten sie mit Krümel und Walöl. Sie fingen an zu tanzen und wir lachten – sie tanzten mehr und wir lachten mehr, bis die älteste Frau in ihren Bärenfellhosen stolperte und mit einem Knall direkt auf das kleine gusseiserne Gestell neben dem Rad fiel, das sie abschirmte Binnakel und Kompass. Mein liebes Kind, es gab so viel Aufruhr und so viel Durcheinander , wie ich mich jetzt erinnern kann. Wir mussten uns entschuldigen, der Arzt richtete ihren Kopf so gut er konnte. Wir gaben ihnen zum Trost Lebkuchen aus der Hütte und befreiten sie kampflos. Doch als ich am nächsten Morgen von der Scholle ablegte, stellte sich heraus, dass die Bettler die Kompasskarte samt Nadel und allem gestohlen hatten.

Meine liebe Mary, es gab kein weiteres Stück magnetisiertes Eisen im Schiff. Die Regierung hatte sich sehr davor gescheut, den Kreuzern der Konföderierten Instrumente jeglicher Art zur Verfügung zu stellen. Der arme Ethan hatte erst am Tag zuvor zwei Kompasse gegen Fischbeinspeere und Lederhosen eingetauscht, von denen keiner den Nordstern vom Pik-Ass unterscheiden konnte. Und diese Sache erwies sich als wichtiger, als Sie denken; Ich hatte wirklich das Gefühl, dass der Stoff in den Büchern und Predigten über die Seemannsnadel nicht gerade poetisch war.

Wie Sie sehen werden, falls ich jemals durchkomme. (Seit ich angefangen habe, habe ich den Konsul gesehen – und die glorreichen Nachrichten von zu Hause gehört – und soll morgen den Hafenbehörden vorgelegt werden.) Es war der offenste Sommer, Mary, den es dort je gegeben hat. Hätte ich nicht im Oktober hier sein müssen, wäre ich direkt durch den Lancaster Sound, an Baring's Island vorbei, in den Pazifik gefahren. Aber hier lag die Ehre des Landes, und wir haben uns lediglich durch die Meerenge zurückgeschlichen. Dort war es ganz gut , den ganzen Tag, wissen Sie. Aber nachdem wir Cape Farewell passiert hatten, trieben wir sie in solche Nebel, Kind, wie man sie außerhalb des Hyde Parks nie gesehen hat. Habe ich mich nicht nach dieser Kompasskarte gesehnt? Wir segelten, und wir segelten, und wir segelten. Siebenunddreißig Tage lang bekam ich weder eine Beobachtung, noch sprach ich ein Schiff! Oktober! Es war Oktober, bevor es uns warm wurde. Mittags segelten wir dorthin, wo es unserer Meinung nach am leichtesten war. Nachts hielt ich immer zwei Männer wach, befestigte das Rad und ließ sie wie einen Holländer treiben. So gut wie der andere. Mary, als ich endlich die Sonne sah, genug, um irgendeine Art von Beobachtung zu ermöglichen, waren wir fast dreihundert Meilen nordöstlich von Island! Sprechen Sie mit mir über Nebel!

Nun, ich habe sie wieder nach Süden gesetzt, aber wie lange kann man wissen, ob man nach Süden segelt, an die Orte, wo die Nordostwinde und schottischen Nebel herkommen? Dem Himmel sei Dank sind wir nach Süden gekommen, sonst wären wir erfroren. Wir sind im November angekommen, und wir sind im Dezember angekommen. Wir waren bis 37° 29' südlich; und befanden uns am Neujahrstag 1866 auf 31° 17' West, als der Zweite Offizier mir ein frohes neues Jahr wünschte, mir zum schönen Wetter gratulierte, sagte, wir sollten eine gute Beobachtung machen, und mich nach dem neuen nautischen Almanach fragte! Sie wissen, dass sie nur für fünf Jahre berechnet werden. Wir hatten zwei Greenwich-Flugzeuge an Bord, die am 31. Dezember 1865 zur Neige gingen. Aber die Regierung war mit Almanachen genauso geizig gewesen wie mit Kohle und Kompassen. Sie hatten nicht die Absicht, die Konföderation in Almanachen festzuhalten.

Das war der Anfang unserer Probleme. Ich musste den alten Almanach nehmen, mit Prendergast, und wir rechneten wie Cocker und kamen immer mit den Monatstabellen voran . Aber irgendwie – ich bin mir sicher, dass wir Recht hatten – stimmte etwas nicht; und nach ein paar Wochen kamen die Monde auf die grässlichste Art zum Vorschein, und wir befanden uns immer auf dem Gipfel der Anden oder auf den Marquesas-Inseln oder irgendwo anders als im Atlantischen Ozean. Na dann, zum Glück sprachen wir das geflügelte Batavian; konnte kein Wort Niederländisch und er auch kein Wort Englisch; aber er ließ Ethan seine Tabellen kopieren, und so rannten wir zum St. Sacrament. Ich habe dort 8, 9 und 10 gepostet; Ich habe dem Holländer 7 gegeben, was Sie hoffentlich bekommen haben, aber Angst.

Nun, diese Geschichte dauert lange; aber in St. Sacrament machten wir uns wieder auf den Weg, aber wie es das Unglück wollte, ohne ein einwandfreies Gesundheitszeugnis. Damals hätte ich in einer Woche mit Kohle, von der ich welche gekauft hatte, nach Bahia laufen können. Aber an Land herrschte Fieber – und zwar schlimmes –, und ich wusste, dass wir üben mussten, wenn wir hier in den Außenhafen kamen; Anstatt das zu tun, fuhren wir die Küste entlang und trafen auf den Zyklon, über den ich Ihnen geschrieben habe, und mussten ihn nach Loando bringen . Verstehen Sie, dies war das erste Mal, dass wir Loando besuchten . Seitdem habe ich dieses elende Loch gut genug kennengelernt. Und als wir aus Loando herausliefen , schossen die Schlitten oder Halterungen der Kolbenstange einfach aus den Rillen heraus, als wir den Motor zu plötzlich umkehrten, damit wir nicht das Pennerboot einer alten Portugiesin zerschmetterten Er rannte oben hinein, kam geschickt an der Außenseite des Wagens herunter, gab dieses abscheuliche *Grrr von sich* , das ich jetzt hören kann , und dann, *kippe* – das ganze Gewicht des Hubbalkens, der gebogenen Stange und der Wagen, alles hinein drei Achter, und da waren wir! Von damals bis heute konnte ich das Boot jeden Tag mit einer Wäschepresse genauso leicht bedienen wie mit diesem Motor .

Nun, wir haben gebastelt, und die portugiesischen Werftleute haben gebastelt. Wir haben dies herausgenommen, und sie haben das herausgenommen. Es wurde kränklich, und ich bekam Angst, und schließlich verschiffte ich den Propeller, nahm ihn an Bord und startete unter dem Segeltuch, das wir zurückgelassen hatten – nicht viel nach dem Zyklon –, denn der Norden und der Süden zusammen waren ziemlich verrottet die ursprüngliche Ente.

Dann war es – wie ich Ihnen in Nr. 11 schrieb – zu spät, um vor der kränklichen Jahreszeit dieses Sommers nach Bahia zu gelangen, und ich machte mich „nach bestem Ermessen" wieder auf den Weg in kühlere Regionen. Damals hatten wir an Bord so schreckliches Fieber; Und ohne Wilder, den Chirurgen, und die Falklandinseln wären wir, jeder von uns, jetzt tot. Aber wir berührten uns gerade noch rechtzeitig in Queen's Bay. Der Gouverneur (der sein einziger Untertan ist) war sehr herzlich, fröhlich und freundlich. Wir gingen alle an Land, schlugen Zelte auf und aßen Enten und Pinguine, bis die Männer kräftig wurden. Ich schrammte fast bis zu den Kurven, denn das Gras schwamm an unserer Seite wie die Haare einer Meerjungfrau, während wir segelten, und die einst schnelle Florida schaffte bei dem Wind keine vier Knoten pro Stunde ; – und das war das Schiff, zu dem ich wollte Kommen Sie nach meinem besten Ermessen in bester Ordnung nach Bahia!

Inzwischen hatte keiner dieser Leute Neuigkeiten aus Amerika . Die letzte Zeitung auf den Falklandinseln war eine Londoner Times aus dem Jahr 1864, in der die Yankees beschimpft wurden. Was die Portugiesen betrifft, so waren sie wie die Leute, die Logan in Vicksburg sah. „Sie wissen nichts Gutes!" sagte er; „Sie wissen überhaupt nichts!" Es ging mir wirklich mehr um Neuigkeiten als um Wasser, das ich in Sta steckte. Lucia, – und ich habe dort ein ziemliches Durcheinander angerichtet. Wir sahen so wie Piraten aus (was im Grunde auch die alte Wanne ist), dass sie uns alle, die gelandet waren, zum Wachhaus mitnahmen. Keiner von uns konnte Sta sprechen. Lucia, was auch immer diese Sprache sein mag, ich verstehe sie nicht. Und erst als Ethan eine Granate von der 100 Pfund schweren Parrott über der Stadt abfeuerte, ließen sie uns frei. Ich hoffe, die Hunde haben dir meine Briefe geschickt. Ich gehe davon aus, dass es einen weiteren Verstoß gegen die Neutralität gegeben hat. Aber wenn die brasilianische Regierung dieses Schiff nach Sta. Lucia, ich werde ihr nichts befehlen, das ist alles!

Also! Was beim zweiten Mal in Loando passiert ist, in Valencia und in Puntos Pimos und in Nueva Salamanca und in Loando beim letzten Mal, wissen Sie und werden es wissen, und warum wir so herumlungerten. Endlich, Gott sei Dank, sind wir hier. Eigentlich, Mary, hat dieses Schiff in der letzten Woche, bevor wir es in den Hafen gebracht haben, durchschnittlich nur zweiunddreißig Knoten pro Tag gefahren.

Denken Sie nun an die Undankbarkeit der Menschen! Ich habe sie hierher gebracht, „nach meinem besten Ermessen", und glauben Sie, dass diese Hidalgos oder Dons oder Senores oder was auch immer sie sind, vergessen hatten, dass sie existierte? Und als ich sie ihr zeigte, sagten sie im guten Portugal, ich sei ein Lügner. Zum Glück ist der Konsul unser alter Freund Kingsley. Er freute sich, mich zu sehen; Ich dachte, ich wäre auf dem Meeresgrund. Von ihm erfuhren wir, dass die Konföderation vor langer Zeit in die Luft gesprengt wurde. Und soweit ich weiß, kann es sein, dass ich die Florida für meine eigene Privatjacht oder mein Privatboot zurückbekomme, es sei denn, sie geht nach Sta. Lucia.

Ich nicht, meine Freunde! Kratzen Sie sie ab und reparieren Sie sie und geben Sie sie den Marinesoldaten — und erzählen Sie ihnen ihre Geschichte; aber vertraue sie nicht wieder meiner eigenen Polly an
FREDERIC INGHAM

EIN STÜCK MÖGLICHER GESCHICHTE.

[Dieser Aufsatz wurde erstmals im Oktober 1851 im Monthly Religious Magazine, Boston, veröffentlicht. Der eine oder andere Chronologieprofessor hat sich seitdem Mühe gegeben, mir zu sagen, dass dies unmöglich sei. Aber bis sie sich darüber im Klaren sind, ob Homer überhaupt jemals gelebt hat, werde ich mich an die Notiz halten, die ich an Miss Dryasdusts Cousine geschrieben habe, die ich ursprünglich am Ende des Artikels abgedruckt habe und die dort in dieser Sammlung zu finden ist. Die Schwierigkeiten in der Geographie sind vielleicht schlimmer als die in der Chronologie.]

* * * * *

In einem Sommerbiwak versammelte sich eine kleine Truppe Soldaten aus Joppa im Schutz eines Wäldchens, wo sie ihre Schaffelle ausbreiteten, ihre Pferde anbanden und ein einziges Zelt aufschlugen . Mit der Nachlässigkeit von Soldaten plauderten sie über die Zeit, bis der Schlaf kommen würde, und halfen ihnen, mit seinen Chancen auf den morgigen Tag zu hoffen; vielleicht vom Kampf, vielleicht von einem weiteren Tag dieser Lagerträgheit. Unterhalb des Gartenhangs, wo sie faulenzten, floss der reißende Strom von Kishon tosend dahin. Über dem rauen Rand der östlichen Hügel ging ein Vollmond auf, und die ganze Szenerie war erfüllt von der Schönheit einer östlichen Landschaft.

Während sie miteinander redeten, erklangen die Klänge einer Harfe, die vom Wind den Bach hinuntergetragen wurden und sich mit dem Plätschern des Baches vermischten.

„Die Jungs hatten Recht", sagte der Kapitän der kleinen Kompanie. „Sie baten um Erlaubnis, den Bach hinaufgehen zu dürfen, um ihren Abend mit den Karmelmännern zu verbringen, und sagten, dass sie dort einen Harfenspieler hätten, der für sie singen und spielen würde."

„Nachts singen und morgens kämpfen! Das ist das wahre Soldatenleben", sagte ein anderer.

„Wer hat sie da?" fragte ein Dritter.

„Einer dieser Ziklag -Männer", antwortete der Häuptling. „Er kam vor ein paar Tagen ins Lager, scheint ein alter Günstling des Königs zu sein und ist mit seinen Männern bei dem alten Grab am Rande des Hügels postiert. Wenn man den Bach überquert, ist er nicht weit vom Karmelposten; und einige seiner jungen Männer haben dort Bekanntschaft gemacht.

„Man ist nicht umsonst Soldat. Wenn wir uns auf Anhieb Feinde machen, machen wir uns auch auf Anhieb Freunde."

„ Echish sagt hier, dass der Harfner ein Jude ist.“

„ Was! – ein Deserteur?“

„Das weiß ich nicht; das ist der Wachposten des Königs. Ihre Kompanie kam vor einer Woche hierher, wurde an dem Tag überprüft, als ich die Außenposten bewachte, und ihnen wurde dieser Posten, von dem ich Ihnen erzähle, zugewiesen. So ist der König zufrieden; und wenn er es ist, bin ich es.“

„Jude oder Nichtjude, Mann Jehovas oder Dagons Mann“, sagte einer der jüngeren Soldaten mit einem halb respektlosen Ton, „ich wünschte, wir hätten ihn hier, um für uns zu singen.“

„Und um uns wach zu halten“, gähnte ein anderer.

„Oder um uns davon abzuhalten, an morgen zu denken“, sagte ein Dritter.

„Kann hier niemand singen, spielen oder eine alte Geschichte erzählen?“

Da war niemand. Die einzigen beiden Soldaten des Postens, die ihre musikalischen Fähigkeiten beeinträchtigten, waren die beiden, die zum Biwak der Karmeliter hinaufgegangen waren; und die kleine Gruppe von Joppa kroch so weit flussaufwärts, wie es die Grenzen ihrer Position zuließen, und kroch immer lautere Töne, während die Inspiration des Barden ihn immer weiter wegtrug. und lagen, ohne Lärm, um, so gut sie konnten, die satten Töne der Musik einzufangen, während sie das Tal hinunterfegte.

Beruhigt durch das Geräusch, das Mondlicht und die Sommerbrise waren sie gerade in der Stimmung, die erste Unterbrechung zu begrüßen, die die Stille der Nacht durchbrach. Es war die Annäherung eines Mitglieds ihrer Kompanie , das vor ein oder zwei Tagen nach Accho abkommandiert worden war ; und der herbeigeeilt kam, um die baldige Ankunft seiner Gefährten anzukündigen, denen er ein Willkommen zusagte. Gerade als sie Accho verlassen sollten , sei an diesem Tag, als sie ins Lager zurückkehrten, ein ionisches Handelsschiff in den Hafen eingelaufen. Er und seine Kameraden hatten darauf gewartet, ihr beim Anlegen zu helfen, und sich mit ihren Seeleuten unterhalten. Sie hatten ihnen von der Möglichkeit einer Schlacht erzählt, zu der sie zurückkehren würden; und zwei oder drei der jüngeren Ionier, entzückt über die Erleichterung aus der Gefangenschaft des Meeres, hatten sie angefleht , sie freiwillig mit ihnen begleiten zu dürfen. Diese Männer waren also mit den Soldaten ins Land gekommen; und er, der das Schweigen der Zuhörer der fernen Serenade gebrochen hatte, war eilig weitergeeilt, um seinen Kameraden zu sagen, dass solche Besucher unterwegs seien.

Sie erschienen bald zu Fuß, waren aber durch die leichten Rucksäcke, die sie mit sich führten, kaum belastend.

Durch die Begrüßung durch die Soldaten fühlten sich die ionischen Seeleute bald genauso wohl bei den Männern im Biwak, wie sie es den ganzen Tag über bei der Abteilung vom Meer gewohnt waren. Ein paar Minuten reichten aus, um Schaffelle zum Liegen herauszuholen, einen Schlauch Wein für den

Durst, einen Bund Rosinen und Haferflocken für den Hunger; ein paar Minuten später waren die Neuigkeiten verkündet worden, die jede Partei von der anderen verlangte; und dann fühlten sich diese Söhne des Meeres und diese kriegsbronzierten Philister so wohl miteinander, als hätten sie jahrelang unter demselben Himmel gedient.

„Wir haben Musik gehört", sagte der alte Häuptling, „als Sie heraufkamen. Einige unserer jungen Männer sind tatsächlich zu dem Posten dort drüben hinaufgegangen, um den Harfner singen zu hören, dessen Stimme man manchmal hört, wenn wir da sind." nicht sprechen.

„Dann findet man die Musen inmitten der Waffen", sagte einer der jungen Ionier.

„Musen?" sagte der alte Philister lachend. „Das klingt nach euch Griechen. Ah! Sir, in unseren Felsen hier haben wir nicht genug Musen, aber diejenigen, die diese Lanzen tragen oder uns beibringen, wie man mit den Inseln gegen Zinn handelt."

„Das ist nicht ganz fair", rief ein anderer. „Die Jungen, die weg sind, singen gut; und einer von ihnen hat eine Harfe, ich würde mich freuen, wenn du sie sehen würdest. Er hat sie selbst aus einer knorrigen Olivenwurzel gemacht." Und er drehte sich um, um danach zu suchen.

„Im Zelt wirst du es nicht finden: Der Junge hat es mitgenommen. Sie hofften, dass der Ziklag -Minnesänger sie zum Singen auffordern würde, nehme ich an."

„Eine Harfe aus Olivenholz", sagte der Ionier, „scheint von der Muse geboren und von Pallas gesegnet zu sein."

Und während er das sagte, beugte sich einer der Neuankömmlinge der Philister vor und flüsterte dem Häuptling zu: „Er ist selbst ein Barde, und wir haben ihm das Versprechen abgenommen, für uns zu singen. Ich habe seine Harfe mitgebracht, damit er es konnte." Ermutigen Sie unser Biwak. Beten Sie, fragen Sie ihn.

Der alte Häuptling brauchte keine Überredung; und die Augen der ganzen Truppe leuchteten auf, als sie feststellten, dass sie jetzt einen „eigenen" Sänger hatten, als der alte Mann den jungen Ionier höflich drängte, ihn hören zu lassen: „Ich habe Ihnen gesagt, Sir, dass wir keine Musen von hatten." unsere eigenen; aber umso mehr heißen wir diejenigen willkommen, die von jenseits der Meere zu uns kommen .

Homer lächelte; denn es war Homer, zu dem er sprach , Homer noch in der Frische seiner unverblendeten Jugend. Er nahm die Harfe, die ihm der junge Philister reichte, trommelte auf ihren Saiten und sagte, während er sie stimmte: „Ich habe keine Harfe aus Olivenholz; diese haben wir vor Jahren aus einem alten Oleander im Jahr herausgeschnitten." Sümpfe hinter Kolophon. Was werden Sie hören, meine Herren?"

„Der Dichter wählt selbst", sagte der höfische alte Kapitän.

„Dann lass mich dir von *der Olivenharfe singen* "; und er schlug die Akkorde in einer sanften, beruhigenden Harmonie an, die sich an seinen eigenen Geist anpasste, so erfreut er auch war, inmitten des rauen Biwaks, nach dem er gesucht hatte, Musik und Harmonie und die Olive des Friedens zu finden Krieg. Aber er war dazu bestimmt, enttäuscht zu werden. Gerade als sein Vorspiel endete, drehte sich einer der jungen Soldaten auf den Ellbogen und flüsterte seinem Nachbarn verächtlich zu: „Immer *Oliven* , immer *Frieden* : Das ist alles, wofür deine Musik gut ist!"

Der Junge sprach zu laut , und Homer nahm den unzufriedenen Ton und die Worte schneller wahr, als der Sprecher ihm zugetraut hatte. Er beendete das Vorspiel mit einem plötzlichen Krachen der Streicher und sagte kurz: „Und worüber kann man besser singen als über die Olive?"

Die höflicheren Philister sahen den jungen Soldaten streng an; aber er war zu weit gegangen, um Angst zu haben, und er blitzte zurück: „Krieg ist besser. Mein Breitschwert ist besser. Wenn ich singen könnte, würde ich deinem Ares singen; wir nennen ihn Mars!"

Homer lächelte ernst. „Lass es so sein", sagte er; und mit leiserer Stimme fügte er dem Kapitän, der über die Verletzung der Höflichkeit beunruhigt war, hinzu: „Lass den Jungen sehen, wofür Krieg und Mars da sind."

Er schlug ein weiteres Präludium an und begann. Damals komponierte Homer seine „Hymne an den Mars". In wildem Tempo und ungestüm ging er die Liste der Titel und Attribute des Mars durch; Dann änderte sich seine Tonart, und seine Zuhörer lauschten aufmerksamer, feierlicher, wie in ernsterem Ton, mit langsamerer Musik und einer fast ehrfürchtigen Würde der Stimme, fuhr der Barde fort.

„Helfer der Sterblichen, hört!

Wie deine Feuer geben

Die gegenwärtigen Kühnheiten , die danach streben

In der Jugend für Ehre;

Also würde ich mir auch wünschen, die Macht zu haben

Um deine bittere Stunde von meinem Kopf fernzuhalten,

Und lösche das falsche Feuer der niedrigen Art meiner Seele,

Durch die richtige Entscheidung meines höchsten Geistes

Kontrollieren Sie den Stachel des Reichtums

Das rührt mich immer noch zu dem schrecklichen Schrecken

Von einem abscheulichen Kampf!

„Tue es, oh Gesegneter! Gib mir Ruhe

Geistesgegenwart, um meinen Willen in die Tat umzusetzen,

Was auch immer der Anlass ist;

Und so zu leben, frei von jeglicher Angst,

Unter diesen Gesetzen des Friedens, die es nie gibt

Betroffen von Verschmutzungen beliebt

Von ungerechtfertigter Verletzung,

Um die Last schwerer Schicksale sicher zu tragen,
Von unflexiblen Feinden und unmenschlichem Hass!"
Die Töne verklangen; die Gesellschaft war für einen Moment still; und der
alte Häuptling sagte dann ernst zu seinem gereizten Anhänger: „Dafür
kämpfen *Männer* , Junge." Aber der Junge brauchte den Rat nicht. Homers
Art, seine Stimme, die Musik selbst, der Geist des Liedes sowie die Worte
hatten ihn überwältigt; und der prahlerische Soldat bedeckte seine Tränen
mit seinen Händen.
Homer (der Prinz der Herren) hatte sofort das Gefühl, dass der kleine
Ausbruch und die damit verbundene Zurechtweisung die Leichtigkeit ihrer
unerwarteten Begegnung beeinträchtigt hatten. Wie gesegnet ist die
Geistesgegenwart, mit der der wirklich geniale Musiker von Lied zu Lied
schreitet, „was auch immer der Anlass sein mag!" Mit der Leichtigkeit des
Genies änderte er erneut den Ton seiner Melodie und sang seine eigene
Hymne: „Der Erde, der Mutter aller."
Der triumphale Ton ist einer, der mit jedem Gefühl harmoniert; und er
erregte sofort die gespannte Aufmerksamkeit der Runde. Er war so vertieft,
dass er, während er sang, nicht zu bemerken schien, dass einige Soldaten von
oben im Tal zu ihrer Kompanie hinzukamen, als *er gerade* den Gang betrat :
                    „Glücklich sind sie denn
              Wen du, oh Großer in Ehrfurcht!
Sind der Ehre zugeneigt. Sie werden alle Dinge finden
In aller Fülle! Alle ihre Weiden geben nach
Herden in Hülle und Fülle. Alle ihre Dächer sind gefüllt
                        Mit reichen Besitztümern.
            Großes Glück und Reichtum begleiten sie,
              Während sie mit wohlgeordneten Gesetzen
              Städte mit glücklichen Haushalten schwanken;
Und ihre Söhne frohlocken über die Freude der Jugend,
Und ihre Töchter tanzen mit den blumengeschmückten Mädchen,
Wer spielt zwischen den Blumen des Sommers!
Das sind die Ehren, die deine vollen Hände teilen;
Mutter der Götter und Braut des Sternenhimmels!" [1]
Ein freudiges Summen und ein Lächeln liefen durch den Kreis, in den sich
die Neuankömmlinge einschlossen. Es waren die Soldaten , die am Posten
der Karmelmänner gewesen waren, um der Musik zuzuhören und
mitzusingen. Die Klänge von Homers Harfe hatten sie zur Rückkehr
verleitet; und sie hatten den hebräischen Minnesänger mitgebracht, dem sie
zugehört hatten. Es war der Gesetzlose David aus Bethlehem Ephrata.
David hatte Homer aufmerksamer zugehört als jeder andere; und als der
erfreute Applaus nachließ, richteten sich die Augen des Kreises auf ihn, und
das Verhalten aller zeigte, dass sie erwarteten, dass er in Minnesänger-Manier
die gleiche Initiative ergreifen würde.

Er nahm die implizite Einladung an, spielte ein kurzes Präludium und nahm Homers Vorschlag zum Thema auf und sang parallel dazu :
„Ich werde dir ein neues Lied singen, o Gott!
Auf Psalter und Harfe werde ich dir Loblieder singen.
Du bist der, der den Königen Erlösung schenkt,
Das errettet David, deinen Diener, vom Schwert.
Befreie mich und rette mich vor denen, die Eitelkeit reden,
Dessen rechte Hand eine rechte Hand der Lüge ist, –
Damit unsere Söhne wie Pflanzen in frischer Jugend seien;
Damit unsere Töchter Eckpfeiler seien –
Die polierten Steine unserer Paläste;
Damit unsere Speicher voll sind mit Vorräten aller Art;
Zehntausende auf dem Weg hervorbringen ;
Dass es auf unseren Straßen kein Geschrei und keine Klage mehr gibt
Glücklich sind die Menschen, die sich in einem solchen Fall befinden;
Ja, glücklich ist das Volk, dessen Gott der Herr ist!“
Die Melodie war triumphierend; und die enthusiastische Art noch mehr. Die Philister hörten entzückt zu; sie waren zu gleichgültig gegenüber der Religion, tatsächlich, um angesichts religiöser Begeisterung nicht katholisch zu sein; und Homer hatte den erhabenen Ausdruck, den sein Gesicht selten zeigte. Zum ersten Mal seit seiner Kindheit hatte Homer das Gefühl, nicht allein auf der Welt zu sein!
Wer wagt es zu erzählen, was sich zwischen den beiden Minnesängern abspielte, als Homer sein Lager verließ, sofort den Kreis durchquerte, sich neben David auf den Boden warf und ihm die Hand reichte? als sie einander ins Gesicht sahen und in das schnelle Gemurmel des Gesprächs versanken, welche ständige Geste den rauen Männern um sie herum veranschaulichte, sie aber nicht vollständig erklärte? Sie respektierten das Gespräch der Dichter eine Zeit lang; doch dann, wieder begierig darauf, die eine oder andere Harfe zu hören, überredeten sie einen der ionischen Seeleute, Homer noch einmal zu bitten, ihnen etwas vorzusingen.
Es war schwer, Homer zu überzeugen. Er schüttelte den Kopf und wandte sich wieder dem Soldatendichter zu.
„Was soll *ich* singen?“ er sagte.
Sie gingen nicht auf seine Vorstellung ein: Hörer werden es nicht immer tun. Und so nahmen sie seine Frage wörtlich und antworteten: „Singen? Singen Sie uns vom Schneesturm, dem Steinsturm, von dem Sie am Mittag gesungen haben.“
Armer Homer! Es war einfacher, es zu tun, als dazu gedrängt zu werden; und er schlug erneut seine Harfe: –
„Für die Menschen war es wie an einem Wintertag
        Jupiter würde mit aller Macht seine scharfe Artillerie zur
        Schau stellen;

Er will, dass seine Winde schlafen und über der Ebene liegen
        Und Berge ergießen in unzähligen Flocken seinen Schnee,

Tief verbirgt es die felsigen Klippen und Hügel,
        Dann bedeckt er alle blühenden Wiesen,
All die reichen Denkmäler der Fähigkeiten der Sterblichen,
        Alle Häfen und Felsen, die das Meeresufer durchbrechen
Felsen, Zuflucht, Ebene werden durch seinen Fall begraben;
Aber die nahe Welle, unveränderlich, trinkt alles.
Während diese steinigen Stürme den Himmel verhüllen,
Während dies auf die Griechen und das auf die Trojaner zutrifft,
Die Mauern erheben sich unverändert über dem Lärm." [2]
Die Männer sahen sich zu David um, dessen Gesichtsausdruck, als er den Blick erwiderte, zeigte, dass er das Fragment genauso genossen hatte wie sie. Aber als sie immer noch erwartungsvoll wirkten, lehnte er die unausgesprochene Einladung nicht ab; aber er nahm Homers Harfe und sang, als wären ihm die Worte bekannt :
„Er gibt Schnee wie Wolle;
Er verstreut den Raureif wie Asche;
Er wirft sein Eis wie Brocken hinaus;
Wer kann seiner Erkältung standhalten?
Er sendet sein Wort und lässt sie schmelzen ;
Er lässt seinen Wind wehen und das Wasser fließen.
„Immer dieser , *Er* "", sagte einer der jungen Soldaten zu einem anderen.
„Ja", antwortete er; „Und so war es am Anfang des Abends, als wir oben waren."
„Es besteht ein merkwürdiger Unterschied zwischen den beiden Männern, obwohl der eine genauso gut spielt wie der andere, und der Grieche mit ebenso wenig ausländischem Akzent spricht wie der Jude, und ihre Untertanen die gleichen sind."
„Ja", sagte der junge Philisterharfner; „Wenn der Grieche eines der hebräischen Lieder singen würde, wüsste man sofort, dass er es ausgeliehen hat."
„Und wenn es umgekehrt wäre."
„Natürlich", sagte ihr alter Kapitän und beteiligte sich an dieser Unterhaltung. „Homer, wenn man ihn so nennt, besingt das Geschaffene: David besingt den Schöpfer. Oder besser gesagt, Homer denkt an das Geschaffene: David denkt an den Schöpfer, was auch immer sie singen."
„Ich wollte sagen, dass Homer von Städten singen würde und David vom Leben in ihnen."

„Es kommt nicht darauf an, was sie sagen, sondern auf die Art und Weise, wie sie es betrachten. Der Grieche sieht das Äußere – die Schönheit der Sache; der Hebräer –"
"Stille!"
Denn auch David und sein neuer Freund hatten sich unterhalten. Homer hatte ihm von dem Sturm auf See erzählt, dem sie einige Tage zuvor begegnet waren; und David hatte, glaube ich, von einem Gebirgstornado gesprochen, wie er ihn Jahre zuvor erlebt hatte. In der Aufregung seiner Erzählung schlug er die Harfe, die er noch in der Hand hielt, und sang:
„Dann bebte und bebte die Erde,
Die Fundamente der Hügel bewegten sich und wurden erschüttert,
                    Weil er zornig war;
Aus seiner Nase stieg Rauch auf,
Und Feuer aus seinem Mund verzehrte;
                    Es brannte mit lebendiger Kohle.
            Er neigte auch die Himmel und stieg herab,
Und es war Finsternis unter seinen Füßen;
Er ritt auf einem Cherub und flog,
Ja, er flog auf den Flügeln des Windes.
Er machte die Dunkelheit zu seiner Ruhestätte,

Sein Pavillon bestand aus dunklem Wasser und Wolken am Himmel;
Bei der Helligkeit vor ihm zogen seine Wolken vorbei,
            Hagelkörner und Feuerkohlen.
Auch der Herr donnerte im Himmel,
Und der Höchste gab seine Stimme;
            Hagelkörner und Feuerkohlen.
Ja, er sandte seine Pfeile aus und zerstreute sie,
Und er schoss seine Blitze aus und brachte sie in Verwirrung.
            Dann wurden die Wasserkanäle gesehen,
            Und die Grundlagen der Welt wurden bekannt gemacht,
                Auf deine Zurechtweisung, o Herr!
            Beim Schwall des Atems aus deiner Nase.
                Er schickte von oben, er nahm mich,
                Er hat mich aus vielen Gewässern gezogen.
„Meine bestanden nur aus ein paar Versen", sagte Homer. „Ich bin durch deine mehr als belohnt worden. Stell dir Neptun vor, unseren Meeresgott, der einer Schlacht zuschaut: –
„Dort saß er hoch oben, zurückgezogen von den Meeren;
Mitleidig blickte er auf seine geschlagenen Griechen;
Es brannte vor Wut über den Gottkönig, der sie tötete.
Dann stürmte er aus den schroffen Bergen hervor,

Schneller Abstieg;
Er beugte auch die Wälder, als er herabstieg,
Und die hohen Klippen bebten unter seinen Füßen.
Dreimal trat er auf sie,
Und mit seinem vierten Schritt erreichte er das Zuhause, das er suchte.
„Da war sein Palast, in den tiefen Wassern der Meere,
Strahlend in Gold und für die Ewigkeit gebaut .
Dort spannte er ihm seine schnellfüßigen Pferde an;
Ihre Hufe sind aus Messing und ihre Mähnen sind golden.
Er fesselt sie mit goldenen Riemen,
Er ergreift seinen goldenen Stachel,
Er steigt auf seinen Wagen und fliegt:
Ja! er treibt sie in die Wellen!

Und die Wale steigen unter ihm aus der Tiefe auf,
Denn sie wissen, dass er ihr König ist;
Und das frohe Meer ist in Teile geteilt,
Dass seine Rosse schnell dahinfliegen;
Und seine eherne Achse geht trocken zwischen den Wellen hindurch,
So eilten sie schnell herbei und brachten ihn zu seinen Griechen." [3]
Und die Dichter verfielen wieder ins Reden.
„Sie sehen es", sagte der alte Philister. „Er malt das Bild. David singt das Leben des Bildes."
„Ja: Homer sieht, was er singt; David fühlt sein Lied."
„Die Beschreibung von Homer ist perfekt."
„Ja, aber für das Leben, für die Seele der Beschreibung braucht man Hebräisch."
„Homer könnte blind sein; und mit seiner Fantasie und Fähigkeit, Worte zu malen, und seinem Studium von allem Neuen würde er Bilder malen, während er sang, wenn auch unsichtbar."
„Ja", sagte ein anderer; „Aber David –" Und er hielt inne.
„Aber David?" fragte der Chef.
„Ich wollte sagen, dass er blind, taub, eingesperrt, verbannt, krank oder ganz allein sein könnte und dass er dennoch nie merken würde, dass er allein war; er würde die Gegenwart so spüren, wie er es tun muss, um so zu singen dieses Herrn von ihm!"
„Er denkt nicht an eine Schneeflocke, sondern an das, was von ihm gesandt wurde."
„Während die Schneeflocke Homer an die harte , beunruhigende, schleudernde Arbeit des Kampfes erinnert. Er muss den Kampf selbst gesehen haben."

Sie wurden wieder still. Denn obwohl sie es nicht mehr wagten, die Dichter zu bitten, ihnen etwas vorzusingen , waren sie so sehr in die Gesellschaft des anderen vertieft, dass die Soldaten von dieser bescheidenen Höflichkeit kaum betroffen waren. Denn die Dichter forderten sich ständig gegenseitig auf, einen Ton anzuschlagen oder einen Bruchteil eines Liedes zu singen, an das sie sich erinnerten. Und so sang Homer, *à propos* , ich weiß nicht was, in traurigem Ton:

„Wie Blätter an Bäumen ist die Rasse des Menschen zu finden,
Jetzt grün in der Jugend, jetzt verdorrt am Boden:
Ein weiteres Rennen im folgenden Frühjahr liefert;
Sie fallen sukzessive und steigen sukzessive.
So vergehen Generationen in ihrem Lauf,
So gedeihen diese, wenn jene vergangen sind." [4]

David wartete auf eine Änderung der Spannung; aber Homer blieb stehen. Der junge Hebräer bat ihn, weiterzumachen; aber Homer sagte, dass die folgende Passage lediglich eine Erzählung aus einem langen Erzählgedicht sei. David sah überrascht aus, dass sein neuer Freund beim Singen keine Moral gezeigt hatte; und sagte einfach: „Wir singen das so:

„Was den Menschen betrifft, seine Tage sind wie Gras;
Wie eine Blume des Feldes, so blüht er ;
Denn der Wind weht darüber hinweg, und es ist verschwunden,
Und sein Ort wird es nicht mehr erfahren.

     Aber die Barmherzigkeit des Herrn
     Ist von Ewigkeit zu Ewigkeit
       Von denen, die ihn fürchten;

     Und seine Gerechtigkeit
     An Kindeskinder,
       An diejenigen, die seinen Bund halten,
Denkt an seine Gebote, sie zu befolgen!"

Homers Gesicht strahlte entzückt. „Ich halte wie du seinen Bund", rief er; Und dann sang er ohne Lyra, denn seine war noch in Davids Händen, mit klarem Ton:

„Du befiehlst mir, den Vögeln zu gehorchen; ich verachte ihren Flug,
Ob links, oder rechts!
Erhöre denen, die mögen, ich besitze den Willen Jupiters,
Wer Sterbliche und Unsterbliche allein regiert!" [5]

„Das ist eher in Davids Tonart", sagte der junge Philister-Harfner, als er sah, dass die Dichter wieder zusammengekommen waren, um miteinander zu reden. „Aber wie würde es in einem unserer Kirchenlieder klingen?"
„Wer Sterbliche und Unsterbliche allein regiert."

„Wie eigentlich?" rief einer seiner jungen Gefährten. „Es hätte mehr Sinn in dem, was die Priester sagen und singen, wenn nicht jeder für sich streiten würde – Dagon gegen Astarte und Astarte gegen Dagon."

Der alte Kapitän beugte sich vor, damit die Dichter ihn nicht hörten, und flüsterte: „Da haben die Hebräer in solchen Dingen so viel mehr Herz als wir. Obwohl sie elende Kerle sind, so viele von ihnen, doch wenn ich Als sie mit den Karawanen durch ihr ganzes Land zogen, war die Wahrscheinlichkeit groß, dass ein ernsthaft denkender Mann von keinem anderen Gott sprach als von diesem „ *Er* " von David."

"Wie heißt er?"

„Sie wissen es selbst nicht, glaube ich."

„Nun, wie ich vor einer Stunde sagte, Gottes Mann oder Dagons Mann – denn das sind gute Namen für mich –, das interessiert mich wenig; aber ich würde gerne so singen, wie dieser junge Kerl es tut."

„Mein Junge", sagte der alte Mann, „hast du ihn nicht genug gehört, um zu sehen, dass er nicht auch *nur* annähernd so sehr singt wie seine Liebe zu einem Geist, den er nicht nennt? Es ist sein temperamentvolles Herz." das singt.

„ *Du* singst wie er? Finde sein Leben, Junge; und vielleicht singt es für dich."

„Wir würden männlichere Männer sein, wenn er jeden Abend für uns singen würde."

„Oder wenn der andere es täte", sagte ein ionischer Seemann.

„Ja", sagte der Chef. „Und doch denke ich, wenn dein Landsmann jeden Abend für mich singen würde, würde er in mir das Verlangen nach dem anderen wecken. Ob Davids Gesang mich zu seinem schicken würde, weiß ich nicht. Aber wie albern, sie zu vergleichen! Vergleichen Sie auch die Tempel in Accho mit dem Brüllen eines Wirbelsturms –"

„Oder die Spitze meiner Lanze mit dem Flug eines Adlers. Die Männer leben in zwei Welten."

„ Oh nein! Das ist zu viel gesagt. Du hast gesagt, dass man Bilder malen kann –"

„-Dem der andere Leben einhaucht. Ja, das habe ich gesagt. Wir haben Glück, dass wir sie zusammen haben."

„Denn dieser Mann singt genauso gut von den Menschen wie der andere; und den anderen von Gott singen zu lassen –'

„-Nun, es vervollständigt das Lied. Zusammen bringen sie die beiden Welten zusammen."

„Er beugt den Himmel und steigt herab", sagte der Junge mit der Ölharfe und versuchte, Davids Melodie zu summen.

„Fragen wir sie –"

Und in diesem Moment erklang das Geräusch einer fernen Muschelschale durch das Tal. Die Soldaten stöhnten, richteten sich auf und jeder suchte nach seinen eigenen Seitenwaffen und seiner eigenen Haut.

Aber die Dichter redeten unbeachtet weiter.

Der alte Häuptling warf einen Stapel Lanzen um; aber der Krach weckte sie nicht. Er war gezwungen, ihr eifriges Gespräch zu unterbrechen.

„Es tut mir leid, einbrechen zu müssen; aber das Nachthorn hat zum Ausruhen ertönt, und der Wachmann wird da sein, um die Pfosten zu inspizieren. Es tut mir leid, Sie schnell wegzubringen, Sir", sagte er zu David. David dankte ihm höflich.

„Begrüßen Sie den kommenden Gast und begrüßen Sie den verabschiedenden Gast", sagte Homer mit einem Lächeln.

„Wir werden uns alle morgen treffen. Und mögen die Träume dieser Nacht gute Omen sein!"

„Wenn wir überhaupt träumen", sagte Homer noch einmal: –

„Ohne ein Zeichen zieht der tapfere Mann sein Schwert,
Und fragt nach keinem anderen Omen als nach der Sache seines Landes.

Sie standen alle zusammen, als er dem Kapitän diese nachlässige Antwort gab; Da zog ihn einer der jungen Männer beiseite und flüsterte ihm zu, David sei in Waffen gegen sein Land.

Homer war beunruhigt darüber, dass er so gesprochen hatte, aber der junge Jude sah kaum so aus, als ob er Mitgefühl brauchte. Er sah den Zweifel und das Bedauern, die über ihren freundlichen Gesichtern schwebten; sagte ihnen, sie sollten keine Angst um ihn haben; singend, während er ihnen eine gute Nacht wünschte und mit einem der Karmelmänner nach Hause zu seinem eigenen Außenposten ging: –

„Der Herr, der mich aus der Pfote des Löwen befreit hat,
Der Herr, der mich aus der Pfote des Bären befreit hat,
   Er wird mich befreien.

Und er lächelte, als er darüber nachdachte, wie sein karmelitischer Begleiter anfangen würde, wenn er wüsste, wann er diese Worte zum ersten Mal benutzte.

Also trennten sie sich als Männer, die sich morgen treffen sollten.

Aber Gott verfügt.

David hatte es dem morgigen überlassen, sich um die Gefahren von morgen zu kümmern. Es schien ihm zu versprechen, dass er sich gegen Saul zur Wehr setzen müsse. Aber im Gegensatz zu uns, der darauf bedacht war, unsere Pflichtkonflikte vorherzusehen, *wartete David*.

Und der Herr befreite ihn. Während sie am Bachufer sangen, hatten die stolzen Adligen des Philisterheeres eine Unterredung mit ihrem König erzwungen; und bestand in wahrer Arroganz der einheimischen Philister darauf, dass „dieser Hebräer" und seine Männer weggeschickt werden sollten.

Im Morgengrauen ließ der König den Sänger rufen und entließ ihn höflich, weil „ die Fürsten der Philister gesagt hatten: ‚Er soll nicht mit uns in die Schlacht ziehen'."

Also marschierte David mit seinen Männern nach Ziklag .
Und David und Homer trafen sich nie wieder auf der Erde.

ANMERKUNG : Dies ist der geeignete Ort, um die folgende Notiz abzudrucken, die ich an eine Cousine zweiten Grades von Miss Dryasdust schreiben musste, nachdem sie das Manuskript gelesen hatte. des Artikels oben:—

„Sehr geehrte Frau: – Ich danke Ihnen für Ihren freundlichen Hinweis bei der Rückgabe meines Aufsatzes, dass es sich um ein Stück unmöglicher Geschichte handelt. Sie teilen mir mit, dass, gemäß den nomenklaturierten Formeln und homophonen Analogien von Professor Gouraud , von nie-zu-Vergessene Erinnerung: „Eine Nadel ist weniger nützlich, um einen tauben Kopf zu heilen, als um Ohrringe in die *Lilienohren einer Frau zu stecken* “; und dass dies zeigt, dass der zweite König von Juda, namens David (oder taubstummen) begann 1055 v. Chr. zu regieren und starb 1040 v. Chr.“; und weiter, dass nach derselben Autorität „ *Homer seine Blütezeit erlebte* , als die Griechen seine DICHTUNG liebten“; was interpretiert bedeutet, dass er im Jahr 914 v. Chr. seine Blütezeit erlebte, und konnte daher nichts weiter mit David zu tun haben, als auf einigen seiner Reisen nach Phönizien Efeu über seinem Grab zu pflanzen .

„Ich danke Ihnen für den Vorschlag. Ich kannte den unvergessenen Professor; und ich bezweifle nicht, dass er sich an David und Homer als seine engsten Freunde erinnerte. Aber natürlich könnten bei einer solchen Erinnerung leicht ein oder zwei Jahrhunderte außer Acht gelassen werden.“

„Nun, haben Sie bei Clement nachgeschlagen? Und haben Sie die Arundelian Marbles nicht vergessen? Denn wenn Sie lange Schätzungen anstellen, werden Sie feststellen, dass einige Leute glauben, dass Homer bereits im Jahr 1150 gelebt hat, und andere, dass es schon so lange her ist als „kurz“ im Jahr 850. Und einige setzen David bereits auf das Jahr 1170 zurück, und einige führen ihn auf einhundertfünfzig Jahre später zurück. Dies sind die langen und kurzen Maße. Das lange und kurze davon ist also : dass Sie die beiden Dichter 320 Jahre voneinander entfernt halten können, während ich etwas mehr als ein Jahrhundert

habe, das ich jede Nacht für eine Biwakszene
auswählen kann, in der ich sie zusammenbringen
kann. Glauben Sie mir, meine liebe Miss D., immer
Ihre , &C.
„Gestehen Sie, dass Sie die Arundelian Marbles
vergessen haben!"

DER SÜDAMERIKANISCHE HERAUSGEBER.

[Ich bin versucht, diese kleine Burleske einfach in Erinnerung an die Boston Miscellany in diese Sammlung aufzunehmen, die Zeitschrift, in der sie veröffentlicht wurde und die sich in ihrer kurzen Karriere einen hervorragenden Ruf erworben hat. Für das Miscellany gab es nicht viele Autoren, aber viele der damals unbekannten Namen haben seitdem Anerkennung gefunden. Um sie in der zufälligen Reihenfolge zu zitieren, in der ich sie im Inhaltsverzeichnis finde, wo sie nach der alphabetischen Reihenfolge der verschiedenen Artikel geordnet sind, waren die Mitwirkenden von Miscellany Edward Everett, George Lunt, Nathan Hale, Jr., Nathaniel Hawthorne, NP Willis, WW Story, JR Lowell, CN Emerson, Alexander H. Everett, Sarah P. Hale, WA Jones, Cornelius Matthews, Mrs. Kirkland, JW Ingraham, HT Tuckerman, Evart A. Duyckinck, Francis A. Durivage , Mrs. J. Webb, Charles F. Powell, Charles W. Storey , Lucretia P. Hale, Charles F. Briggs, William E. Channing, Charles Lanman , GH Hastings und Elizabeth B. Barrett, jetzt Mrs. Browning, einige davon früheste Gedichte wurden in dieser Zeitschrift veröffentlicht. Dies sind alle Mitwirkenden, deren Namen aufgeführt sind, mit Ausnahme der Verfasser einiger Verse. Sie lieferten neun Zehntel des Inhalts der Zeitschrift. Die beiden Everetts , Powell, William Story und mein Bruder, der Herausgeber, waren die Hauptautoren. Und ich bin versucht zu sagen, dass ich denke, dass sie alle einige ihrer besten Arbeiten in dieses Magazin aufgenommen haben.

Das Unglück der Miscellany bestand meiner Meinung nach darin, dass ihre Herausgeber kein Kapital hatten. Sie mussten auf den Schnickschnack von Modeschildern und anderen Gravuren zurückgreifen, in der Hoffnung, einen sofortigen Verkauf an Personen zu erzwingen, die sich zwar für Modeschilder interessierten, sich aber nicht um den literarischen Charakter des Unternehmens kümmerten. Es war jedoch ein sehr glücklicher

Ausweg für die Hochstimmung einiger von uns, die gerade das College verlassen hatten, und dank der Freundlichkeit meines Bruders durfte ich manchmal einen Beitrag zum Tagebuch leisten. In Erinnerung an diese frühen Tage der Autorschaft habe ich „The South American Editor" ausgewählt, um es hier zu veröffentlichen. Für den New York Observer möchte ich sagen, dass die Geschichte nicht wahr ist. Und damit sich niemand darüber beschweren sollte, dass es Entführungen befürwortet, möchte ich im Ernst eines reifen Lebens darauf hinweisen, dass die vorgeschlagene Entführung keinen Erfolg hatte und dass die Parteien, die sie vorgeschlagen haben, so dargestellt werden, als hätten sie keine Vormunde oder Hüter außer sich selbst. Der Artikel wurde erstmals 1842 veröffentlicht.]

* * * * *

Es ist nun mehr als sechs Jahre her, dass ich den folgenden Brief von einem alten Klassenkameraden von mir erhielt, Harry Barry, der Theologie studiert hatte und damals ein etablierter Geistlicher war. Es war eine Antwort auf eine Mitteilung, die ich ihm eine Woche zuvor geschickt hatte.

„TOPSHAM, RI 22. Januar 1836.

„Um die Wahrheit zu sagen, mein lieber George, Ihr Brief hat mich ein wenig erschreckt. Der Gedanke, dass ich, kaum sechs Monate im Berufsleben angekommen, so weit in die Romantik eingebunden werden sollte, dass ich zwei junge Ausreißer wie Sie und Sie für immer vereinen würde Fräulein Julia Wie heißt sie? ist zumindest merkwürdig. Aber um Ihnen das Recht zu geben, Sie haben es deutlich gemacht, und als Fräulein – (wie heißt sie, Ihren Namen habe ich nicht zur Hand) steht sie nicht unter Eine wirkliche Vormundschaft sehe ich nicht, aber ich bin vollkommen berechtigt , Ihrer etwas seltsamen Bitte nachzukommen . Sie sehen, ich gehe gewissenhaft damit um.

„Schreiben Sie mir Bescheid, wann es soweit sein wird, und ich werde sicher bereit sein. Jane ist natürlich in meinen Ratschlägen, und sie wird dafür sorgen, dass sich Ihre kleine Frau genauso zu Hause fühlt wie im Wohnzimmer ihres Vaters. Vertrauen Sie uns, wenn es um Geheimhaltung geht."

„Ich habe sie letzte Woche getroffen –"

Aber der Rest des Briefes hat nichts mit der Geschichte zu tun.

Die darin angesprochene Flucht (wenn die kleine Transaktion einen so hochklingenden Namen verdient) war im wahrsten Sinne des Wortes unbedingt notwendig. Julia Wentworth lebte jahrelang bei ihrem Großvater, einem pragmatischen alten Herrn, dem sie aus purer Zuneigung seit langem einen Gehorsam erwiesen hatte, den er nicht hätte erpressen dürfen und den er manchmal zu missbrauchen geneigt war. Er hatte auf die naivste Art und Weise erklärt, dass sie niemals mit seiner Zustimmung einen Mann heiraten sollte, der weniger Vermögen hatte als sie selbst; und auf seiner Zustimmung beruhte die Aussicht, dass sie sein Eigentum erben würde.

Julia und mir ist das Geld heute jedoch egal, damals war es uns noch weniger wichtig; und ihr eigenes kleines Vermögen und mein eigenes kleines Gehalt gaben uns das Gefühl, völlig unabhängig vom alten Herrn und seinem Willen zu sein.

Seine Absicht, die Ehe des armen Mädchens zu respektieren, donnerte ihr mindestens einmal in der Woche ins Ohr, so dass wir beide wussten, dass ich keinen Grund hatte, ihm den Hof zu machen, tatsächlich hatte ich ihn noch nie gesehen und war ihr immer zu Fuß begegnet Abends auf Party, Spektakel, Konzert oder Vortrag. Er war in letzter Zeit dominanter als sonst gewesen, und es fiel mir kaum schwer, das liebe Mädchen davon zu überzeugen, mir zu erlauben, an Harry Barry zu schreiben, um die Vereinbarung zu treffen, der er in dem Brief, den ich oben kopiert habe, zugestimmt hatte. Die Argumentation, die ich ihr aufdrängte, liegt auf der Hand. Wir liebten uns , – daran konnte der alte Herr nichts ändern; Und da es ihm gelang, uns in Boston angesichts der aktuellen Lage sehr unwohl zu fühlen, kamen wir natürlich zu dem Schluss, dass es umso besser sei, je früher wir diese Lage ändern würden. Wir vermuteten, dass unser Ausflug nach Topsham für ihn eine sehr unangenehme Angelegenheit werden würde; aber wir wussten, dass es für uns sehr erfreulich ausgehen würde, und so überstimmten wir ihn, obwohl Julia mit einer gehörigen Portion mädchenhafter Gewissensbisse und enkeltochterlichem Mitgefühl aufwartete.

Ideal des alten Herrn eines Schwiegerenkels nahe zu kommen . Ich lebte damals von meinem Gehalt als südamerikanischer Redakteur. Weiß der Leser, was das ist? Der südamerikanische Herausgeber einer Zeitung hat die unkontrollierte Verantwortung für seine südamerikanischen Nachrichten. Lesen Sie einen Monat lang eine wichtige Handelszeitung und sagen Sie mir am Ende, ob Sie eine klare Vorstellung vom Zustand der verschiedenen Republiken (!) Südamerikas haben. Wenn das der Fall ist, dann deshalb, weil diese Zeitschrift eine Person mit dem alleinigen Zweck beschäftigt, sie vor Ihnen in die klarste Ordnung zu bringen, und diese Person ist ihr südamerikanischer Herausgeber. Der Redakteur für allgemeine Nachrichten der Zeitung wird alle Einzelheiten aller Geschichten aus dem Rest der Welt auf dem Laufenden halten, aber er versucht dies kaum darüber hinaus. Wenn er es tut, scheitert er. Deshalb ist es aus zwingenden Gründen notwendig, dass jedes amerikanische Nachrichtenbüro, das großen Wert auf die Konsistenz oder Wahrheit seiner südamerikanischen Geheimdienste legt, eine kompetente Person einstellen muss, um die Verantwortung zu übernehmen, die ich bei der Gründung der Boston Daily innehatte Argus zu der Zeit, von der ich spreche. Bevor diese unternehmungslustige Zeitung verkauft wurde, war ich ihr „südamerikanischer Mann"; Dies war meine einzige Anstellung, abgesehen davon, dass ich durch eine besondere Vereinbarung gegen einen Zuschlag zu meinem Gehalt damit beauftragt wurde, mich um die Nachrichten aus St. Domingo, Guatemala und Mexiko zu kümmern. [6]

Am Montagnachmittag, nur zwei Wochen nachdem ich Harry Barrys Brief erhalten hatte, traf ich bei meinem Nachmittagsspaziergang durch den Common zufällig Julia. Wenn ich alleine war, ging ich immer in die gleiche Richtung. Julia ging immer lieber in die andere Richtung; Es war das Einzige, worüber wir uns unterschieden. Als wir zusammen waren , bin ich natürlich immer ihren Weg gegangen und es hat mir am besten gefallen.

Ich hatte ihr schon vor langer Zeit alles über Harrys Brief erzählt, und das liebe Mädchen auf diesem Spaziergang gab nach kurzem Erröten und Seufzen, halb Zögern, halb Zögern und Unsicherheit meinen letzten und wärmsten Überredungen nach und stimmte zu, mitzugehen zu Mrs. Pollexfens Ball an diesem Abend, bereit, ihn in meinem Buggy-Schlitten für eine dreistündige Fahrt nach Topsham bei mir zu lassen, wo wir beide wussten, dass Harry auf uns warten würde. Ich weiß nicht, wie sie es schaffte, den Tee an diesem Abend mit ihrem Löwen von Großvater zu überstehen, denn sie konnte ihre tränenreichen Augen damals nicht mit einem Schleier bedecken, wie sie es während der letzten Hälfte unseres gemeinsamen Spaziergangs tat. Ich weiß, dass ich meinen Tee und ähnliche gewöhnliche Angelegenheiten erledigt habe, indem ich sie weggelassen habe. Ich traf alle meine Vorkehrungen, befahl Gage und Streeter, um halb neun Uhr mit dem Schlitten in meiner Unterkunft (zum Glück nur zwei Türen von Mrs. Pollexfens entfernt) bereit zu sein, und als ich dorthin zurückkehrte, war ich überaus temperamentvoll Als ich mich um acht Uhr einquartierte, fand ich die folgenden Schreiben aus dem Argus-Büro, die sich im Laufe des Nachmittags angesammelt hatten.

Nr. 1.

„16 Uhr, PM

„Sehr geehrter Herr: – Die gerade eingetroffene Südpost bringt sechs Tage später die Papiere von Buenos Ayres mit der Medora in Baltimore.

„In Eile, JC"

(Herr C. war der Herr, der die Zeitungen aufschlug und die Todesfälle und Heiraten arrangierte; er ließ mich immer freundlicherweise holen, wenn ich nicht im Weg war.)

Nr. 2.

„17 Uhr, PM

„Sehr geehrter Herr: – Das US-Schiff Preble liegt in Portsmouth, spätestens aus Valparaiso. Die Post ist nicht sortiert.

„Mit freundlichen Grüßen, JD"

(Herr D. arrangierte die Schiffsnachrichten für die Argus.)

Nr. 3.

„18 Uhr, Uhr

„Sehr geehrter Herr: – Ich bin heute Morgen vor Cape Cod, der Blunderhead, von Carthagena aus an Bord gegangen und habe die Papiere eine Woche später.

„Mit freundlichen Grüßen, JE"

(Herr E. war der unternehmungslustige Kommodore unserer Nachrichtenboote.)

Nummer 4.

„6-1/4 Uhr, PM

„Sehr geehrter Herr, ich habe gerade versehentlich den beigefügten Brief von unserem Korrespondenten in Panama geöffnet. Sie werden sehen, dass er einen Poststempel aus New Orleans trägt. Ich hoffe, dass er sich als exklusiv erweist.

„Mit freundlichen Grüßen, JF"

(Herr F. war Hauptherausgeber des Argus.)

Nr. 5.

„6 1/2 Uhr, PM

„Sehr geehrter Herr: – Ein Seemann, der ein intelligenter Mann zu sein scheint, ist heute Morgen in New Bedford angekommen und sagt, er habe spätere Nachrichten über den Aufstand in Ecuador als alle veröffentlichten. Die Rosina (sein Schiff) brachte keine Papiere mit. I bat ihn, um acht Uhr in Ihrem Zimmer vorbeizuschauen, was er auch versprach.

„Wirklich deins, JG"

(Herr G. war Angestellter im Argus-Zählzimmer.)

Nr. 6.

„7 1/2 Uhr, PM

„Sehr geehrter Herr: – In den Papieren der Ville de Lyon aus Havre, die ich gerade erhalten habe, wird die

gemeldete Flucht von M. Bonpland aus Paraguay, der
vermutete Tod von Dr. Francia, der wahrscheinliche
Sturz der Regierung und das Mögliche erwähnt
Gründung einer Republik und weit mehr, als ich im
Geringsten begreife.

„Diese Papiere waren nicht zur Hand, als ich Ihnen
heute Nachmittag schrieb. Ich habe sie auf Ihrem
Schreibtisch im Büro gelassen.

„In Eile, JF"

Ich war völlig verblüfft über diese Masse seltsam aussehender kleiner
Notizen. Ich hatte den Nachmittag damit verbracht, Singelton , den
freundlichsten aller Freunde, darüber aufzuklären, was er tun sollte, wenn es
in den nächsten achtundvierzig Stunden zu Neuigkeiten kommen sollte,
denn ich hatte nicht vor, noch länger auf einer Hochzeitsreise abwesend zu
sein Zeit; aber ich hatte das Gefühl, dass Singleton einem solchen Sturm der
Intelligenz wie diesem überhaupt nicht gewachsen war; und als ich ins Büro
eilte, war mein größtes Gefühl die Dankbarkeit, dass die Wolke
aufgebrochen war, bevor ich aus dem Weg war; denn ich wusste, dass ich in
einer Stunde viel schaffen konnte, und ich vertraute darauf, dass ich meine
Zusammenfassung so schnell wie möglich durcharbeiten und innerhalb der
vereinbarten Zeit bei Frau Pollexfen sein würde .
Ich stürmte in dem Zustand des Eifers ins Büro, in dem ein Mann fast alles
in kürzester Zeit erledigen kann. Aber zuerst musste ich in das
Gesprächszimmer gehen und die mündliche Nachricht von meinem
Matrosen einholen; dann Herr H.; Von einem der kleinen Nachrichtenboote
kam er voller Freude zu mir mit einigen Venezuela Gazetten, die er gerade
von einem Kapitän erpresst hatte, der ihm mit großer Glaubwürdigkeit sagte,
er wisse, dass sein Schiff keine Neuigkeiten für sie gebracht habe noch nie
zuvor gehabt. (Hinweis: In diesem Fall war sie das einzige Schiff, das nach
einer dreimonatigen Blockade auslief.) Und dann hatte mir Herr J., einer der
Handelsherren, einen privaten Brief aus Rio Janeiro übergeben, der gewesen
war lieh ihn. Nach diesen Verzögerungen machte ich mich mit vollem
Material an die Arbeit – las, las, las; Wunder, Wunder, Wunder; rate, rate,
rate; kratzen, kratzen, kratzen; und kritzeln, kritzeln, kritzeln, machen Sie die
einzige Niederschrift, die ich von den folgenden Operationen geben kann.
Zuerst saßen mehrere der anderen Herren im Raum um mich herum; Doch
bald löschten Herr C., nachdem er die Todesfälle und Eheschließungen
geklärt hatte, und die Polizei und die Stadtreporter unmittelbar nach ihm ihre
Lampen aus und gingen nach Hause; dann der Redakteur selbst, dann die
Gesetzesreporter, dann die Wirtschaftsredakteure, dann der
Schiffsnachrichtenredakteur und ließ mich in Ruhe.
Ich beneidete sie darum, dass sie so viel früher fertig waren als sonst, aber
weitermachten, nur unterbrochen von den Autoren, die hereinkamen, um die

Seiten meines Exemplars zu holen, als ich damit fertig war; und schließlich habe ich meine letzte Übersetzung aus dem letzten *Boletin* angefertigt *Extraordinario* sprang auf, rief: „Jetzt zu Frau P." und schaute auf meine Uhr. Es war halb eins! [7]Ich dachte natürlich, es hätte aufgehört, – nein; und meine letzte Manuskriptseite hatte die Nummer achtundzwanzig! Hatte ich dort fünf Stunden lang geschrieben? Ja!

Leser, wenn Sie als Redakteur die Explosionen eines Kontinents beschreiben müssen, werden Sie verstehen, wie man sich des Laufs der Zeit möglicherweise nicht bewusst ist.

Ich ging nach Hause, im Herzen traurig. Im ganzen Haus von Mr. Wentworth brannte kein Licht; in keinem von Mrs. Pollexfens Fenstern befand sich etwas; [8]und der letzte Wagen ihrer letzten Verwandten hatten ihre Tür verlassen. Ich stolperte im Dunkeln die Treppe hinauf und warf mich auf mein Bett. Was soll ich Julia sagen, was könnte ich sagen? Während ich so nachdachte, schlief ich ein.

* * * * *

Wenn ich einen Roman schreiben würde, würde ich sagen, dass ich zu später Stunde am nächsten Tag lustlos die azurblauen Vorhänge meines Sofas beiseite zog und träge eine silberne Glocke läutete, die auf meinem Frisiertisch stand und die ich von einem Pagen empfing in orientalischer Tracht die Notizen und Briefe, die ich seit dem Morgen hinterlassen hatte, und die Zeitungen des Tages.

Ich schreibe keinen Roman.

Am nächsten Morgen, gegen zehn Uhr, stand ich auf und ging zum Frühstück hinunter. Als ich an dem übersäten Tisch saß, den alle anderen verlassen hatten, und fürchtete, meinen kalten Kaffee und mein Toast anzugreifen, erblickte ich die Morgenzeitungen und erhielt ein wenig Trost von ihnen. Da war der Argus mit seinen dreieinhalb Spalten „Wichtiges aus Südamerika", während keine der anderen Zeitungen auch nur ein Quadrat von irgendeiner Verständlichkeit hatte, außer dem, was sie am Tag zuvor aus dem Argus kopiert hatten. Ich spürte, wie sich ein grimmiges Lächeln über mein Gesicht schlich, als ich diesen bemerkenswerten Triumph unserer Zeitung beobachtete, und wagte es, einen Schluck von der schwarzen Brühe zu trinken, während ich meinen eigenen Artikel durchblätterte, um zu sehen, ob er irgendwelche auffälligen Druckfehler enthielt. Bevor ich jedoch den zweiten Schluck nahm, kündigte ein lautes Klingeln an der Tür einen Fremden an, und gleich darauf wurde mir ein Zettel gebracht, von dem ich wusste, dass er in Julias Handschrift geschrieben war.

> „LIEBER GEORGE: – Sei nicht böse; es war nicht
> meine Schuld, wirklich nicht. Großvater kam gerade
> nach Hause, als ich letzte Nacht gehen wollte, und war
> so wütend und sagte, ich solle nicht zur Party gehen,
> und ich musste den ganzen Abend bei ihm sitzen.

Schreiben Sie mir oder lassen Sie mich sehen; tun Sie
etwas –"

Was für eine Last hat mich diese Notiz umgehauen! Und doch, was muss das
arme Mädchen gelitten haben! Konnte der alte Mann einen Verdacht hegen?
Singleton war mir wie Stahl treu, das wusste ich. Er hätte nicht flüstern
können – und Barry auch nicht; heraus, dass Jane, Barrys Frau. O Frau! Frau!
Was sind das für Nachrichtenhändler! Hier waren Julia und ich, vielleicht ein
Leben lang unglücklich, nur weil Jane Barry eine gute Geschichte zu erzählen
hatte. Welches Recht hatte Barry auf eine Frau? Noch keine vier Jahre nach
dem College, und er hat sich kaum in seiner Gemeinde eingelebt. Zu glauben,
dass ich dumm genug gewesen war, sogar ihm die Einzelheiten meines
überaus wichtigen Geheimnisses anzuvertrauen! Aber hier wurde ich erneut
von einem anderen Schreiben unterbrochen, die Kaffeetasse noch voll, das
Toastbrot noch ungeschmeckt.

"Dienstag morgen.
„ SIR: – Ich möchte Sie heute Morgen sehen. Werden
Sie mich besuchen oder einen Zeitpunkt und einen
Ort vereinbaren, an dem ich Sie treffen kann?
„Mit freundlichen Grüßen, JEDEDIAH
WENTWORTH."
„Senden Sie eine Nachricht durch den Überbringer."

„Sagen Sie Mr. Wentworth, dass ich um elf Uhr bei ihm zu Hause
vorbeischauen werde."

Die Katze war sicherlich draußen; Mrs. Barry hatte es erzählt, oder jemand
anders, den ich nicht kannte und der mich kaum interessierte. Die Szene
sollte jetzt kommen, und ich war fast froh darüber. Arme Julia! Was für eine
Zeit muss sie mit dem alten Bären gehabt haben!

* * * * *

Um elf Uhr wurde ich in Mr. Wentworths Wohnzimmer geführt. Julia war
da, aber bevor ich überhaupt mit ihr gesprochen hatte, kam der alte Herr mit
seinem „Mr. Hackmatack, nehme ich an" geschäftig durch den Raum
gestürmt; und dann folgte eine förmliche Vorstellung zwischen mir und ihr,
die wir beide mit höchst lobenswerter Standhaftigkeit und Gelassenheit
ertrug, ohne auch nur mit einem Blick erkennen zu lassen, dass wir uns jemals
zuvor gesehen oder gehört hatten. Das war eine weitere Last von mir und
Julia. Ich hatte der armen Frau Barry Unrecht getan. Das Geheimnis war
nicht gelüftet – was konnte er wollen? Es erschien sehr bald.

Nachdem er eine Minute lang über das Wetter, den Schnee und das
Thermometer gesprochen hatte, rückte der alte Herr seinen Stuhl zu mir
heran und fragte: „Ich glaube, Sir, Sie sind mit dem Argus-Büro verbunden?"

„Ja, Sir; ich bin der südamerikanische Herausgeber."

"Ja!" brüllte der alte Mann in plötzlicher Wut. „Sir, ich wünschte, Südamerika
wäre in den Tiefen des Meeres versunken!"

„Das bin ich sicher, Sir", antwortete ich mit einem Blick auf Julia, die mich jedoch nicht verstand. Ich war noch nicht ganz aus dem Kummer der letzten Nacht herausgekommen.

Mein mitfühlender Eifer beruhigte den alten Herrn ein wenig, und er sagte kühler und mit gedämpfter Stimme: „Nun, Sir, Sie sind zweifellos gut informiert. Sagen Sie mir unter strengster Geheimhaltung, Sir, zwischen Ihnen und mir, ob Sie ..." Schenken Sie der Intelligenz in der heutigen Morgenzeitung volle Anerkennung und volles Vertrauen?"

„Entschuldigen Sie, Sir. Auf welches Papier beziehen Sie sich? Ah! Ich verstehe, den Argus. Gewiss, Sir. Ich habe nicht den geringsten Zweifel, dass es vollkommen richtig ist."

„Kein Zweifel, Sir! Wollen Sie mich beleidigen? – Julia, ich habe es Ihnen gesagt; er sagt, es bestehe kein Zweifel daran, dass es wahr sei. Sagen Sie mir noch einmal, dass da ein Irrtum vorliegt, ja?" Das arme Mädchen hatte versucht, ihn mit der ständigen Bemerkung uninformierter Leute zu beruhigen, dass die Zeitungen immer im Unrecht seien. Er wandte sich von ihr ab und erhob sich voller Wut von seinem Stuhl. Sie weinte halb. Ich habe sie noch nie so verzweifelt gesehen. Was hatte das alles zu bedeuten? Waren einer, zwei oder alle von uns verrückt?

Es erschien bald. Nachdem er ein- oder zweimal im Raum auf und ab gegangen war, kam Wentworth wieder auf mich zu und sagte, um kühl zu wirken, zwischen seinen geschlossenen Lippen: „Sagen Sie, Sie haben keinen Zweifel daran, dass Rio Janeiro streng blockiert ist?"

„Nicht das Geringste auf der Welt", sagte ich und versuchte, unbesorgt zu wirken.

„Nicht im Geringsten, Herr? Warum sind Sie so frech und kühl? Glauben Sie, dass Sie vom Öffnen einer Rosenknospe oder dem Tod einer Mücke sprechen? Haben Sie kein Mitleid mit den Leiden eines Mitmenschen?" Kreatur? Warum, Sir!" und die Zähne des alten Mannes klapperten, als er sprach: „Ich habe fünf Ladungen Mehl auf dem Weg nach Rio, und ihre Kapitäne werden – Verdammt, Sir, ich werde das ganze Unterfangen verlieren."

Das Geheimnis war gelüftet. Der alte Narr hatte als Kind Mehl nach Rio geschickt und wusste so wenig über die dortige Lage.

„Und meinen Sie wirklich, Sir", fuhr der alte Mann fort , „dass in Monte Video ein Embargo in Kraft ist?"

„Sicher, Sir; aber es tut mir sehr leid."

„Tut mir leid! Natürlich sind Sie das – und dass alle Ausländer aus Buenos Ayres vertrieben werden?"

„Zweifellos, Sir. Ich wünschte –"

„Wer wünscht sich das nicht? Warum, Sir, meine entsprechenden Freunde dort sind inzwischen schon halb auf der anderen Seite des Meeres. Ich wünschte, Rosas wäre da – und die Indianer wären in der Nähe von Maranham auferstanden ?"

„Zweifellos, Sir."

„Zweifellos! Ich sage Ihnen, Sir, ich habe dort zwei Schiffe, die auf Ladungen von Kautschuk warten, unter einem schlechtgelaunten Kapitän, der nichts tun wird, wozu er nicht befohlen wurde – seinen Befehlen gehorchen, wenn er seine Besitzer bricht. Sie lächeln, Sir? Ich hätte diesen Winter mit meinen Kautschuken dreißigtausend Dollar verdient, Sir, wenn wir nicht dieses teuflisch milde, offene Wetter gehabt hätten, Sie und Miss Julia haben es so gelobt. Aber nächsten Winter Muss eine schwere Sache sein, und mit diesen Kautschuken, die ich hätte machen sollen – Aber jetzt diese Indianer, – pshaw! Und eine Revolution in Chile?"

"Jawohl."

„Kein Handel dort! Und in Venezuela?"

"Jawohl"

„Ja, Sir; ja, Sir; ja, Sir; ja, Sir! Sir, ich bin ruiniert. Sagen Sie dazu ‚Ja, Sir'. Ich habe derzeit dreizehn Schiffe im südamerikanischen Handel , Sir ; sagen Sie , Ja, Sir. Die Hälfte von ihnen wird von den Piratenschurken entführt. Sagen Sie dazu „Ja, Sir". Ihre Versicherung wird sie nicht abdecken. Sagen Sie dazu „Ja, Sir". Die andere Hälfte wird es tun ihre Ladungen einbüßen oder sie für fast nichts verkaufen; sagen Sie dazu „Ja, Sir". Ich sage Ihnen, ich bin ein ruinierter Mann, und ich wünsche Südamerika und Ihrem täglichen Argus und Ihnen –"

Hier besiegte die altmodische Erziehung des alten Herrn seine Wut, und er ließ sich in seinen Sessel sinken und sagte in Tränen ausbrechend: „Entschuldigen Sie, mein Herr – entschuldigen Sie, mein Herr – mir ist zu warm." ."

Wir saßen alle einige Augenblicke schweigend da, aber dann beteiligte ich mich an der Unterhaltung. Ich wünschte, Sie hätten sehen können, wie sich das Gesicht des alten Mannes nach und nach aufhellte, als ich ihm zeigte, dass sein Zustand für jemanden, der die Politik und die Lage des launischen Landes, mit dem er unwissentlich versucht hatte, Handel zu treiben, verstand, gar nicht so schlecht war wie er es dachte; dass, obwohl ein Hafen blockiert war, ein anderer geöffnet wurde; dass, obwohl eine Revolution ihn vereitelte, in ein paar Wochen eine andere kommen würde, die ihm zugute kommen würde; dass die Waren, die, wie er sah, in dem Hafen, zu dem er sie geschickt hatte, wertlos sein würden, anderswo wertvoll sein würden; dass die Schiffe, denen es nicht gelingen würde, die von ihm bestellten Ladungen zu sichern, andere sichern könnten; dass genau die Revolutionen und Kriege, die ihn beunruhigten, in manchen Fällen große staatliche Einkäufe erfordern würden, vielleicht große Frachtverträge, möglicherweise sogar für die Durchfahrt – seine Schiffe könnten für Transporte verwendet werden; dass die Aufregung einiger Bezirke zu unserem Vorteil genutzt werden könnte;

Kurz gesagt, ihm stünden tausend Chancen offen, die geschickte Agenten leicht verbessern könnten. Ich erinnerte ihn daran, dass eine schnelle Fahrt mit einem Klipperschoner der Hälfte seiner Kapitäne Anweisungen übermitteln könnte, denen er mit einer Verliebtheit, die ich mir nicht vorstellen konnte und kann, keinen Ermessensspielraum gelassen hatte und denen tatsächlich begnadigt werden sollte, wenn sie es täten Sie konnten nichts gebrauchen, da sie den Tumult nur mit halbem Auge sahen. Ich habe eine halbe Stunde lang mit ihm gesprochen und bin ins Detail gegangen, um zu zeigen, dass meine Pläne nicht undurchführbar waren. Der alte Herr wurde immer fröhlicher, und Julia fühlte sich, wie ich sah, jedes Mal, wenn ich einen verstohlenen Blick durch das Zimmer warf, immer glücklicher. Das arme Mädchen hatte es schwer gehabt, seit er diese Nachricht am Abend zuvor zum ersten Mal gehört hatte.

Seine Schwierigkeiten waren jedoch noch nicht vorbei; Denn als ich ihm von der Notwendigkeit erzählte , sofort ein oder zwei geschickte Agenten auszusenden, um die persönliche Aufsicht über seine komplizierten Angelegenheiten zu übernehmen, seufzte der alte Mann und sagte, er hätte keine geschickten Agenten, die er schicken könnte.

Mit seinem gewohnten Misstrauen hatte er keine Partner und hatte seinen Angestellten nie einen allgemeinen Einblick in sein Geschäft anvertraut . Außerdem hielt er sie alle, ebenso wie seine Kapitäne, für völlig dumm. Ich glaube, es war eine Idee von Julia, die mir mit einem eifrigen, bittenden Blick mitgeteilt wurde, die mich dazu veranlasste, mich als einer dieser vertraulichen Agenten vorzuschlagen und für den anderen verantwortlich zu sein. Während ich sprach, dachte ich an Singleton, dem ich meine Pläne ausführlich erklären konnte und dessen kaufmännische Erfahrung ihn zu einem wertvollen Koadjutor machen würde. Der alte Herr nahm mein Angebot eifrig an. Ich sagte ihm, dass ich mich nur auf vierundzwanzig Stunden vorbereiten wollte. Er ergriff sofort Maßnahmen für die Charterung von zwei kleinen Klipperschonern, die damals im Hafen lagen; und noch bevor zwei Tage vergangen waren, waren Singleton und ich auf unserer Reise nach Südamerika. Stellen Sie sich, wenn Sie können, vor, wie diese beiden Tage verbracht wurden. Damals wie heute konnte ich mich in zwanzig Minuten auf jede Reise vorbereiten, und natürlich hatte ich nicht wenig Zeit für letzte Worte mit Mr. und – Miss Wentworth. Wie ich in diesen zwei Tagen das Herz des alten Herrn erobert habe! Wie lobte er mich Julia gegenüber, und wie lobte er sie dann in natürlicher Zuneigung mir gegenüber! Und wie Julia und ich unter Tränen lächelten, als er beim letzten Abschied sagte , er sei zu alt, um etwas anderes als Geschäftsbriefe zu schreiben oder zu lesen, und mich und sie aufforderte, eine enge Korrespondenz zu führen, was einerseits soll alles erzählen, was ich gesehen und erlebt habe, und mich andererseits an alles zu Hause erinnern.

* * * * *

Ich habe weder Zeit noch Raum, Einzelheiten zu dieser Südamerika-Expedition zu nennen. Ich habe kein Recht dazu. Damals gab es Revolutionen, die in den Augen der Welt keinen Zweck hatten; und selbst in meinem diente es nur dazu, bestimmte Ladungen langer Tücher und Mehl zu verkaufen. Die Einzelheiten dieser Ausbrüche, die jetzt bekannt gegeben werden, würden einige patriotische Präsidenten auf ihren Sitzen zum Zittern bringen; und ich habe kein Recht, das Vertrauen zu missbrauchen, egal zu welchem Preis ich es gekauft habe. Gewöhnlich bestanden meine und Singletons Taten lediglich darin, die besten Informationen zu beschaffen und die schnellsten Anweisungen an Mr am wenigsten. Bei dieser Expedition reiste ich fast alleine über den Kontinent. Ich glaube, ich war der erste Weiße, der jemals den Bergpfad von Xamaulipas beschritt , der heute in allen malerischen Jahrbüchern Chiles so berühmt ist. Ich hatte Anweisungen für einige Schiffe dabei, die das Kap umrundet hatten; und was für eine Zeit hatten Burrows, Wheatland und ich eine Woche später, als wir auf den öffentlichen Platz von Valparaiso ritten und riefen: „ Murea la Constitucion – Viva Libertad!" Durch unsere eigenen, nicht unterstützten Lungen kam es tatsächlich zu einem Aufstand und, was noch wichtiger war, zu einem Verbot von ausländischem Mehl, während Bahamarra und seine Armee sich im Umkreis von hundert Meilen von uns befanden. Wie diese Schiffe in den Hafen kamen und wie wir sie entluden, obwohl wir wussten, dass unsere Revolution bestenfalls fünf Tage dauern konnte! Aber wie gesagt, ich muss vorsichtig sein, sonst verrate ich die Geheimnisse anderer Leute.

Das Ergebnis dieser Expedition war, dass diese dreizehn Schiffe alle eine gute Hinreise machten und alle bis auf ein oder zwei schließlich eine gewinnbringende Heimreise machten. Als ich nach Hause kam, empfing mich der alte Herr mit offenen Armen. Ich hatte, wie er sagte, einen großen Teil des Vermögens gerettet, das er so sehr schätzte. Um die Wahrheit zu sagen, ich hatte das Gefühl und habe das Gefühl, dass er seine Reisen so blind geplant hatte, dass sie ohne einen klügeren Kopf als seinen nie zu etwas geführt hätten. Es waren seine letzten, fast seine ersten südamerikanischen Unternehmungen. Für die wenigen verbleibenden Jahre seines Lebens kehrte er zu seinem alten Weg des methodischeren Handels zurück. Sie waren, Gott sei Dank, der einzige Vorgeschmack auf das Handelsgeschäft, den ich je hatte. Da ich so lebte und im vollen Sonnenschein der Gunst von Herrn Wentworth lebte, erlebte ich die amüsante Farce, meine Ansprachen an Julia in genehmigter Form zu halten, und erhielt zu gegebener Zeit die herzliche Zustimmung des alten Herrn zu unserer Verbindung und seinen Segen dafür Es. Sechs Monate nach meiner Rückkehr heirateten wir; der alte Mann so glücklich wie ein König. Er hätte es ein wenig vorgezogen, wenn die Zeremonie von Herrn B., seinem Freund und Pastor, durchgeführt worden wäre, aber er stimmte bereitwillig meinem Wunsch zu, einen meiner lieben und frühen Freunde aufzusuchen.

Harry Barry kam aus Topsham und führte die Zeremonie durch, „unterstützt
von Rev. Mr. B.“

GH

ARGUS COTTAGE, 1. April 1842.

Das Alte und das Neue, von Angesicht zu Angesicht.

EINE DAUMENNAGEL-SKIZZE.

[Dieser Aufsatz wurde 1852 im Sartain's Magazine als „A Thumb-nail Sketch" veröffentlicht und erhielt eine von zehn Auszeichnungen, die Herr Sartain anbot, um junge Schriftsteller zu fördern. Es war einige Jahre zuvor geschrieben worden, einige Zeit bevor die mittlerweile so bekannten Studien von Conybeare und Howson über das Leben des Heiligen Paulus veröffentlicht wurden. Die Chronologie meines Aufsatzes stimmt nicht genau mit der dieser angesehenen Gelehrten überein. Aber ich mache jetzt keinen Versuch, den Aufsatz neu zu formulieren oder die heiklen und komplizierten Fragen zu diskutieren, die zur Chronologie des Lebens von Paulus oder Nero gehören; denn hinsichtlich der maßgeblichen Tatsachen besteht kein Zweifel. Am Ende von zwanzig Jahren möchte ich vielleicht noch einmal den Wunsch äußern, dass ein Meister, der sich mit den größten Themen auskennt, den Prozess gegen Paulus zum Thema eines Bildes machen könnte.]

* * * * *

In einem römischen Audienzsaal stellten die alte und die neue Zivilisation gleich bei der Geburt der neuen Zivilisation ihre auserwählten Champions vor.

In dieser kleinen Szene, wie in einer von Rembrandts Miniaturstudien für ein großes Bild, sind die Lichter und Schatten so deutlich wie nie zuvor in der größten Szene der Geschichte. Die Champions waren perfekte Vertreter der Parteien. Und jeder Mensch, der die Seele eines Menschen hätte und zusah, hätte aus dem Ausgang dieses Kampfes den Ausgang der großen Schlacht prophezeien können.

Die alte Zivilisation des Römischen Reiches hatte gerade zu dieser Zeit einen Punkt erreicht, der unsere Zeit in all den äußerlichen Formen, die ins Auge fallen, tatsächlich als gemein betrachten würde. Es gab Paläste aus Marmor, die selbst moderne Könige aus Ziegeln mit einer Marmorfassade als Blickfang bauten. es zählte seine Armeen zu Tausenden, während wir unsere zu Hunderten zählten; es überragte lange Kolonnaden mit seinen exquisiten Statuen, nach denen die moderne Arbeit tief in zerstörten Städten gräbt, weil sie ihnen aus eigener Genialität nicht gleichkommen kann; Es gab Straßen,

die fast ewig sind und die für ihre Zwecke einen Luxus an Reichtum und Arbeit bieten, mit dem unsere gerühmte Fortbewegung nicht mithalten kann. Dies sind seine Werke in größerem Maßstab. Und wenn Sie die Paläste betreten, finden Sie Bilder von unvergleichlichem Wert, prächtige Kleider, mit denen moderne Webstühle nicht mithalten können, und prächtige Möbel, über die die moderne Zeit nur staunen kann. Das Äußere der antiken Zivilisation ist mit dem Äußeren unserer Zivilisation unübertroffen und wird es auch noch Jahrhunderte lang sein. Wir haben es dort nicht übertroffen. Und wir sehen, wie es diese Auszeichnung erlangt hat, so wie es war. Es kam durch die ständige Konzentration der Macht. Macht in wenigen Händen ist das Geheimnis ihrer Zurschaustellung und ihres Ruhms. Und so erreichte diese Form der Zivilisation ihren Höhepunkt im Augenblick der größten Einheit des Römischen Reiches . Als das Imperium nach den Erschütterungen, in denen es geboren wurde, zur Ruhe kam; als eine Generation derjenigen, die römische Bürger gewesen waren, verstorben war; Als eine Generation entstand, die bis auf einen Mann, den Kaiser, eine Nation römischer Untertanen war, – da befand sich das Reich auf dem Höhepunkt seiner Macht, seine Zentralisierung war abgeschlossen, das System seiner Zivilisation befand sich auf dem Höhepunkt seines Erfolgs.
In diesem Augenblick dämmerte in Rom das erste graue Morgenlicht der neuen Zivilisation.
In diesem Moment stellte diese kurze Szene in diesem einen Raum die beiden so deutlich gegenüber, wie sie selbst in langen Jahrhunderten nicht kontrastiert werden können.
Es gibt einen Mann, den Kaiser, der ein präziser Typus, ein exakter Vertreter des Alten ist. Dieser Mann wird einem anderen gegenübergestellt, der ein präziser Typus, ein exakter Vertreter des Neuen ist.
Schauen Sie sie nur an, wie sie da stehen! Der Mann, der die alte Zivilisation am besten veranschaulicht, verdankt ihr die sorgfältigste Pflege. Seit seiner Kindheit ist er sein Liebling. Ihr Prinzip ist die Konzentration unter einem Kopf. Er ist dieser Kopf. Als Kind wissen die Männer, dass er Kaiser der Welt sein wird. Die Weisen der Welt lehren ihn; die Dichter der Welt schmeicheln ihm; die Fürsten der Welt verneigen sich vor ihm. Er ist in allen eleganten Fertigkeiten geschult; er wird durch eine anmutige, luxuriöse Gesellschaft geführt. Seine Haltung ist die eines Kaisers; Sein Gesicht ist das Gesicht von feiner körperlicher Schönheit. Stellen Sie sich selbst das sinnliche Gesicht eines jungen Bacchus vor, schön wie Miltons Teufel; Stellen Sie sich vor, wie er in Pracht gekleidet ist, vor der selbst englischer Luxus gemein ist; mit Juwelen geschmückt, zu denen sogar östlicher Prunk Lametta ist; Stellen Sie sich einen Ausdruck müden Hasses, niederer, brutaler Lust vor, der an diesen exquisiten, zügellosen Zügen hängt, und Sie haben das Bild der römischen Zivilisation vor sich. Es ist der Junge, der gerade zum

Mann heranwächst und den spätere Zeiten als die niedrigste Verkörperung von Gemeinheit und Grausamkeit bezeichnen werden! Du siehst Nero an! Dieser Mann ist nicht nur ein exaktes Abbild der alten Zivilisation, ihrer zentralen Macht, ihrer äußeren Schönheit, sondern der genaue Zeitpunkt unserer Skizze ist auch der genaue Höhepunkt der *moralischen* Ergebnisse der alten Zivilisation. Wir sollen Nero gerade betrachten, als er von einer Reise in den Süden nach Rom zurückgekehrt ist. [2] Diese Reise hatte ein Ziel und war erfolgreich. Für sein Leben nach dem Tod gibt es eine Erinnerung, die niemals stirbt. Er ist in seinen wunderschönen Landpalast gereist, um seine Mutter zu töten!

Wir können uns Agrippina vorstellen, wenn wir wissen, dass sie Neros Mutter war, und unser Bild wird an einem Punkt nicht fehlen. Sie besitzt die ganze Schönheit der Sinne, die ganze Anziehungskraft der Leidenschaft. Tatsächlich ist sie die Kaiserin von Rom, denn sie ist die Königin der Schönheit – und der Lust. Sie ist die Schönste unter den Schönen Roms; aber was ist diese Schönheit der Gesichtszüge in einem Staat, von dessen Matronen keine einzige tugendhaft ist, von dessen Töchtern keine einzige keusch ist? Es ist allein die Schönheit der Sinne, eine passende Zierde dieser äußeren Größe, dieser alten Gesellschaft.

Als ihr Sohn noch klein war, befragte diese schöne Agrippina eine Truppe von Wahrsagern über sein Schicksal; und sie sagten ihr, dass er Kaiser von Rom werden und seine Mutter töten würde. Mit der ganzen Ekstase des Stolzes einer Mutter, die so seltsam mit dem ganzen Übermaß der Machtgier einer ehrgeizigen Frau verschmolz, schrie sie als Antwort: „Er könnte mich töten, wenn er nur Rom regieren würde!" [10]

Mit diesen Worten sprach sie ihr eigenes Schicksal aus.

Hier ist der Bericht von Tacitus darüber. Nero hatte alle Vorbereitungen getroffen; hatte einen Lastkahn so eingerichtet, dass sein Deck plötzlich schwer auf die Menschen in der Kajüte fallen und sie augenblicklich zerquetschen könnte. Er wollte damit dem von ihm geplanten Mord das Aussehen eines Unfalls verleihen. Zu diesem tödlichen Schiff führte er Agrippina. Unterwegs sprach er liebevoll und ernst mit ihr; „Und als sie sich am Seeufer trennten, drückte er sie mit seiner alten, jungenhaften Vertraulichkeit fest an sein Herz, entweder um seine Absicht zu verbergen, oder weil der letzte Anblick einer Mutter am Vorabend des Todes sogar seine grausame Natur berührte, und Dann verabschiedete er sich von ihr.

Genau an der Stelle auf dem See, die er angewiesen hatte, als die Kaiserin in ihrer Kajüte saß und sich mit ihren Dienern unterhielt, wurde das tückische Deck auf sie alle fallen gelassen. Doch die Verschwörung scheiterte. Sie sah einen ihrer Lieblinge tot zu ihren Füßen liegen, zerschmettert von dem plötzlichen Schlag. Aber sie war dem entkommen. Sie sah, dass der Tod sie alle auf dem Schiff erwartete. Die Männer um ihn herum sprangen vor, bereit, den Befehlen ihres Herrn weniger ungeschickt und sicherer nachzukommen. Aber die Kaiserin sprang mit einem ihrer Begleiter von dem tückischen Schiff in die weniger tückischen Wellen. Und dort zog diese treue Freundin mit dem Witz und der Hingabe einer Frau die Schläge und Stiche der Mörder oben auf ihren Kopf, indem sie wie im Ertrinken schrie: „Rette mich, ich bin Neros Mutter!" Mit diesen hingebungsvollen Worten wurde sie von den Mördern oben getötet, während die Kaiserin in sicherer Stille, getragen von Trümmern des Wracks, zum Ufer trieb.

Nero war bei seinem geheimen Verbrechen auf diese Weise gescheitert, und doch wusste er, dass er hier nicht aufhören konnte. Und am nächsten Tag nach der Befreiung seiner Mutter schickte er einen Soldaten mit einer Wache in ihren Palast; und dort, wo sie sogar von ihrem letzten Diener verlassen wurde, töteten sie ohne den Anschein von Geheimhaltung die Tochter und die Mutter eines Cäsaren . Und Nero wartet nur darauf, lachend die Schönheit des Leichnams zu betrachten, bevor er zurückkehrt, um seine Regierung in Rom wieder aufzunehmen.

Dieser Moment war der Höhepunkt der antiken Zivilisation. Es ist in seiner zentralisierenden Kraft vollständig; es ist vollständig in seiner äußeren Schönheit; es ist in seinem Verbrechen vollständig. Schön wie Eden für das Auge, mit Luxus, mit Komfort, mit leichter Trägheit für alle; aber Staub und Asche unter der Oberfläche! Es ist am Kopf beschädigt ! Es ist im Herzen verdorben! Es gibt nichts Festes!

Dies ist der Moment, den ich für unser kleines Bild festhalte. In diesem Moment wird der erste Keim der neuen Zivilisation angekündigt. Mitten in dieser Lüge erklingt eine Stimme der Wahrheit; In den Armen dieses Riesen spielt der kleine Junge, der ihn am Boden festnageln soll. Dieser Nero kehrt langsam in die Stadt zurück. Er erhält die Glückwünsche eines Senats, der ihm und den Göttern dafür dankt, dass er seine eigene Mutter ermordet hat. Mit der Qual eines unsterblichen Gewissens, das ihn quält, versucht er, Sorgen durch Vergnügen abzuwenden. Er hofft, die Menge durch die Großartigkeit ihrer öffentlichen Unterhaltungen davon abzubringen, ihn zu verachten. Er vergrößert für sie den Zirkus. Er ruft beispiellose Tiere auf, die zu ihrem Vergnügen geködert und getötet werden sollen. Die besten Schauspieler schimpfen, die süßesten Musiker singen, damit Nero seine Mutter vergisst und dass sein Volk ihn vergisst.

Zu diesem Zeitpunkt teilen ihm die Staatsmänner, die den Staatsapparat leiten, mit, dass seine persönliche Aufmerksamkeit eines Morgens für einen Staatsprozess erforderlich sei, der vor dem Kaiser persönlich verhandelt werden solle. Muss der Kaiser da sein? Darf er nicht seine Stunden mit den Schmeicheleien lügnerischer Höflinge oder den honigsüßen Unwahrheiten einer Geliebten verschwenden? Wenn er beschließt, die Audienz auf diese Weise zu verschieben, sei es so; Seneca, Burrhus und seine anderen Berater werden gehorchen. Aber es wird die Zeit kommen, in der sich der erschöpfte Junge eines Morgens über die fast vergessene Majestät des Staates freuen wird. Die Zeit kommt eines Tages. Erschöpft von der Verschwendung der Woche, verärgert über einen Fehler seiner Schmeichler, schickt er nach seinen klügeren Beratern und bittet sie, ihn in den Audienzsaal zu führen, wo er sich um diese Fälle kümmern wird, die einer Entscheidung des Kaisers bedürfen. In diesem Moment müssen wir auf ihn blicken.

Er sitzt dort auf diesem unvergleichlichen Thron, sein Gesicht ist kränklich blass vor jungenhafter Ausschweifung; seine junge Stirn war von vorzeitigen sinnlichen Falten der Lust übersät; und seine Augen waren blutunterlaufen von der Unmäßigkeit der letzten Nacht. Er sitzt da, der Kaiserjunge , versucht vergeblich, sich im Glanz dieses Pomps aufzuregen und sie zu vergessen, und fordert sie auf, den Gefangenen herbeizurufen.

Ein Soldat tritt ein, an dessen Seite der Gefangene seit Jahren angekettet ist. Dieser Soldat ist ein bewährter Veteran der Prätorianerkohorten . Er wurde ausgewählt, damit dieser Verbrecher ihm nicht entkommen konnte; und zu diesem Zweck wurden sie untrennbar miteinander verbunden. Doch als er diesen anderen durch die Halle führt, blickt er ihn mit einem Respekt und einer Ernsthaftigkeit an, die beweisen, dass er für ihn kein Verbrecher ist. Längst ist der Verbrecher der Vormund seines Wächters. Längst kümmert sich der Wärter mit der ganzen Inbrunst der Zuneigung eines frischgebackenen Sohnes um den Gefangenen.

Sie führen den grauhaarigen Gefangenen vorwärts, und mit seinem Adlerauge blickt er aufmerksam durch die Halle. Dieses blitzende Auge hat schon früher die Monarchen in Angst und Schrecken versetzt; und diese dünnen Lippen haben Worte geäußert, die die Welt zum Klingen bringen werden , bis der letzte Augenblick der Welt kommt. Der stattliche östliche Gefangene bewegt sich unbeeindruckt durch die Versammlung, bis er dem kaiserlichen Richter, der ihn hören soll, einen Gruß zu seinem Untertanen macht . Und wenn dann der grauhaarige Weise vor dem sinnlichen Jungen kniet, sehen Sie, wie der Prophet der neuen Zivilisation vor dem Monarchen der alten kniet! Sie sehen, wie Paulus Nero eine formelle Ehrerbietung erweist! [11]

Lassen Sie mich dem Gericht gerecht werden, das ihn vor Gericht stellen soll. In diesem Gerichtssaal gibt es nicht nur den Prunk Roms und seine Verbrechen; wir haben auch das Beste seiner Weisheit. Neben dem ausschweifenden Jungen Nero steht der Premierminister Seneca, der Anführer der Philosophen seiner Zeit; „Seneca, die Heilige", rufen die Christen des nächsten Jahrhunderts. Wir werden ihn für Seneca, den Weisen, und Seneca, fast für den Guten, halten. Diesem Weisen war die Ausbildung des Monsters gegeben worden, das die Welt beherrschen sollte. Dieser Weise hatte ihn an die Macht gebracht, seinen Wahnsinn eingedämmt, wann immer er konnte, und mit seinem Kollegen die allgemeine Verwaltung des Reiches mit größter Ehre geleitet, während der Junge sein Leben in Ausschweifungen im Palast verbrachte. Seneca wagte es, mehr zu Nero zu sagen und mehr mit ihm zu wagen als jeder andere Mann. Denn der junge Tiger hatte Angst vor seinem alten Herrn, lange nachdem er Blut geschmeckt hatte. Doch Senecas System war ein feiges System. Es war das Beste der römischen Moral und der griechischen Philosophie, und dennoch war es gemein. Sein Wagemut war der mutigste aller Männer der alten Zivilisation. Er ist das Vorbild ihrer Vorzüge, und Nero ist das Vorbild ihrer Macht und ihres Schmucks. Und doch war alles, was Seneca mit seinem Wagemut wagen konnte, den kleinen Tyrannen zu der am wenigsten schädlichen Tyrannei zu verführen. Von der Plünderung einer Provinz würde er ihn durch das Gemetzel im Zirkus ablenken. Aus der Ermordung eines Senators konnte er ihn durch neue Lust in die Heimat locken. Vom Ruin des Imperiums konnte er ihn verführen, indem er ihn mit dem Ruin einer Adelsfamilie ablenkte. Und Seneca tat dies mit den besten Motiven. Er sagte, er habe die ganze Macht in seinen Händen genutzt, und er glaubte, dass er es tat. Er war einer jener Männer, an denen alle Zeiten ihren Anteil haben. Er war der Tapferste seiner Zeit und begnügte sich damit, den bartlosen Kaiser durch Kleinkriminalität aus öffentlichem Unrecht zu verführen; er konnte ihm zum Zweck schmeicheln. Er wagte es nicht, ihm nach rechts zu befehlen.

Aber Seneca wusste, was richtig war. Seneca hatte auch ein gut geschultes Gewissen, das ihm über Recht und Unrecht sagte. Senecas Bruder Gallio hatte Paulus das Leben gerettet, als ein jüdischer Mob ihn in Korinth in Stücke gerissen hätte; und der Legende nach hatten Seneca und Paulus miteinander korrespondiert, bevor sie zusammen in Neros Gegenwart standen, der eine als Berater, der andere als Verbrecher. [12] Als Paulus sich aus dieser formellen Begrüßung erhob, als der Apostel der neuen Zivilisation zum wankenden Monarchen der alten sprach, hätte er, wenn es einen Mann in dieser Versammlung gegeben hätte, übersehen können, dass dies ein Wendepunkt in der Welt war? Weltgeschichte? Vor ihm spielte sich in diesem kleinen Saal in dieser kleinen Stunde die Szene ab, die jahrhundertelang auf der größeren Bühne gespielt werden sollte.

Glaube auf der einen Seite, vor Zweckmäßigkeit und Grausamkeit auf der anderen! Paulus vor Seneca und Nero! Er war bereit, Nero mit der Eloquenz und Vehemenz anzusprechen, die seit Jahren gefordert worden waren.

Endlich stand er vor dem kleinen Cäsar , an dessen Gericht er vom Provinzgericht eines zweifelnden Festus und eines zitternden Agrippa Berufung eingelegt hatte.

Und wer fragt sich, welche Worte der energische Christ zu dem niederträchtigen Jungen sprach? Wer kennt die Beredsamkeit, die in den Ohren erstaunter Stoiker in Athen erklang, die den Weihrauch und die Hekatomben umherziehender Bauern in Asien befahl, die in Jerusalem das plappernde Geschrei eines wilden Mobs zum Schweigen brachte — wer wird an dem Tonfall zweifeln? Paul hat mit Nero gesprochen! Der Junge zitterte einen Moment vor dem Mann! Der vergoldete Idiot schreckte vor den heimischen Wahrheiten des neuen, jungen, kraftvollen Glaubens zurück: Der Herrscher von hundert Legionen war nichts vor dem von Gott beauftragten Gefangenen.

NEIN; obwohl bei dieser Audienz alle Menschen Paulus im Stich ließen, wie er uns erzählt; Obwohl keiner der schüchternen Konvertiten da war , sondern der an seiner Seite angekettete Soldat, triumphierte er dennoch über Nero und Neros Minister.

Aus diesem Audienzsaal ziehen sich diese drei Männer zurück. Der in Wollust gealterte Junge geht von dort fort, um eine Stunde allein zu sein und eine Stunde lang über diesen Gott, diese Auferstehung und diese Wahrheit nachzudenken, von der der Jude ihn in solch unhöflichen Worten gehalten hat. Allein sein, bis das Gespenst einer sterbenden Mutter erneut aufsteigt, um ihn zu verfolgen, ihn zu verfolgen und zu seinen Anhängern und Festen zu treiben, wo er versuchen wird, Paulus und den Erlöser und Gott zu vergessen, wohin er gerne verbannen würde sie für immer. Er verbannt sie nicht für immer! Von nun an muss jedes Mal, wenn das Gespenst einer Mutter vor ihn tritt, die Worte Gottes und der Ewigkeit widerhallen, die Paulus gesprochen hat. Wann immer sich der gefesselte und blutende Gefangene der Arena flehentlich vor ihm beugt, muss die Erinnerung an den einzigen Gefangenen, der nie vor ihm flehend war, und seine Worte von starker Kraft zurückkommen!

Und Seneca? Seneca geht mit den beschämten Gefühlen eines großen Mannes nach Hause, der seine eigene Gemeinheit erkannt hat.

Wir alle kennen das Gefühl; denn alle Kinder Gottes könnten groß sein, und mit kläglicher Demütigung erkennen wir uns selbst in der einen oder anderen Kleinlichkeit. Seneca geht nach Hause und sagt: „Dieser wilde *Ostler hat den Kaiser zurechtgewiesen* , wie ich ihn schon so oft zurechtweisen wollte. Er stand da, so wie ich stehen wollte, ein Mann vor einem Tier."

„ Er sagte, was ich gedacht hatte und was ich zu sagen fürchtete. Direkt und direkt erzählte er dem Kaiser die Wahrheiten über Rom, über den Menschen und über seine Laster, die ich ihm unbedingt sagen wollte. Er hat getan, was." Ich habe Angst davor. Er hat dies gewagt, womit ich herumgetrödelt und unterlassen habe. *Was ist das Geheimnis seiner Macht?* "

Seneca wusste es nicht. Nero wusste es nicht. Das „östliche Geheimnis" war vor ihnen präsent, und sie wussten es nicht!

Was war das Geheimnis der Macht des Paulus?

Paulus verlässt sie mit dem Triumph eines Mannes, der die Hoffnung vieler Jahre erfüllt hat. Seine feierlichen Worte „Danach *muss ich* auch Rom sehen" drückten die Sehnsucht von Jahren aus, deren Ziel nun zumindest teilweise erfüllt ist. Er muss Rom sehen!

Es ist Gottes Auftrag für ihn, dass er Rom und seinen Kaiser sieht . Paulus hat mit dem Auge des Geistes gesehen, was wir seitdem in der Geschichte gesehen haben: dass er das lebendige Bindeglied sein soll, durch das das elektrische Feuer des Lebens zuerst aus dem religiösen Asien kommen sollte, um dieses tote, brutale Europa wiederzubeleben. Er weiß, dass er der Bote Gottes ist, der dieses Geheimnis des ewigen Lebens von einem Land in das andere trägt und es dort entfaltet. Und heute hat er dies tatsächlich zu seinem inneren Vertrauen gemacht. Der heutige Tag hat seiner Vision vor Jahren, als er seine asiatische Heimat zum ersten Mal verließ, das Siegel der Tatsachen aufgedrückt. Als Gefangener in Ketten hat er heute noch miterlebt, wie seine Gelübde, Hoffnungen und Vorsätze auf dem Gebiet von Troja in Erfüllung gingen , das vor allem durch die Nacht, die er dort verbrachte, berühmt geworden ist. Es gab wieder eine dieser Stunden, in denen Gott die Taten an einen Ort bringt, die das *Argument* jahrhundertelanger Geschichte sein werden. Paulus war auf seinen langen Reisen durch Asien dorthin gekommen – östlich in seiner Abstammung, östlich in seinem Temperament, östlich in seinem äußeren Leben und östlich in seinem Glauben – zu jenem schmalen Hellespont, der seit langen Jahrhunderten den Osten vom Westen trennte. riss wie wild die Ketten auf, die sie verbinden würden, überwältigte sogar die Liebe, als sie versuchte, sie untereinander zu heiraten, und ließ ihre Klippen stirnrunzelnd mit ewigem Hass von Ufer zu Ufer zurück. Paulus stand am asiatischen Ufer und blickte hinüber zum Westen. Da waren Mazedonien und die Hügel Griechenlands, hier Troas und die Ruinen von Ilium. Die Namen sprechen für Krieg. Der blaue Hellespont hat keine Stimme außer der Trennung, außer für Paul. Doch Paulus, der möglicherweise auf dem Grab des Achilleus schläft, erscheint in dieser Nacht der „Mann von Mazedonien" und fordert ihn auf, herüberzukommen, um Asia zu rächen und die Schulden Trojas zurückzuzahlen.

„Komm vorbei *und hilf uns.* " Gib uns das Leben, denn wir haben dir den Tod gegeben. Gib uns Hilfe, denn wir haben dir den Untergang bereitet. Paulus war der himmlischen Vision nicht ungehorsam. Als christlicher Alexander reist er mit den Worten des Friedens statt des Krieges nach Makedonien. Als christlicher Hirte des Volkes bringt er von Troja aus die Botschaft der Erlösung statt des Gemetzels, der Barmherzigkeit statt der Zügellosigkeit nach Griechenland. Und er weiß, dass es für Europa der Beginn seiner neuen Zivilisation ist, der Beginn seiner neuen Kriegsführung, seiner neuen Poesie, seiner Herrschaft unsterblicher Helden.

Jahre alter Glaube hat heute seinen krönenden Sieg errungen. Dieser Tag, an dem er gemeinsam gegen Nero und Seneca antrat, dürfte in seiner Erinnerung als der Tag gelten, der Jahrhunderte des Blutvergießens und der Zügellosigkeit zunichte gemacht hat.

Und in dieser Anstrengung und in der spirituellen Kraft, die ihn bei der Planung und Durchführung gestärkt hatte, lag das „asiatische Geheimnis". Fragen Sie sich, was das Geheimnis der Macht des Paulus war, als er den kleinen Kaiser bärtete und den kleinen Philosophen beschämte? Was lobte

er, als er diese Szene verließ? Was war dort das Prinzip anderes als der Glaube an das neue Leben, der Glaube an den Gott, der es gegeben hat!
Wir wundern uns nicht wie Seneca, dass ein Mann wie Paulus es wagte, einem Jungen wie Nero etwas zu sagen! Der absolute Mut des neuen Glaubens war die treibende Kraft, die ihn der Welt aufzwang. Hier wurden die strengsten Moralvorstellungen mit äußerster Tapferkeit vorangetrieben .
Vollkommener Glaube gab den ersten Zeugen vollkommenen Mut. Und da war das „Geheimnis" ihrer Siege.
Und als Seneca in diesem Fall Nero nach einer Weile wieder an seinen Gefangenen erinnerte, wagte der arme Nero nicht, ihn wieder zu treffen. Doch als er ihn im selben Gerichtssaal wieder traf, wagte er nicht, ihn lange anzuhören ; und wir können sicher sein, dass es nur wenige Worte gab, bevor er mit so viel Würde, wie er nur aufbringen konnte, befahl, den Gefangenen freizulassen.
Paul frei! Das Alte hatte sich dem Neuen gestellt. Jeder hatte seinen Champion benannt. Und das Neue erobert!

DAS PUNKT- UND LINIEN-ALPHABET.

[Diese Skizze wurde ursprünglich im Atlantic Monthly für Oktober 1858 veröffentlicht, genau zu der Zeit, als das erste Atlantic Cable, dessen erstes Geschwätz von den Zurufen eines Kontinents begrüßt worden war, unter den Manipulationen von De Sauty seinen letzten Atem ausgab . Es wurde seitdem von Mr. Prescott in seinem wertvollen Handbuch des elektrischen Telegraphen kopiert.

Der Krieg, der uns alle so viel gelehrt hat, hat das Punkt- und Strichalphabet hervorragend illustriert, ganz abgesehen von seiner elektrischen Verwendung, die zweifellos oft wiederholt werden wird. Bei den Bewegungen unserer Truppen unter General Foster in North Carolina bildete Dr Hornisten konnten sich durch lange und kurze Signalhorntöne miteinander unterhalten und so Informationen mit buchstäblicher Genauigkeit von Punkt zu Punkt über jede Entfernung übertragen, in der die Töne eines Signalhorns gehört werden konnten. Es ist leicht zu erkennen, dass es in militärischen Angelegenheiten viele Gelegenheiten gibt, bei denen sich solche Gesprächsmittel als unschätzbar wertvoll erweisen könnten. Herr Tuttle, der im selben Feldzug diensthabende Astronom, traf eine ähnliche Vereinbarung mit langen und kurzen Lichtblitzen.]

* * * * *

Gerade in der Triumphwoche des Great Telegraph, der seinen Namen vom Atlantic Monthly hat, las ich in der Septemberausgabe dieser Zeitschrift die Enthüllungen eines Beobachters, der überrascht war, dass er die Fähigkeit hatte, die zu lesen Enthüllungen des Drahtes. Ich hatte gehofft, dass er der Öffentlichkeit den allgemeineren Gebrauch dieses Instruments erklären würde , den die Öffentlichkeit aus dummer Einfältigkeit bisher nicht begriffen hat. Da seine Signale zuerst durch Elektromagnetismus und später durch die chemische Kraft der Elektrizität angelegt wurden, weigert sich das vielköpfige Volk, dieselben Signale für die einfachere Übertragung zu nutzen, was leicht möglich wäre der Intelligenz, unabhängig von der eingesetzten Macht.

Die große Erfindung von Herrn Morse ist sein Register und sein Alphabet. Er selbst weist eifrig jeglichen Anspruch auf die ursprüngliche Vorstellung von der Nutzung von Elektrizität als Laufbursche zurück. Hunderte von

Menschen hatten darüber nachgedacht und es vorgeschlagen; aber Morse war der erste, der dem Laufburschen eine so schriftliche Nachricht überbrachte, dass er sie unterwegs nicht verlieren und bei seiner Ankunft nicht verwechseln konnte. Die Öffentlichkeit möchte Morse unbedingt danken, wie er es verdient, und dankt ihm für etwas, das er nicht erfunden hat. Darum kümmert er sich wahrscheinlich sehr wenig; Es ist mir auch nicht wichtiger. Aber die Öffentlichkeit dankt ihm nicht für das, was er geschaffen hat: dieses unschätzbar einfache und unschätzbare Alphabet. Nun, da ich es selbst in allen Einzelheiten meines Lebens verwende und jede Stunde sehe, wie die Öffentlichkeit es nutzen könnte, wenn es wollte, tut mir diese Nachlässigkeit wirklich leid – sowohl aus Gründen seines Ruhms als auch aus Gründen der allgemeinen Bequemlichkeit.

Bitte verstehen Sie also, unwissender Leser, dass dieses seltsame Alphabet die gesamte komplexe Maschinerie von Cadmus und dem Rest der Schreibmeister auf so einfache Zeichen reduziert, wie sie aus einem Punkt, einem Leerzeichen und einer Linie in unterschiedlicher Kombination gebildet werden können. Somit sind die Noten . — bezeichnen den Buchstaben A. Die Zeichen —... bezeichnen den Buchstaben B. Alle anderen Buchstaben werden auf ebenso einfache Weise bezeichnet.

Jetzt entziehe ich mich einer der privaten Annehmlichkeiten meines Lebens (aber was soll man nicht für die Menschheit tun?), wenn ich erkläre, dass dieses einfache Alphabet nicht auf elektrische Signale beschränkt sein muss. *Lang* und *kurz* machen alles aus – und wo immer lang und kurz kombiniert werden können, sei es in Zeichen, Geräuschen, Niesen, Ohnmachtsanfällen, Stöcken oder Kindern, können durch diese Anordnung von lang und kurz Ideen vermittelt werden. Erst gestern Abend habe ich mit Mrs. Wilberforce auf einer Sommerparty im Hammersmiths über einen Skandal gesprochen. Zu meinem Erstaunen unterbrach uns meine Frau, die kaum „The Fisher's Hornpipe" spielen kann, indem sie Mrs. Wilberforce fragte, ob sie ihr die Idee einer Arie in „The Butcher of Turin" geben könne. Mrs. Wilberforce hatte diese Oper noch nie gehört – tatsächlich hatte sie noch nie davon gehört. Meine Engelsfrau war überrascht – stand trommelnd am Klavier – wunderte sich, dass sie dieses sehr merkwürdige Stück diskontinuierlichen Akkords überhaupt nicht verstehen konnte – aber sie bremste ihre Bemühungen, als ich bemerkte, dass ihre langen Noten und kurzen Noten , in ihrem tum-tee, tee, – tee-tee, tee-tum tum, bedeutete „Er ist ihr Bruder." Das Gespräch ihrerseits wandte sich dem Thema „Der Schlächter von Turin" zu, und ich hatte gerade noch Zeit, auf den Hinweis von Frau I. eine dankbare Lobrede auf den angesehenen Staatsmann zu richten, den Frau Wilberforce mit aller Fürsorge einer Schwester ansprach. Er hatte in seiner Wiege geschaukelt , und ich hätte ihn ohne die langen und kurzen Notizen meiner Frau unter den anderen Staatsmännern meiner Zeit ungeschickt beschimpft.

Als erwachender Leser werden Sie sofort erkennen, dass es nicht nur die Aufgabe der „Operatoren" in den Telegrafenstationen ist, dieses Morsealphabet zu kennen, sondern dass es Ihre Aufgabe ist und die eines jeden Mannes und jeder Frau. Wenn unsere Schulkomitees die Zeit verstehen würden, würde es in der Schule gelehrt werden, noch vor Phonographie oder Physiologie. Ich glaube, dass diese beiden Wissenschaften jetzt dem alten englischen Alphabet vorausgehen.

Während ich diese Worte schreibe, schlägt die Glocke der Südkongregation „Dong, Dong, Dong, – Dong, Dong, Dong, Dong, – Dong, – Dong". Niemand hat die Kirchentür aufgeschlossen. Das weiß ich, denn ich bin in der Sakristei eingesperrt. Das alte Blechschild „Im Brandfall findet man den Schlüssel beim gegenüberliegenden Haus" ist längst abmontiert und in die Nase eines Wassertopfes verwandelt worden. Und doch ist kein Goody Two-Shoes eingesperrt. Niemand außer mir, und schon gar nicht klingel ich. NEIN! Aber dank Dr. Channings Feueralarm [13] informiert die Glocke das South End darüber, dass es im Distrikt Dong-dong-dong, also im Distrikt Nr. 3, brennt. Bisher habe ich es Ihnen bisher erklärt , die „Eagle"-Lokomotive ist mit viel Lärm am Haus vorbei auf ihrem Weg in das schicksalhafte Viertel. Dies stellte eine enorme Verbesserung gegenüber dem alten System dar, bei dem die Motoren von ihren Häusern in alle möglichen Richtungen strahlten und das Feuer von den wenigen Maschinen gelöscht wurde, deren Ziellinien sich zufällig an der Stelle kreuzten, an der das Kind Kolben gebaut hatte -Häuser aus Luzifer-Streichhölzern in einem Papierlager. Ja, es ist eine sehr große Verbesserung. Alle Personen wie Sie und ich, die im Distrikt Dong-dong-dong kein Eigentum haben, können jetzt beruhigt zu Hause sitzen – und wir brauchen kaum an den Schlamm über den Knien derer zu denken, die in diesem Distrikt Eigentum haben laufen, um sich darum zu kümmern. Doch für sie bringt die Verbesserung nur Elend mit sich. Sie kommen nass, heiß/oder kalt oder beides im großen Bezirk Nr. 3 an und stellen fest, dass die Luzifer-Streichhölzer eine halbe Meile von Ihrem Geschäft entfernt waren – und dass nicht einmal Ihr eigener privater Wächter nicht geweckt wurde durch die Arbeit der entfernten Motoren. Besitzer eines nassen Grundstücks, bedenken Sie dies, wenn Sie nach Hause gehen. Wenn Sie das nächste Mal im Gemeinsamen Rat sitzen, stimmen Sie über einen Antrag für die Anwendung des Morse-Alphabets von lang und kurz auf die Glocken ab. Dann können sie verständlich gemacht werden. Daung ding ding, – ding, – ding daung , – daung daung daung usw. wird Ihnen beim Aufwachen in der Nacht sagen, dass der Laden von Herrn B. brennt und nicht Ihrer, oder dass es Ihrer ist und nicht seiner. Dies ist nicht nur eine Annehmlichkeit für Sie und eine Erleichterung für Ihre Frau und Ihre Familie, denen so Ihre Ausflüge zu nicht verfügbaren und unbefriedigenden Bränden und Ihre etwas verärgerte Rückkehr erspart bleiben , sondern es wird auch eine große Erleichterung für die Feuerwehr sein. Wie ruhig ist der Betrieb eines Feuers, an dem niemand außer aus geschäftlichen Gründen teilnimmt! Die verschiedenen Lokomotiven treffen ein, aber keine Menschenmenge entfernter Bürger, Männer und Jungen, die Angst vor der Zerstörung von allem haben. Sie sind alle auf ihren Kissen aufgewacht und haben erfahren, dass die Pearl Street Nr. 530 in Flammen steht. Alle außer dem Besitzer von Nr. 530 Pearl Street sind wieder eingeschlafen. Er allein ist schnell vor Ort. Das ist er, der mit der Chefingenieurin in der menschenleeren Straße auf dem Deck von Nr. 18 steht, während sie spielt. Sein Eigentum wird zerstört, die Lokomotiven gehen außer Betrieb – er erwähnt die Höhe seiner Versicherung den Personen, die die Tagespresse repräsentieren, sie ziehen sich alle in ihre Häuser zurück – und das Ganze ist so einfach, fast, wie sein privater Eintrag in seinem Buchen Sie den Tag vorher am Nachmittag. [14]

So könnte es sein, wenn der Magnetalarm nur *kurz* und *lang schlagen würde* und wir alle das Morsealphabet gelernt hätten. Tatsächlich gibt es nichts, was die Glocken nicht sagen könnten, wenn man ihnen nur genügend Zeit gäbe. Wir haben in der Stadt nur ein einziges Glockenspiel für musikalische Zwecke . Aber ohne es mit Melodien zu versuchen, geben Sie den Glocken nur das Morsealphabet, und jede Glocke in Boston könnte an jedem 4. Juli monoton die Worte „Hail Columbia" singen. Wenn Mr. Barnard tatsächlich eines Tages berichten sollte, dass ein entmutigter Lehrling die Stadt verlassen habe, um auf sein Landheim zu ziehen, könnten alle Glocken sofort in Betrieb genommen werden, um artikuliert zu sprechen, in einer Sprache, bei der auch die dümmste Vorstellungskraft nicht versagen muss ,

„Dreh dich noch einmal um, Higginbottom,

Oberbürgermeister von Boston!"

Ich habe vorgeschlagen, dass es angebracht sei, dieses Alphabet in den Grundschulen einzuführen. Ich brauche nicht zu sagen, dass ich es meinen eigenen Kindern beigebracht habe – und ich war erfreut zu sehen, wie schnell es sich in den Gymnasien gegen das komplexere Alphabet durchsetzte. Natürlich ist das so: – ein Alphabet aus zwei Zeichen, das mit einem von sechsundzwanzig verglichen wird – oder von etwa vierzig, wie es die sehr seltsamen Phonotypisten verwenden! Am Tag der Franklin-Medaille ging ich zur Johnson-School-Prüfung. Einer aus dem Komitee fragte ein nettes Mädchen, was die Hauptstadt Brasiliens sei. Das Kind sah müde und blass aus und zögerte einen Moment. Aber bevor sie Zeit hatte, sich zu äußern, wurde jede Antwort unmöglich gemacht, weil einer meiner eigenen Söhne, der mit mir zur Untersuchung gegangen war , von einem schrecklichen Keuchhusten befallen wurde . Hawm , hem hem; – hem hem ; – hem, hem; – hawm , hem hem; – hem hem ; – hem, hem, – bellte das arme Kind, das sich am anderen Ende des Schulzimmers befand. Die Zuschauer und das Komitee sahen zu, wie er mit einem gebrochenen Blutgefäß tot umfiel. Ich gestehe, dass ich keine Angst verspürte, nachdem ich bemerkte, dass einige seiner Keuchen lang und andere sehr *stakkatoartig waren* ; die hübsche kleine Mabel Warren auch nicht. Sie erlangte ihre Farbe zurück und antwortete, sobald das Schweigen wieder hergestellt war: „ *Rio* ist die Hauptstadt Brasiliens" – so bescheiden und angemessen, als ob es ihr von der Wiege an beigebracht worden wäre. Sie sind nichts weiter als Kinder, alle von ihnen – aber an diesem Nachmittag, nachdem sie alles gesungen hatten, was die Stadt für ihre jährliche Unterhaltung der Sänger brauchte, sah ich, wie Bob und Mabel zu einer langen Expedition nach West Roxbury aufbrachen – und wann Als er zurückkam, war es, wie ich weiß, ein langer Federstrauß aus ihrem wertvollen Schulstrauß, den er mit einem kurzen Wedel aus Mädchenhaar in seine „Analyse" von Greene drückte.

Ich hoffe, dass niemand einen Brief an „The Atlantic" schreiben wird, um zu sagen, dass dies sehr unbedeutende Verwendungen sind. Die Vermittlung nützlicher Informationen ist nie trivial. Es ist genauso wichtig, ein nettes Kind am Prüfungstag vor der Demütigung zu bewahren, wie es Herrn Fremont mitzuteilen, dass er nicht zum Präsidenten gewählt wird. Wenn der Leser jedoch beunruhigt ist, weil diese Illustrationen seiner eher düsteren Betrachtungsweise nicht zu den großen Vergnügungen des menschlichen Lebens zu gehören scheinen, möge er über die Vereinbarung nachdenken, die schon vor Jahren für die Leeküste hätte getroffen werden sollen , Eisenbahnkollisionen und diese seltsame Klasse von Seeunfällen, bei denen ein Dampfer die Mutter trifft , weil sie denkt, sie sei ein Leuchtturm. Stellen Sie sich das Morsealphabet vor, das auf eine Dampfpfeife angewendet wird, die oft fünf Meilen weit zu hören ist. Es braucht nur noch einmal *kurz* und *lang* . „ *Stoppt den Kometen* ", wenn man ihn zum Beispiel per Drahtseil über die Eisenbahnlinie schickt, wird das so ausgedrückt:

... — . . ...,... . . — — . —

Sehr gute Nachricht, falls Comet gerade an der Telegrafenstation ist, wenn er ankommt! Aber was ist, wenn Cornel vorbei ist? Dann wird Ihre Trumpfbotschaft viel Gutes bewirken! Wenn Sie jedoch den Verstand haben, auf einer Lokomotivpfeife lange und kurze Töne zu ertönen, dann: – Scre scre , scre ; Geröll ; scre scre ; scre scre scre scre scre ; scre scre scre ,- scre scre ; screeeee Geröll ; scre ; screeeee ;- na ja, dann wird die ganze Nachbarschaft im Umkreis von fünf Meilen wissen, dass Comet anhalten muss, wenn sie nur die gesprochene Sprache verstehen, – und unter anderem wird der Lokomotivführer von Comet es verstehen; und Komet wird nicht auf das Wrack von Welten stoßen, das den Befehl gibt – mit dem Kern aus heißem Eisen und seinem Schweif aus fünfhundert Tonnen Kohle. – So, von den Signalen, die Nebelglocken geben können, die an Leuchttürmen angebracht sind . Wie schön, dass sie durch die Dunkelheit verkünden: „Ich bin Wall"! Oder von Signalen für Dampfschiffingenieure. Als unsere Freunde neulich an Bord der „Arabia" waren und sie und die „Europa" ineinander überschlugen – als würden sich in dieser glücklichen Woche alle

Kontinente rundum küssen und die Hände reichen – wie großartig Es wäre eine Erleichterung für die Passagiere , wenn durch dieses einfache Mittel in jeder Nacht ihrer Überfahrt ein Zusammenstoß verhindert worden wäre! Ein Boot hätte von Nacht bis Morgen „Europa, Europa, Europa" geschrien – und das andere „Arabien, Arabien, Arabien" – und keines von beiden hätte man, was leider der Fall war, für einen Leuchtturm gehalten .

Das Lange und Kurze daran ist, dass jeder, der Zeitunterscheidungen erkennen kann, dieses Alphabet von Lang und Kurz verwenden kann, wie auch immer er sie markieren mag. Es liegt daher im Wirkungsbereich aller intelligenten Wesen, mit Ausnahme derjenigen, die sich des Laufs der Zeit nicht mehr bewusst sind, da sie ihre Grenzen gegen den weiteren Verlauf der Ewigkeit eingetauscht haben. Der unbegrenzte Umfang dieses Alphabets ist damit jedoch noch nicht zur Hälfte offenbart. Die meist artikulierte Sprache richtet sich an einen Sinn oder höchstens an zwei, Bild und Ton. Während ich schreibe, erkenne ich, dass die einzelnen Illustrationen, die ich gegeben habe, sich alle auf gesehene oder gehörte Signale beschränken. Aber das Punkt-und-Linien-Alphabet hat in den wenigen Jahren seiner Geschichte bereits gezeigt, dass es sich nicht auf diese beiden Sinne beschränkt, sondern sich für alle verständlich macht. Die Botschaft wird natürlich sowohl gehört als auch gelesen. Jeder gute Operator versteht die Geräusche seiner Ticken auf dem fließenden Papierstreifen und auch, wenn er sie sieht. Wenn er um Mitternacht in seinem Feldbett liegt, wird er die vorbeiziehende Nachricht erläutern, ohne ein Licht anzuzünden, um sie zu sehen. Aber das ist nur das, was kann man von jeder geschriebenen Sprache sagen. Sie können diesen Artikel Ihrer Frau vorlesen, oder sie kann ihn vorlesen, wie es ihr lieber ist; das heißt, sie entscheidet, ob es ihr Auge oder ihr Ohr ansprechen soll. Aber das Lang- und Kurzalphabet von Morse und seinen Nachahmern verachtet solch einen engen Bereich. Es spricht jeden der fünf Sinne an, den der Hörer wählt. Diese Tatsache wird durch eine merkwürdige Reihe von Anekdoten veranschaulicht, die, glaube ich, noch nie gedruckt wurden, über jene kritische Depesche , die in einer Nacht dem ganzen Land den Tod von General Taylor verkündete. Die meisten Leser dieser Zeilen haben wahrscheinlich diese Depesche in der Morgenzeitung gelesen. Die Autoren und Herausgeber hatten es gelesen. Für sie war es eine Botschaft ans Auge. Aber die Hälfte der Bediener an den Bahnhöfen *hörte* es anhand des Registerstrichs und wusste es, bevor sie es für die Presse aufschrieben. Für sie war es eine Botschaft ans Ohr. Mein guter Freund Langenzunge hatte diese Ressource nicht. Der General selbst (unter dem er in Palo Alto diente) hatte ihm gerade das Amt des Superintendenten der Rocky Mountain Lines versprochen. Er war mit einem Güterzug über die Baltimore and Ohio Railroad aus Washington zurückgekehrt, als er von der Gefahr hörte, die dem Präsidenten drohte. Langenzunge liebte Old Rough and Ready – und er hatte auch ein schlechtes Gewissen wegen seines eigenen Büros. Aber sein improvisierter Zug beschloss, um Mitternacht für vier tödliche Stunden in einem verlassenen Elendsviertel am Potomac anzuhalten. Was bleibt ihm anderes übrig, als die Leitung hinunter in die Dunkelheit zu gehen, auf einen Telegrafenmasten zu klettern, einen Draht durchzuschneiden und die beiden Enden auf seine Zunge zu legen, um im entscheidenden Moment die Worte zu *schmecken*: „Um halb elf gestorben." ." Armer Langenzunge! er hatte kaum den Mut, den Draht noch einmal zu löten. Cogs erzählte mir, dass sie gerade die Naguadavick -Stationen mit Bains chemischer Drehscheibe ausgestattet hätten . Diese Scheibe ist mit einem Kalisalz geladen, das sich, wenn der elektrische Funke hindurchgeht, in Berliner Blau verwandelt. Ihre Absendung ist geräuschlos in dunkelblauen Punkten und Linien geschrieben. Gerade als die Diskette mit dieser verhängnisvollen Depesche begann und Cogs sich darüber beugte, um zu lesen, explodierte seine Spirituslampe – wie es bei den teuren Dingen so ist. Sie waren außer sich in dem einsamen, dunklen Büro; Aber während die Männer nach Streichhölzern suchten, die nicht gehen wollten, beugte sich Cogs' Schwester Nydia, ein süßes blindes Mädchen, das Bains Alphabet von Dr. Howe in South Boston gelernt hatte, über das chemische Papier und *roch* das Preußen von Kali, wie es sich in Linien und Punkten formte, um die traurige Geschichte zu erzählen. Fast jeder, der es gewohnt ist, die Blindenbücher zu lesen , kann die eingeprägten Morsezeichen mit dem Finger lesen – und so wurde diese Nachricht an allen Mitternachtsstationen gelesen, an denen keine Nachtarbeit erwartet wird und an denen die Unternehmen weder Flüssigkeiten noch Öl liefern . Daher gab es in meinem engen Bekanntenkreis diese gleichzeitigen Vorfälle, in denen dieselbe Botschaft gesehen, gehört, gerochen, geschmeckt und gefühlt wurde. So universell ist das Punkt-und-Linien- Alphabet, denn das von Bain basiert auf dem gleichen Prinzip wie das von Morse.

Der Leser sieht daher zunächst, dass das Punkt-und-Linien-Alphabet von jedem Wesen verwendet werden kann, das alle langen und kurzen Symbole beherrscht – seien es lange und kurze Kerben, wie Robinson Crusoe seine Konten führte, oder lange und kurze Elektrizitätswellen, wie diese, die Valentia in die Bucht von Neufundland schickt, die so prophetisch und treffend „Die Bucht der Bullen" genannt wird. Außerdem hoffe ich, dass der Leser erkennt, dass das Alphabet von jedem intelligenten Wesen verstanden werden kann, das noch über einen der fünf Sinne verfügt – also von allen vernünftigen Menschen, mit Ausnahme der wenigen augenlosen Tauben, die sowohl Geschmacks- als auch Geruchssinn verloren haben in einer völligen Lähmung. Die Nutzung des Morse-Telegraphen ist keineswegs auf die kleine Clique beschränkt, die elektrische Batterien besitzt oder sich damit auskennt. Es ist nicht nur der Torpedo oder der *Gymnotus Electricus* , der uns Nachrichten aus dem Ozean senden kann. Wale im Meer können genauso gut telegrafieren wie Senatoren an Land, wenn sie nur den Unterschied zwischen langen und kurzen Speichen bemerken . Und sie können auch zuhören. Wenn sie nur den Unterschied zwischen lang und kurz bemerken, könnte der Aal auf dem Grund des Ozeans auf seiner glatten Haut die sanften Botschaften unserer Präsidenten spüren, und der Wels blickt in seiner Dunkelheit furchtlos auf die Geheimnisse einer Königin. Jedes Tier, jeder Vogel, jeder Fisch oder jedes Insekt, das zwischen lang und kurz unterscheiden kann, kann das Telegraphenalphabet verwenden, wenn es über genügend Verstand verfügt . Jedes Lebewesen, das hören, riechen, schmecken, fühlen oder sehen kann, kann seine Signale wahrnehmen, wenn es sie verstehen kann. Ein müder Zuhörer in der Kirche kann, indem er sein langes und sein kurzes Gähnen richtig abwechselt, seine Meinung über die Predigt auf der gegenüberliegenden Tribüne äußern, bevor die Predigt beendet ist. Ein dummer Tabakhändler kann mit seinen Kunden in einem Alphabet aus kurzen Sechsern und langen Neunen handeln. Ein belagertes Sebastopol könnte der Entsatzarmee jenseits der Tschernaja-Linie seine Wünsche durch das Lispeln seiner kurzen Paixhans und seiner langen Vierundzwanziger erklären.

DIE LETZTE REISE DER ENTSCHLOSSENEN.

[Ich hatte einige Gelegenheiten, die meiner Meinung nach kein anderer Presseautor hatte, die Resolute bei ihrer Rückkehr von dieser seltsamen Reise zu untersuchen, die die bemerkenswerteste in der Geschichte der Marinen der Welt ist. Und da mir kein anderer gedruckter Bericht über die gesamte Reise bekannt ist als dieser, der im Boston Daily Advertiser vom 11. Juni 1856 veröffentlicht wurde, drucke ich ihn hier noch einmal ab. Die Leser sollten sich daran erinnern, dass die englische Regierung sämtliche Ansprüche auf das Schiff aufgegeben hat; dass die amerikanische Regierung ihr daraufhin die Bergungsgeräte abkaufte, sie komplett umrüstete und sie als Geschenk an die Königin nach England schickte. Die Königin besuchte das Schiff und nahm das Geschenk persönlich entgegen. Die Resolute war seitdem nie mehr auf See. Ich lade die Seite nicht mit Autoritäten; Aber ich habe die Originalberichte der Arktisexpeditionen bei der Erstellung des Papiers sorgfältig studiert und bin davon überzeugt, dass sie durchweg korrekt sind.

Die Reise von New London nach England, auf der sie zurückkam, ist streng genommen ihre letzte Reise. Aber als dieser Artikel gedruckt wurde, war sein Name korrekt.]

* * * * *

Es war im Frühjahr 1852, am frühen Morgen des 21. April, als das robuste englische Entdeckungsschiff Resolute, bemannt mit einer großen Besatzung und dem äußerst männlichen Mann Henry Kellett, seine Liegeplätze in der großen Themse verließ , etwas unterhalb der Altstadt von London, wurde von einem schicken Dampfschlepper ins Schlepptau genommen und machte sich stolz als Mitglied eines guten englischen Geschwaders auf die große Suche der Nationen nach dem verlorenen Sir John Franklin. Es war spät im Jahr 1855, am 24. Dezember, als dasselbe Schiff, wettergegerbt, spärlich getakelt, ohne seine leichteren Masten, ganz im Zustand eines Schiffes, das einen harten Kampf mit Wind, Wasser und Eis hatte Und die Zeit schuf den Leuchtturm von *New* London — wartete auf den Tag und kam vorbei, um in der anderen Themse in *Neuengland vor Anker zu gehen* . An Bord befand sich kein einziger Mann der englischen Besatzung. Der tapfere Kapitän Kellett war nicht da; aber an seiner Stelle ein amerikanischer Meister, der auf seine

Art gleiche Tapferkeit bewiesen hatte. Die sechzig oder siebzig Männer, mit denen sie segelte, waren alle vor mehr als einem Jahr in ihren Häusern. Die elf Männer, mit denen sie zurückkehrte, mussten ihre Anteile verdoppeln und hart arbeiten, um die Plätze der sechzig wieder gutzumachen. Und zwischen dem Tag, an dem die Engländer sie verließen, und dem Tag, an dem die Amerikaner sie fanden, hatte sie fünfzehn Monate und mehr allein verbracht. Sie war vom Eis der arktischen Meere umschlossen. Kein Mensch weiß, wohin sie ging, durch welche engen Gegenden sie ging, wie niedrig ihr Thermometer „Kälte" anzeigte – es ist ein Teil ihrer Geschichte, der nie geschrieben wurde. Auch nicht, was mit ihrem kleinen Beiboot, der „Intrepid", geschah, die in ihrer Nachbarschaft zurückgelassen wurde, „bereit zum Einzug", gerade als sie zurückgelassen wurde. Kein Mann wird jemals von dem Kniff erzählen, der ihr zu viel wurde, von der Öffnung ihrer Nähte und ihrem Verschwinden unter dem Eis. Aber hier ist die robuste Resolute, die ihr tapferer Kommandant am 15. Mai 1854, wie ihm befohlen wurde, „bereit zur Besetzung" zurückließ – und die der tapfere Kapitän Buddington am 10. September 1855 mehr als tausend Meilen vorfand von da an und noch immer als „bereit zur Besetzung" erklärt; – und von dem, was über ihre Geschichte von Alt-London bis Neu-London, von der Themse Alt-Englands bis zur Themse Neu-Englands bekannt ist, werden wir versuchen, die Geschichte zu erzählen; wie es in den Briefen ihrer alten Offiziere geschrieben steht und von den Lippen ihrer neuen Retter erzählt wird.

Wenn Schiffe für die Arbeit in der Arktis in jeden Winkel und jede Eisspur vordringen sollen, die Wind und Dampf überhaupt nachgeben, müssen sie so nahezu unzerstörbar sein, wie der Mensch sie herstellen kann. Für Arbeiten in der Arktis und für Entdeckungsarbeiten gelten daher Schiffe aus Malabar- und Java- *Teakholz* als am besten geeignet. Aus Teakholz gebaute Schiffe gelten als völlig unzerstörbar. Dem verdanken wir die Tatsache, die nun Teil eines seltsamen Zufalls wird, dass eines der Schiffe des alten Kapitän Cook, das mit ihm um die Welt ging, bis vor wenigen Jahren ein Walfänger unter den amerikanischen Walfängern war, die, wie gesagt, wieder auftauchen etwas Vertrautes, die Küsten, die sie als Erste entdeckte. Die englische Admiralität war bestrebt, ein Schiff der besten Bauart, das sie finden konnte, für den arktischen Dienst auszurüsten, und kaufte 1850 die beiden aus Teakholz gebauten Schiffe Baboo und Ptarmigan – und schickte sie zur Umrüstung in ihre eigenen Werften sowie die Baboo wurde zum Helfer – das Schneehuhn wurde zum Entschlossenen ihrer Staffeln zur Entdeckung der Arktis.

Weiß der Leser, dass in der Einsamkeit der arktischen Küsten das Schneehuhn der Vogel ist, der am häufigsten anzutreffen ist? Es ist das Schneehuhn oder Rebhuhn, [15] und oft haben die Schneehühner von Melville Island den hungrigen Offizieren der „Resolute" Sport und sogar Abendessen geboten, völlig unbewusst, dass sie jemals ihr Patenkind gewesen war und ihren Namen abgelegt hatte nur um das zu nehmen, was sie jetzt trägt.

Anfang Mai 1850, genau zu der Zeit, als wir heute wissen, dass der tapfere Sir John Franklin und der Rest seiner Besatzung an der Mündung des Back's River verhungerten, segelte die „Resolute", das Flaggschiff, zuerst in Richtung der arktischen Meere von Commodore Austin, mit dessen kleiner Staffel unser eigener De Haven und seine Männer in der Nähe von Beechey Island so angenehmen Verkehr hatten. Im Verlauf dieser Expedition überwinterte sie vor Cornwallis Island – und kehrte im Herbst des nächsten Jahres nach England zurück.

Wann immer ein Geschwader, ein Mann oder eine Armee nach England zurückkehrt, es sei denn, es liegt der extreme Ausnahmefall vor, dass ein völliger Sieg über ein unbesiegbares Hindernis erfolgt, herrscht immer Unzufriedenheit. Das ist die englische Art. Und so herrschte Unzufriedenheit, als Kapitän Austin mit seinen Schiffen und Männern zurückkehrte. Es bestand auch immer noch die Hoffnung, dass noch eine Spur von Franklin gefunden werden könnte, vielleicht ein Mitglied seiner Gruppe. Darüber hinaus waren zwei der Suchschiffe, die „Enterprise" und die „Investigator", von der Behring-Straße im Westen in die Polarmeere eingedrungen, die möglicherweise Erleichterung brauchten, bevor sie durchkamen oder zurückkehrten . Die Suche in der Arktis wurde zu dieser Zeit zu einer Leidenschaft, und sofort wurde ein neues Geschwader ausgerüstet, um im Frühjahr 1852 die Meere zu erobern. Dieses Geschwader bestand wiederum aus der „Assistance" und der „Resolute", die seit ihrer Rückkehr umgerüstet worden waren. der „Intrepid" und „Pioneer", zwei Dampfschiffe, die als Beiboote für die „Assistance" bzw. „Resolute" dienten, und der „North Star", die ebenfalls in diesen Regionen gewesen war und nun als Lagerschiff für die „Resolute" diente Rest des Geschwaders. Zum Befehlshaber des gesamten Schiffes wurde Sir Edward Belcher ernannt, ein Offizier, der bei einigen früheren Arktisexpeditionen gedient hatte. Offiziere und Mannschaften meldeten sich in großer Zahl freiwillig für den Dienst, und diese fünf Schiffe stellten daher eine Gruppe von Männern an Bord, die mehr Erfahrung mit den nördlichen Meeren zusammenbrachten als jede Expedition, die sie jemals besucht hatte.

Von diesen hatte Kapitän Henry Kellett das Kommando über die „Resolute" und war der Zweitdienstälteste nach Sir Edward Belcher, der die „Assistance" zum Flaggschiff machte. Es zeigt, was für ein Mensch er war, wenn man sagt, dass er mehr als zehn Jahre lang nur einen Teil davon in England verbrachte und sich die restliche Zeit auf einer antipodischen Hemisphäre oder einer hyperboreischen Zone aufhielt. Bevor der tapfere Sir John Franklin aussegelte, befand sich Kapitän Kellett im Pazifik. Gerade als er nach Hause zurückkehren wollte, wurde ihm befohlen, ins arktische Meer zu gehen, um nach Sir John zu suchen. Drei Jahre hintereinander passierte er mit seinem Schiff „Herald“ die Behring-Straße und weit in den Arktischen Ozean hinein. Er entdeckte „Herald Island“, das am weitesten entfernte Land, das dort bekannt ist. Er war einer der letzten Männer, die McClure im „Investigator“ sahen, bevor sie von Nordwesten in die Polarmeere eindrang. Er schickte drei seiner Männer an Bord dieses Schiffes, um sie alle, wie wir sehen werden, in einer seltsamen Umgebung wiederzutreffen. Nach mehr als sieben Jahren dieses Lebens im Pazifik und in der Arktis kehrte er im Mai oder Juni 1851 nach England zurück und meldete sich im nächsten Winter freiwillig, um mit unserem Schiff, der „Resolute“, die östliche Annäherung an die gleichen arktischen Meere zu versuchen. Einige seiner alten Offiziere segelten mit ihm.

Wir wissen nichts über Kapitän Kellett als das, was aus seinen eigenen Briefen, Depeschen und Anweisungen hervorgeht, wie sie jetzt in riesigen parlamentarischen Blaubüchern abgedruckt sind, und was aus den Depeschen und Briefen seiner Offiziere und seines Kommandanten hervorgeht. Aber diese Papiere zeichnen das Bild eines energischen, herzlichen Mannes, freundlich zu seiner Mannschaft und ein großer Favorit bei ihnen, mutig in allen Prüfungen, stets rücksichtsvoll, großzügig gegenüber seinen Offizieren, der auf ihre Integrität vertraut; Kurz gesagt, ein Mann, von dem die Welt gerne mehr hören wird. Sein Kommandeur, Sir Edward Belcher, der nach den gleichen Maßstäben geprüft wurde, scheint ein mutiger und bereitwilliger Mann zu sein, der dazu neigt, von sich selbst zu reden, nicht sehr rücksichtsvoll gegenüber seinen Untergebenen, überzeugt von seiner eigenen Meinung; kurz gesagt, ein Mann, mit dem man nicht gerne drei arktische Winter verbringen würde. Während wir die Schicksale der „ Resolute “ verfolgen , werden wir viel mit ihm zu tun haben. Von Kapitän Kellett werden wir die ganze Zeit etwas sehen, bis zu dem Tag, an dem er sie traurigerweise, wie von Sir Edward Belcher befohlen, „bereit zur Besetzung“ zurückließ.

Mit einem solchen Kapitän und etwa sechzig Mann verließ die „Resolute“ am 21. April 1852 im grauen Morgen ihre Liegeplätze, um sich auf die Suche nach Sir John Franklin zu machen. Der tapfere Sir John war vor zwei Jahren gestorben, aber niemand wusste das und flüsterte es auch nicht. Der Flussdampfschlepper „Monkey“ nahm sie ins Schlepptau, andere Dampfer nahmen die „Assistance“ und die „North Star“; Die „Intrepid“ und die „Pioneer“ nahmen ihre eigene Fahrt auf, und unter dem Jubel der kleinen Gruppe, die sich in Greenhithe versammelt hatte, um sie zu verabschieden, fuhren sie die Themse hinunter. An der Nore übernahm das Dampfschiff „Desperate“ die „Resolute“, Sir Edward Belcher gab das Signal „Orkneys“ als Treffpunkt, und in vier Tagen war sie dort, im Außenhafen von Stromness . Hier gab es eine kleine Verschiebung von Proviant und Kohlensäcken, diejenigen der Männer, die an Land gelangen konnten, verschwendeten ihr Taschengeld, und dann, am 28. April, verabschiedeten sie und sie sich auf britischem Boden. Und obwohl sie es schon vor langer Zeit wieder willkommen geheißen haben, hat sie es von damals bis heute nicht mehr gesehen.

Der Dampfer „Desperate" nahm sie ins Schlepptau, sie schickte ihre eigenen Schleppleinen zur „North Star", und drei Tage lang zogen sie in dieser Prozession mit einem so wilden und seltsamen Namen weiter nach Westen in Richtung Grönland – einem Zug Das hätte jeden alten Wikinger erschreckt, wenn er sich darauf eingelassen hätte, da ständig ein frischer Sturm wehte und „eine üble See" herrschte. Am vierten Tag rissen alle Schleppleinen oder wurden abgeworfen, doch Neptun und die Winde forderten ihre Macht und die „Resolute" versuchte ihre eigenen Kräfte. Die Schleppdampfer wurden in ein paar Tagen nach Hause geschickt und das Geschwader sich selbst überlassen.

Wir haben in diesem kurzen Artikel zu viel zu erzählen, als dass wir uns mit den Einzelheiten ihrer Besuche bei den gastfreundlichen Dänen Grönlands oder ihrer Reise durch das Eis der Baffin's Bay befassen könnten. Aber hier gibt es einen Vorfall, der, wie das Ereignis bewiesen hat, Teil eines einzigartigen Zufalls ist. Am 6. Juli schloss sich das gesamte im Eis verwickelte Geschwader einer Walfängerflotte an, die durch eine vorübergehende Lücke zwischen den riesigen Massen darin bedrängt wurde. Die „Resolute" war zusammen mit der „Assistance" und der „Pioneer" an der Spitze einer Bucht im Eis gefangen, wurde dort für den Notfall angedockt und blieb, als sich das Eis hinter ihr schloss, für eine Weile inhaftiert. Währenddessen passierte der Rest der Flotte, Walfänger und Entdeckungsschiffe, eine kleine Wasserstraße, an der Spitze der amerikanische Walfänger „McLellan". Diese „McLellan" war eines der Schiffe der temperamentvollen Kaufleute aus New London, der Herren Perkins & Smith, von denen ein anderes Schiff nun die „Resolute" gefunden und sich in ihrer Not in diesen Meeren mit ihr angefreundet hat. Die „McLellan" war dort ihr Pionierschiff.

Der „North Star" des englischen Geschwaders folgte der „McLellan". Dahinter erstreckte sich ein langer Zug. Walfänger und Regierungsschiffe, wie sie zufällig in einer Reihe standen, waren eine dreiviertel Meile lang. Es war schönes Wetter, und obwohl die lange Straße gesperrt war, so dass sie weder zurück noch vorwärts gehen konnten, befürchtete niemand eine Verletzung, bis am Morgen des 7. bekannt gegeben wurde, dass die arme „McLellan" im Eis eingeklemmt worden sei Die Besatzung ließ sie im Stich. Sir Edward Belcher war damals in der Lage, sich mit ihr anzufreunden, schickte seine Zimmerleute, um sie zu untersuchen, legte ein paar Ladungen Pulver in das Eis, um den Druck auf sie zu lindern, und am Ende des Tages war man sich einig, dass ihre Verletzungen dies könnten repariert werden, und ihre Besatzung ging wieder an Bord. Aber es ist nicht abzusehen, was Eis als nächstes tun wird. Am nächsten Morgen wehte ein frischer Wind, die

„McLellan" wurde wieder gefangen und das Wasser ergoss sich in einen stetigen Strom. Sie trieb unkontrollierbar umher, bald in ein Schiff, bald in ein anderes, und die englischen Walfänger begannen an Bord zu strömen, um sich an der Beute zu bedienen, die sie wollten. Auf Ersuchen des Kapitäns machte Sir Edward Belcher dem ein Ende und schickte Wachposten und Arbeitstrupps an Bord, um das Schiff so weit wie möglich zu räumen und Buch darüber zu führen, was seine Vorräte waren und wohin sie gingen. In ein oder zwei weiteren Tagen sank sie an den Rand des Wassers und ein oder zwei freundliche Ladungen Pulver brachten sie aus der Gefahrenzone für den Rest der Flotte. Nach so einer gemeinsamen Woche wird es leicht verständlich, dass sich die Walfänger von New London an Bord eines von Sir Edwards Schiffen nicht fremd fühlten, als sie es drei Jahre und mehr später „bereit zur Besetzung" vorfanden.

Bei diesem Kampf mit dem Eis wurde die „Resolute" ein- oder zweimal eingeklemmt, aber seitdem hat sie noch härtere Eindrücke erlebt. Als der Juli zu Ende ging, machte sie sich auf den Weg über die Baffin's Bay und erreichte am 10. August Beechey Insel – seit Jahren als Hauptquartier der Suchgeschwader bekannt, weil zufällig die letzten Spuren von Franklins Schiffen gefunden wurden – der Überwinterungsort seines ersten Winters. Aber Kapitän Kellett befand sich auf der sogenannten „Western-Suche" und blieb nur auf Beechey Island, um seinen Proviant aus den Lagerschiffen zu vervollständigen und in den wenigen Tagen, die dafür benötigt wurden, die traurigen Erinnerungen an Franklins Gruppe mit eigenen Augen zu sehen – und dann machten sich die „Resolute" und die „Intrepid" auf den Weg durch die Barrow-Straße – auf der Strecke, die Parry vor dreiunddreißig Jahren mit großem Erfolg beschritten hatte und die bis jetzt noch niemand mit so viel Glück beschritten hatte wie er .

Am 15. August war Kapitän Kellett unterwegs; verabschiedete sich von der Gruppe auf Beechey Island und sollte sein Glück als unabhängiger Befehlshaber versuchen. Beim Start hatte er nicht besonders viel Glück. Der Leser muss sich daran erinnern, dass ein großes Ziel dieser Arktisexpeditionen darin bestand, Proviant für hungernde Männer zu hinterlassen. Zu diesem Zweck und für eigene Reisegruppen über das Eis sollte Kapitän Kellett ein Depot in Assistance Bay hinterlassen, nur etwa dreißig Meilen von Beechey Island entfernt. Als die „Resolute" zu diesem Zweck näherkam , lief sie auf Grund, hatte nur noch sieben Fuß Wasser, das Eis warf sie auf die Steuerbordbilge, und sie war fast verloren. Allerdings ist sie noch nicht ganz verloren, sonst sollten wir ihre Geschichte nicht erzählen. Um Mitternacht wurde sie abgesetzt und ließ 60 Fuß ihres falschen Kiels zurück. Kapitän Kellett machte in ihr weiter, hinterließ hier ein Depot und dort ein anderes und war am Ende des kurzen arktischen Sommers so weit nach Westen vorgedrungen wie Sir Edward Parry. Hier ist der westlichste Punkt, den der Leser auf den meisten Karten weit im Norden Amerikas finden wird: die Melville-Insel von Captain Parry. Kapitän Kelletts Mitarbeiter, Kapitän McClintock von der „Intrepid", hatte die einzige Gruppe kommandiert, die seit Parry hier gewesen war. 1851 kam er mit einer Schlittengruppe von Austins Geschwader herüber. Jeder dort ist so zuversichtlich, dass niemand diese Gegend besucht hat, es sei denn, er wurde geschickt, dass McClintock seine Männer eines Tages ermutigte, indem er ihnen sagte, wenn sie gut miteinander auskämen, sollten sie einen alten Karren haben, den Parry vor etwa dreißig Jahren zurückgelassen hatte ein Feuer machen. Sicher genug; Sie kamen an den Ort und dort lag das Wrack des Karrens, gerade als Parry ihn verließ. Sie fanden sogar die Spurrillen, die der alte Karren im Boden hinterlassen hatte, als wären sie eine Woche lang nicht dort gewesen. Kapitän Kellett kam in den Hafen und mit großem Elan begannen er und seine Offiziere, sich auf die ausgedehnten Suchtrupps im nächsten Frühjahr vorzubereiten. Die „Resolute" und ihr Beiboot gingen vor Dealy vor Anker Island , und dort verbrachte sie die nächsten elf Monate ihres Lebens, mit großartigen Neuigkeiten in dieser Zeit.

Im Herbst bleibt nicht viel Zeit zum Reisen. Die Tage werden sehr kurz und sehr kalt. Aber was, Tage wurden damit verbracht , Karren und Schlitten mit Proviantdepots auszusenden, die die Parteien des nächsten Frühlings nutzen konnten. Bereits im Frühjahr wurden unterschiedliche Beamte verschiedenen Fahndungslinien zugeteilt. Auf ihren Reisen waren sie drei Monate oder länger unterwegs, zusammen mit einer Gruppe von etwa acht Männern, und zogen einen Schlitten, der einem Yankee-Holzschlitten ähnelte, mit ihren Instrumenten und Proviant über Eis und Schnee. Um diese Suchvorgänge so weit wie möglich auszudehnen und die Männer auf diese Arbeit vorzubereiten, wenn sie kommen sollte, wurden nun im Herbst vorgeschobene Depots unter der Leitung der Herren vorgeschickt, die sie im Frühjahr nutzen mussten.

Eine dieser Gruppen, die Gruppe „Südlinie von Melville Island", stand unter dem temperamentvollen jungen Offizier Mr. Mecham, der sich bei der letzten Expedition in solchen Diensten bewährt hatte. Er hatte zwei der „Schlitten Ihrer Majestät", „The Discovery" und „The Fearless", ein Depot mit Vorräten für zwanzig Tage, die im Frühjahr genutzt werden sollten, und genug für den jetzigen Gebrauch von fünfundzwanzig Tagen. Alle Schlitten hatten kleine Fähnchen, die von einigen jungen Freundinnen von Sir Edward Belcher hergestellt worden waren. Mr. Mecham trug eine bewaffnete Hand und ein Schwert auf weißem Grund, mit dem Motto: „ *Per mare, per terram , per glaciem* ". *Über Schlamm* , Land, Schnee und Eis trugen sie ihr Depot und waren fast zurück, als es weiterging Am 12. Oktober 1852 machte Herr Mecham die große Entdeckung der Expedition.

An der Küste von Melville Island, oberhalb von Winter Harbor, befindet sich ein großer Sandsteinblock, zehn Fuß hoch, sieben oder acht Fuß breit und zwanzig oder mehr lang, der allen, die etwas mit diesen Regionen zu tun

haben, als „Parrys Sandstein" bekannt ist „Denn es stand in dem Winter, den Parry hier verbrachte, in der Nähe von Parrys Observatorium, und Mr. Fisher, sein Chirurg, schnitt in eine flache Seite die Inschrift ein: –
SEINE BRITISCHE MAJESTÄT
SCHIFFE HECLA UND GRIPER,
BEFEHL VON
WIR PARRY UND MR. LIDDON ,
ÜBERWINTERT IM ANGRENZENDEN
HAFEN 1819-20.
A. FISHER, SKULPTUR.
Es war eine Art Gottesterminus, der zum Ende dieser Expedition errichtet wurde, da die dänischen Herren uns sagen, dass unser Dighton-Felsen der letzte Punkt von Thorfinns Expedition in diese Gegend ist. Über dreißig Jahre lang kam niemand mehr, um Mr. Fishers Inschrift zu lesen – ein kleiner Schneehase ließ sich unter dem großen Felsen nieder und sah zum ersten Mal das Gesicht eines Menschen, als Mr. McClintock hatte auf seiner ersten Expedition auf diese Weise angehalten, um zu sehen, ob möglicherweise einer von Franklins Männern jemals dort gewesen war. Er fand keine Anzeichen von ihnen, hatte nicht so viel Zeit wie Mr. Fisher für das Steinschneiden, sondern schnitzte die Figuren 1851 in den Stein und ließ ihn und den Hasen zurück. Auf dem Weg zurück zur „Resolute" kam Herr Mecham am 12. Oktober, einem denkwürdigen Dienstagmorgen, erneut (wie wir sagten) zu diesem Stein, nachdem ihm aufgetragen worden war, dort eine Aufzeichnung zu hinterlassen. Er ging seiner Gruppe voraus und hatte vor, 1852 in den Stein zu schneiden. Darüber befand sich ein kleiner Steinhaufen, den Herr McClintock im Jahr zuvor errichtet hatte. Mecham untersuchte dies und zu seiner Überraschung rollte ein Kupferzylinder unter einer Spiritusdose hervor. „Als ich es öffnete, zog ich eine in einer Blase gefaltete Rolle heraus, die, als sie gefroren war, zerbrach und zerbröckelte. Aufgrund ihres heruntergekommenen Aussehens dachte ich im Moment, dass es sich um eine Aufzeichnung von Sir Edward Parry handeln musste, und fürchtete, ich könnte sie beschädigen Ich legte es hin, mit der Absicht, das Feuer anzuzünden, um es aufzutauen. Meine Neugier siegte jedoch über meine Vorsicht, und als ich es vorsichtig mit meinem Messer öffnete, stieß ich auf eine Rolle Patronenpapier mit dem frischen Aufdruck auf den Siegeln. Mein Erstaunen kann man sich vorstellen, als ich herausfand, dass es einen Bericht über die Vorgehensweise des HM-Schiffes „Investigator" seit der Trennung von der „Herald" [Captain Kelletts altem Schiff] im August 1850 in der Behring-Straße enthielt. Außerdem eine Karte, die zur Ansicht freigegeben wurde nicht nur die lang ersehnte Nordwestpassage, sondern auch der Abschluss der Vermessung der Banks- und Wollaston-Gebiete. Ich öffnete und bestätigte die Depesche von Commander McClintock und stellte fest, dass sie die folgenden Ergänzungen enthielt:

„„Geöffnet und kopiert von seinem alten Freund und Messkameraden an diesem Tag, dem 28. April 1852.
ROBERT McCLURE
„„Alles gut und kehre noch heute zum Investigator zurück.““

Es ist in der Tat eine großartige Entdeckung, einem im Handumdrehen auf die Schliche zu kommen. Von dem „Ermittler" hatte man seit mehr als zwei Jahren nichts mehr gehört. Hier war die Nachricht, dass sie noch keine sechs Monate alt war. Von der Nordwestpassage hatte man schon seit mehr als drei Jahrhunderten geträumt. Hier waren Neuigkeiten von seiner Entdeckung, Neuigkeiten, die Kapitän McClure seit zwei Jahren bekannt waren. McClure und McClintock waren gemeinsam Leutnants in der „Enterprise", als sie 1848 zu Sir John Franklin geschickt wurde, und überwinterten im nächsten Winter gemeinsam in Port Leopold. Nun waren sie aus verschiedenen Hemisphären so nahe gekommen, sich an diesem alten Sandsteinblock zu treffen. Mr. Mecham befahl seinem Gefährten, einen neuen Steinhaufen zu bauen, um die Geschichte niederzuschreiben, und eilte mit seinen großartigen Neuigkeiten zur „Resolute" weiter – Neuigkeiten von fast allen außer Sir John Franklin. Merkwürdigerweise hatte die andere Expedition, die von Kapitän Collinson, in dieser Nachbarschaft, zwischen den beiden anderen, unter Mr. Parks eine Party veranstaltet; aber es war sein höchstmöglicher Punkt, und er konnte den Sandstein nicht erreichen, obwohl er die Spurrillen von McClures Schlitten sah. Dies wurde erst lange danach bekannt.

Der „Investigator", wie aus dieser Depesche von Captain McClure hervorgeht, war in der Bay of Mercy von Banks Land eingefroren: Banks Land war dreißig Jahre lang gleichzeitig ein Ultima Thule und Terra Incognita gewesen, auf den Karten verzeichnet, wo Kapitän Parry sah es 1819 über dreißig Meilen Eis und Wasser. Vielleicht befand es sich immer noch in derselben Bucht: diese alten Freunde überwinterten dort, während die „Resolute" und die „Intrepid" unter Dealy Island lagen , und nur einhundertsiebzig Meilen dazwischen. Es muss für alle Beteiligten verlockend gewesen sein, den Winter zu warten und nicht einmal eine Botschaft zu vermitteln. Aber bis es im Winter zu kalt und dunkel zum Reisen wurde, war das Eis in der Meerenge so aufgebrochen, dass es aufgrund der Wasserwege unmöglich war, selbst mit einem leichten Boot zu versuchen, sie zu überqueren. So fanden die verschiedenen Herbstpartys statt, die letzte am letzten Oktober, und die Offiziere und Mannschaften begannen mit ihrer Winterarbeit und Freizeit, um die Wintertage so schnell wie möglich hinter sich zu lassen.

Der Winter war sehr streng; und es zeigte sich, dass sie, als die „Resolute"
lag, dem Wind ziemlich ausgesetzt waren. Aber sie hielten sich beschäftigt,
übten sich ungehindert, fanden Wild in angemessener Entfernung an der
Küste, wann immer es das Licht erlaubte, ziemlich reichlich, hielten Schulen
für die Männer, hielten wissenschaftliche Vorträge für jeden, der zuhörte,
und richteten das Theater ein, für das das Schiff diente war zu Hause
bereitgestellt worden – und sorgte für Abwechslung bei
Jongleurvorführungen. Das neue System der Reisen im Herbst und Frühling
verkürzt die Länge der arktischen Winter, wie sie Ross, Parry und Back früher
erlebten, erheblich, und nur vom 1. November bis zum 10. März blieben sie
übrig auf ihre eigenen Ressourcen. Ende Oktober starb einer der „ Resolute
"-Männer und im Dezember einer der „ Intrepid " , aber abgesehen von
diesen Fällen waren sie kaum krank, wochenlang stand niemand auf der
Krankenliste; Tatsächlich sagt Kapitän Kellett fröhlich, dass eine
ausreichende Versorgung mit gutem Proviant und viel Arbeit im Freien in
diesem Klima für eine gute Gesundheit sorgen werden.

So früh im Frühjahr, als er es wagte, eine Reisegruppe zu wagen, nämlich am
10. März 1853, schickte er das, was alle eine verlassene Hoffnung nannten,
in die Bay of Mercy, um irgendwelche Spuren des „Ermittlers" zu finden;
denn sie wagten kaum zu hoffen, dass sie noch da war. Dieser Start erfolgte
um fünfunddreißig Tage früher als die ersten Gruppen der vorangegangenen
Expedition. Aber wenn Kapitän McClure in der Bay of Mercy überwintert
hatte, war es in jeder Hinsicht wichtig, dass der Bote ihn erreichte, bevor er
im Frühjahr einige oder alle seiner Männer in Reisetrupps losschickte. Die
kleine verlassene Hoffnung bestand aus zehn Männern unter dem
Kommando von Leutnant Pirn, einem Offizier, der mit Kapitän Kellett auf
der „Herald" auf der Pazifikseite gewesen war, einen Winter auf der „Plover"
oben in der Behring-Straße verbracht hatte und einer von ihnen war der
letzten Männer, die der „Ermittler" gesehen hatte, bevor sie in den
Arktischen Ozean fuhren, um, wie sich herausstellte, die Nordwestpassage
zu entdecken.

Hier müssen wir einen Moment innehalten, um zu erzählen, was für eine
dieser Schlittengruppen es sich handelt, durch deren Bemühungen unser
Wissen über die Geographie der Arktis auf Reisen so viel erweitert wurde,
was mit Schiffen oder Booten niemals möglich gewesen wäre. Im Rahmen
der Arbeit der „ Resolute "-Truppen reisten in diesem Frühjahr 1852
Commander McClintock 1.325 Meilen mit seinem Schlitten und Lieutenant
Mecham 1.163 Meilen mit seinem Schlitten durch Gebiete, die zuvor völlig
unerforscht waren. Der Schlitten ähnelt, wie bereits erwähnt, im Großen und
Ganzen einem Yankee-Holzschlitten und ist etwa elf Fuß lang. Die Kufen
sind an jedem Ende gebogen. Der Schlitten ist mit einer leichten
Segeltuchwanne ausgestattet, die so eingestellt ist, dass im Bedarfsfall alle
Vorräte usw. über jede schmale Wasserspur im Eis transportiert werden

können. Auf diesem Schlitten sind ein Zelt für acht oder zehn Männer und fünf oder sechs Spieße untergebracht, von denen einer oder mehrere als Eismeißel befestigt sind. zwei große Büffelfelle, ein wasserdichtes Bodentuch, das kunstvoll ist

"Eine doppelte Schuld zu begleichen,
Ein Boden bei Nacht, das Segel des Schlittens bei Tag.
(und es muss beachtet werden, dass "Tag" und "Nacht" in diesen Regionen sehr zweideutige Begriffe sind). Außerdem gibt es einen Kochapparat, aus dem das Feuer in Spiritus- oder Talglampen gemacht wird, ein oder zwei Gewehre, eine Spitzhacke und eine Schaufel, Beobachtungsinstrumente, Pfannen, Löffel und ein kleines Magazin mit solchen Notwendigkeiten zusätzliche Kleidung der Party. Dann besteht der Proviant, dessen Vorrat die Länge der Expedition misst, aus etwa einem Pfund Brot und einem Pfund Pemmikan pro Mann und Tag, sechs Unzen Schweinefleisch und etwas eingemachter Kartoffel, Rum, Limettensaft und Tee , Schokolade, Zucker, Tabak oder andere derartige Annehmlichkeiten. Der Schlitten ist mit zwei Schleppseilen ausgestattet, an denen die Männer ziehen. Der Offizier macht sich auf die Suche nach dem besten Weg zwischen Eishügeln oder Schneemassen. Manchmal wird auf einer glatten Eisscholle vor dem Wind das Bodentuch für ein Segel ausgelegt, und es rennt fröhlich davon, vielleicht mit mehreren Besatzungsmitgliedern an Bord, während der Rest rennt, um mitzuhalten. Aber manchmal ist es auf gebrochenem Eis eine ständige Aufgabe, sie überhaupt zum Laufen zu bringen. Man hört den ganzen Tag "Eins, zwei, drei, *schleppen* ", während sie von einem Eis-"Wiegenloch" über einen Hügel in einen anderen bewegt wird. Verschiedene Parteien wählen unterschiedliche Reisezeiten. Kapitän Kellett kam schließlich zu dem Schluss, dass die beste Zeiteinteilung, wenn sie wie üblich ständiges Tageslicht hatten, darin bestand, um vier Uhr nachmittags aufzubrechen, bis zehn Uhr nachmittags zu reisen, dann *zu frühstücken* , zu zelten und vier Stunden auszuruhen; Vier weitere Stunden reisen, zelten, essen und neun Stunden schlafen. Dies sicherte den Schlaf, wenn die Sonne am höchsten stand und die Augen am meisten strapazierte. Die mit dieser Ausrüstung zurückgelegten Distanzen sind wirklich überraschend. Jeder Mann ist natürlich so warm gekleidet, wie Flanell, Wollstoff , Leder und Robbenfell ihn kleiden. Bei so langen Reisen wird das Studium von Stiefeln zu einer Wissenschaft, und unsere Behörden sind voller Diskussionen über Segeltuch- oder Wollstiefel , Teppich- oder Lederstiefel, Schnüre und Schnallen. Wenn die Zeit zum "Zelten" gekommen ist, werden die Hechte an den Zeltstangen angebracht und das Zelt mit der Tür nach Lee auf dem Eis oder Schnee aufgestellt. Für den Teppich wird der Bodenbelag verlegt. Zu einer festgelegten Stunde müssen alle Gespräche aufhören. Es gibt gerade genug Platz, damit die Gruppe nebeneinander auf dem Bodentuch liegen kann. Jeder Mann steigt in einen langen Filzsack aus schwerem Filz, der

buchstäblich fast einen halben Zoll dick ist. Er zieht es ganz über seinen Kopf und knöpft es zu. Er hat ein kleines Loch darin, durch das er atmen kann. Über dem Filz befindet sich manchmal eine braune Holland-Tasche, die Feuchtigkeit fernhalten soll. Der Offizier liegt am weitesten im Zelt, da er dem Wind am nächsten liegt, der Punkt der Not und damit der Ehre. Der Koch des Tages liegt neben der Tür und wird als erster gerufen. Seite an Seite liegen die anderen dazwischen. Über sie alle sind Mackintosh-Decken mit Büffelgewändern gezogen, durch welche Macht dieser Sprecher es nicht sagt, da er es nicht weiß. Es wird keine Wache gehalten, denn die Gefahr eines Eindringens ist gering. Einmal wurde eine ganze Gruppe von einem weißen Bären aufgeschreckt, der sie anschnüffelte, und der einen ihrer Hunde weckte, und sie hatten eine lustige Zeit damit, indem sie in ihre Säcke gehüllt in die Arme sprangen. Aber wir erinnern uns an keinen anderen Fall, in dem ein Wächter benötigt wurde. Und gelegentlich vermerkt der Beamte in den Tagebüchern, dass er morgens verschlafen und nicht früh genug „den Koch gerufen" habe. Was für eine Leidenschaft ist freilich der Schlaf, wenn man mit solchen Annehmlichkeiten um sich herum verschläft!

Etwa dreißig oder vierzig so ausgerüstete Gruppen machten sich von der „Resolute" aus auf den Weg zu verschiedenen Expeditionen, während sie unter Kapitän Kelletts Führung stand. Da die Reise von Leutnant Pim zur „Investigator" in Banks Land der große Sieg ihrer Reise war, wollen wir dies als Beispiel für alles stehen lassen. Keines der anderen wurde jedoch zu einem so frühen Zeitpunkt des Jahres unternommen, und andererseits dauerten einige andere viel länger – einige von ihnen nahmen, wie gesagt, drei Monate und mehr in Anspruch.

Leutnant Pim war im Herbst mit der „Banks-Land-Suche" beauftragt worden und hatte seine Proviantdepots abgewickelt, als die anderen Offiziere ihre Vorräte mitnahmen. Die Karte und die Depesche von Kapitän McClure machten es nicht länger notwendig, diese Küste vermessen zu lassen, machten es aber umso notwendiger, jemanden zu haben Geh und schau, ob er noch da ist. Die Chancen standen dagegen eher gering, da ein ganzer Sommer vergangen war, seit er von ihm gehört hatte. Leutnant Pim schlug jedoch vor, rund um Banks Land zu reisen, eine Insel von der Größe und Form Irlands, auf der Suche nach ihm, Collinson, Franklin oder sonst jemandem. Kapitän Kellett wies ihn jedoch an, dies nicht mit seiner Truppe zu versuchen, sondern auf dem von ihm eingeschlagenen Weg zum Schiff zurückzukehren. Zuerst sollte er zur Bay of Mercy gehen; Wenn der „Ermittler" verschwunden war, sollte er allen Spuren von ihr folgen und, wenn möglich, mit ihr oder ihrem Gefährten, der „Enterprise", kommunizieren.

Leutnant Pim startete mit einem Schlitten und sieben Männern und einem Hundeschlitten mit zwei unter Dr. Domville , dem Chirurgen, der dem Kapitän die ersten Nachrichten aus der Bay of Mercy zurückbringen sollte.

Für den Teilweg und den Rückweg gab es einen Hilfsschlitten. Für die starke Kälte dieser frühen Jahreszeit trafen sie noch sorgfältigere Vorkehrungen als die, die wir beschrieben haben. Ihr Zelt wurde verdoppelt. Sie hatten zusätzliche Mackintosh-Modelle und alles, was man sich sonst noch ausdenken konnte. Sie hatten beim Start Pech : Ein Schlitten ging kaputt und musste einen anderen zurückschicken. Hatte schlechtes Wetter und musste einmal für drei Tage lagern. „Zum Glück", sagt der Leutnant dieses Lagers, „stieg die Temperatur von 51 Grad unter Null auf 36 Grad unter Null, und das blieb so", während sich die Strömung um die Zelte herum so stark ansammelte, dass in ihnen das Thermometer brannte nur zwanzig unter und stieg beim Kochen auf Null. Es muss eine angenehme Zeit gewesen sein, die sie dort drei Tage lang auf dem Eis verbracht haben, in ihren Taschen rauchend und schlafend! Kein Wunder, dass sie am vierten Tag feststellten, dass sie sich langsam bewegten, so eingeengt und gefühllos waren sie. Heute Morgen kam ein neuer Schlitten vom Schiff zu ihnen; Sie holten ihre Koffer, packten und machten sich wieder auf den Weg. Sie rannten immer noch am Ufer entlang, schickten aber bald den Hilfstrupp zurück, der den neuen Schlitten gebracht hatte, und machten sich in ein paar weiteren Tagen auf den Weg, um die etwa 25 bis 30 Meilen breite Meerenge zu überqueren, die, wenn sie offen ist, wie noch nie ein Mensch gesehen hat, ist eine der Nordwestpassagen, die bei diesen Expeditionen entdeckt wurden.
Es war eine schreckliche Arbeit! Es war neblig und dunkel, sodass sie sich die Straße nicht aussuchen konnten, und zufällig landeten sie auf der schlimmsten Eismasse im Kanal. Gerade als sie es betraten, musste unbedingt ein schwarzer Rabe erscheinen. „Pech gehabt", sagten die Männer. Und als Herr Pim zum ersten Mal einen Moschusochsen erschoss und die verwundete Kreatur entkam: „So viel zum Raben", krächzten sie erneut. Nur drei Meilen am ersten Tag, vier Meilen am zweiten Tag, zweieinhalb am dritten und eine halbe Meile am vierten; Das war alles, was sie dadurch erreichten, dass sie mühsam über das zerbrochene Eis schleppten, einen Schlitten nach dem anderen schleppten und manchmal die Vorräte einzeln vorwärts trugen und zurückgingen, um die Schlitten zu holen. Zwei weitere Tage brachten ihnen acht Meilen mehr, aber am siebten Tag rutschte der große Schlitten auf dieser schmalen Meerenge, da die Schleppleistung etwas besser war, von einem glatten Hügel, brach eine Kufe und zerschmetterte sie, und „da waren sie".
Wenn sich die beiden Offiziere da draußen auf dem Eis ein wenig „streiten" würden, mit einem Thermometer von achtzehn Grad unter Null, nur ein kleiner Hundeschlitten, um sie irgendwohin zu bringen, ihr Schiff hundert Meilen entfernt, vierzehn Tage Reise wie sie war gekommen, niemand wusste es jemals; Sie haben ihr Geheimnis vor uns geheim gehalten, es geht niemanden etwas an und es ist nicht zu verwundern. Sicherlich waren sie nicht einverstanden. Der Doktor, dessen Schlitten, der „James Fitzjames ",

noch intakt war, meinte, sie sollten am besten die Vorräte verlassen und alle zurückgehen; Aber der Leutnant, der das Kommando hatte, wollte es nicht aufgeben, also nahm er die Hunde und die „James Fitzjames " und ihre beiden Männer und ging weiter, ließ den Doktor auf der Eisscholle zurück, gab ihm aber den Weg zurück mit dem verwundeten Schlitten zu landen und auf seine Rückkehr zu warten. Und der Doktor tat es, wie ein temperamentvoller Kerl, der hin und her reiste, um etwas zu holen, das er auf einer Reise nicht ertragen konnte, wie der Mann in der Geschichte, der ein Stück Mais, eine Gans und einen Wolf hatte, um über den Fluss zu gelangen . Über das Eis, über den Hügel zog der Leutnant mit seinen Hunden weiter, ohne einen Bären, einen Seehund, einen Hasen oder einen Wolf, mit dem er sie füttern konnte: konserviertes Fleisch, das mit viel Sorgfalt für Männer und Frauen zubereitet worden war, ganz er Hätten die gefräßigen, geschmacklosen Kreaturen, die sich über Speck mehr gefreut hätten, endlich nach Banks Land gekommen, aber dort gab es kein Wild; schreckliche Drifts; einen ganzen Tag im Zelt eingesperrt, und er selbst war so krank, dass er kaum stehen konnte! Insgesamt waren es nur drei; und der Kapitän des Schlittens fragte den armen Pim nicht unnatürlich , als er am schlimmsten war: „Was soll ich tun, Sir, wenn Sie sterben?" Keine sehr beruhigende Frage! Er ist nicht gestorben. Er schlief ein paar Stunden, fühlte sich besser und fing wieder von vorne an, aber als er im letzten Jahr solche Anzeichen einer offenen Meerenge fand, war er entmutigt und war sich sicher, dass das Schiff, nach dem er suchen wollte, verschwunden sein würde. Eines Morgens war er erfolglos auf Jagd nach den Hunden gegangen und als er zu seinen Männern zurückkam, erfuhr er, dass sie siebzehn Hirsche gesehen hatten. Nach ihnen geht Pim ; stellt fest, dass es sich um *drei Hasen handelt* , die durch Nebel und Fata Morgana vergrößert sind und deren lange Ohren Hörnern ähneln. Noch am selben Tag erreichten sie die Bay of Mercy. Kein Schiff in Sicht! Direkt gegenüber geht der Leutnant, um nach Unterlagen zu suchen; als Robert Hoile um zwei Uhr nachmittags etwas Schwarzes in der Bucht sieht. Durch das Glas erkennt der Leutnant, dass es sich um ein Schiff handelt. Sie ändern sofort ihre Richtung. Über das Eis auf sie zu! Um drei verlässt er den Schlitten und geht weiter. Wie weit scheint es! Um vier herum sieht er Menschen herumlaufen und einen Haufen Steine und Fahnenmasten am Strand. Mach weiter, Pim ; soll man da nie hinkommen? Mit fünf ist er nur noch hundert Meter von ihr entfernt, und niemand hat ihn gesehen. Aber gerade dann sehen ihn genau die Personen, die es sehen sollten! Pim winkt, wedelt mit den Armen, wie es die Esquimaux als Zeichen der Freundschaft tun. Kapitän McClure und sein Leutnant Haswell machen „ihre Übungen", die Hauptbeschäftigung dieser Winter, und sehen ihn endlich! Pim ist schwarz wie Erebus vom Rauch des Kochens in dem kleinen Zelt. McClure gibt zu, nicht nur zur Überraschung, sondern auch zu einem Anflug von Bestürzung. „Ich habe innegehalten", sagt er, „und bezweifelte, wer oder was es sein könnte, ein Bewohner dieser oder jener Welt." Aber das dauert nur einen Moment. Pim spricht. Tapferer Mann, dass er es kann. Wie seine Stimme erstickt sein musste, als wäre er in einem Traum. „Ich bin Lieutenant Pim , verstorben bei ‚Herald'. Kapitän Kellett ist auf Melville Island. Gut gewählte Worte, Pim , die im Voraus über die hundert Meter Eisscholle geschickt werden sollen! Nichts an der „Resolute" – das hätte sie verwirrt. Aber „ Pim ", „Herald" und „Kellett" gehörten zu den letzten Zeichen Englands, die sie gesehen hatten – das alles war verständlich. Eine ausgezeichnete kleine Rede, die der tapfere Mann vielleicht, wie man eine telegrafische Depesche macht, während der Stunden vorbereitet hatte, in denen er über die Eisscholle zu ihr gegangen war . Dann so ein Händeschütteln, so eine Begrüßung. Der arme McClure konnte zunächst nicht sprechen. Einer der Männer bei der Arbeit bekam die Nachricht mit; und durch die Luken strömten alle, krank und gesund, nach oben, um den schwarzen Fremden zu sehen und seine Neuigkeiten aus England zu hören. Es war fast drei Jahre her, seit sie einen zivilisierten Mann außer sich selbst gesehen hatten.

Am 28. Juli, drei Jahre zuvor, hatte Commander McClure seine letzte Depesche an die Admiralität geschickt. Dann hatte er genau das prophezeit, was er in drei Jahren fast erreicht hatte. Im Winter 1850 hatte er die Nordwestpassage entdeckt. Er war im nächsten Sommer in einen Seitenarm der Straße, die Banks Straits, gekommen; hatte bei einem Sturm gern Zuflucht in der Bay of Mercy gesucht; und sein Schiff hatte es seitdem nie mehr verlassen. Nebenbei sei gesagt, dass sie höchstwahrscheinlich jetzt dort ist. In seinen letzten Depeschen hatte er der Admiralität gesagt, sie solle sich keine Sorgen um ihn machen, wenn er nicht vor Herbst 1854 nach Hause käme. Wie sich herausstellte, kam er in diesem Herbst mit allen seinen Männern, mit Ausnahme derjenigen, die er zuvor nach Hause geschickt hatte. und diejenigen, die gestorben waren. Als Pim sie fand, hatte die gesamte Besatzung bis auf dreißig den Befehl, nach ihrer Rückkehr nach England zu marschieren, einige nach Baffin's Bay, einige zum Mackenzie River. McClure würde bei den anderen bleiben und mit dem Schiff nach Hause kommen, wenn sie könnten; wenn nicht, dann mit Schlitten nach Port Leopold und dann mit einer Dampfbarkasse, die er 1849 dort für Franklin gesehen hatte. Aber die Ankunft von Mr. Pim machte all diesen Plänen ein Ende. Wir haben seine lange Erklärung an die Admiralität, die er erst am Tag vor Pims Ankunft beendete. Es schildert die Geschichte seines dreijährigen Exils aus der Welt – ein Exil voller effektiver Arbeit – in einem Bericht, der ein edles Bild des Mannes vermittelt. Die Königin hat ihn seitdem zu Ehren seiner großen Entdeckung zum Sir Robert Le Mesurier McClure ernannt.

Banks Land oder Baring Island, die beiden Namen gehören zu derselben Insel, an deren Ufern McClure und seine Männer die meisten dieser zwei Jahre oder länger verbracht hatten, ist eine Insel, auf der sie als erste zivilisierte Männer landeten. Für Leute, die nicht sehr genau sind, ist die Messung, die wir zuvor angegeben haben, nämlich dass es sich um die Größe und Form Irlands handelt, genau genug. Im Landesinneren gibt es wahrscheinlich Hochland, da die Winde von der Küste her kalt sind. Die Besatzung fand Kohle und Zwergweiden, die sie verbrennen konnten; Lemminge, Schneehühner, Hasen, Rentiere und Moschusochsen, die sie essen konnten.

„Abschied von dem Land, in dem ich oft gewandert bin
Mein Weg über seine Berge und Täler aus Schnee;
Abschied von den Felsen und Hügeln, die ich bestiegen habe,
Die trostlosen arktischen Häuser des Bocks und der Hirschkuh;
Abschied von den tiefen Tälern, wo oft widerhallte
Das Lied der Schneeammer, während sie ihr Lied singte
Am Hang und in der Ebene, vom grünen Sauerampfer begrenzt,
Bis der Windstoß eines kalten Wintertages ihn traf.

Es gibt eine kleine Beschreibung von Banks Land aus der Anthologie dieses Landes, die, soweit wir wissen, aus zwei Gedichten eines Seemanns namens Nelson besteht, einem Mitglied der Besatzung von Captain McClure. Die höchste Temperatur, die jemals an diesem „Juwel des Meeres" gemessen wurde, betrug im Hochsommer 53°. Der niedrigste Wert lag im Januar 1853 bei 65° unter Null; An diesem Tag stieg das Thermometer nicht auf 60° unter, in diesem Monat war es nie wärmer als 16° unter und der Monatsdurchschnitt lag bei 43° unter. Ein angenehmes Klima zum dreijährigen Verweilen!

Pims erstaunlichem Auftritt alles, was man sich erlauben konnte . Am 8. April waren er und seine Hunde sowie Kapitän McClure und eine Gruppe bereit, zu unserem Freund „Resolute" zurückzukehren. Unterwegs holten sie Dr. Domville ab ; Er hatte den zerbrochenen Schlitten reparieren lassen und fünf Moschusochsen getötet, gegen die sie vorbeikamen. Er fuhr mit dem Hundeschlitten weiter, um die Neuigkeit zu verkünden, aber McClure und seine Männer hielten mit ihnen Schritt; und er und Dr. Domville erzählten die Neuigkeit gemeinsam.

Es wurde beschlossen, die „Investigator" aufzugeben und die „Intrepid" und „Resolute" ihren Männern Platz zu machen. Froh, dass sie auch ihnen einen Gruß überbrachten, so wie britische Seeleute ihn aussprechen können. Mehr als die Hälfte der Besatzungen war weg, als die „Ermittler"-Gruppen eintrafen, aber im Juli waren alle zurückgekehrt. Sie hatten Inseln gefunden, auf denen die Karten vermutet hatten, dass es Meer gab, und Meer, wo sie vermutet hatten, dass es Land gab; hatte Halbinseln in Inseln und Inseln in Halbinseln verwandelt. Jenseits des 78. Breitengrads hatte Mr. McClintock den entferntesten Punkt des Landes „Irlands Auge" getauft, als würde seine

Heimatinsel dort ins Unbekannte blicken – eine große Insel, die jetzt für viele Jahre unsere am weitesten entfernte sein wird Das künftige Land wurde „Prinz-Patricks-Land" genannt, zu Ehren des kleinen Prinzen, der der Jüngste war, als sie das Haus verließen. Wird er, wenn er ein Mann ist, nicht versucht sein, sich wie ein anderer Madoc mit einer Mannschaft zu befassen und sich, wie jüngere Söhne von Königinnen es tun sollten, auf dieses verführerische Patenkind einzulassen? Sie hatten von Sir Edward Belchers Teil des Geschwaders gehört; sie hatten aus England gehört; hatte von allem gehört, außer von Sir John Franklin. Sie hatten sogar eine Bierflasche von Kapitän Collinsons Expedition gefunden – aber weder einen Stock noch einen Strohhalm, der hätte zeigen können, wo Franklin oder seine Männer gelebt oder gestorben waren. Zwei Offiziere des „Investigators" wurden diesen Sommer von einem Schiff von Beechey Island, dem Hauptquartier, nach England geschickt; und so hörten wir im Oktober 1853 von der Entdeckung der Nordwestpassage.

Nachdem ihre Besatzungen wieder an Bord waren und auch die Sechzig der „Investigator" verstaut waren, erlebten die „Resolute" und die „Intrepid" einen tristen Sommer. Das Eis würde nicht brechen. Sie veranstalteten Jagdgesellschaften am Ufer und Rennen auf der Eisscholle; Aber der Kapitän konnte die „Ermittler" nicht wie gewünscht in seinem Dampfboot nach Hause schicken. Alle seine Pläne waren gemacht, und zwar in männlichem Maßstab – wenn sich nur das Eis öffnen würde. Er baute auf der Insel ein Lagerhaus für Collinsons Leute oder für Sie, Leser, und uns, falls wir dort vorkommen sollten, lagerte es gut und hinterließ diese Aufzeichnung:

> „Dies ist ein Haus, das ich unter der besonderen
> Schirmherrschaft meiner Lords Commissioners of the
> Admiralty das ‚Sailor's Home' genannt habe.
> „ *Hier* werden königliche Seeleute und Marinesoldaten
> verpflegt, gekleidet und erhalten für ihre Besiedlung
> den doppelten Lohn."

In diesem Haus gibt es von allem ein bisschen und eine Menge Proviant und Getränke; Aber niemand war dort, seit der letzte Mann der „ Resolute " wegkam.

Schließlich endete der 17. August, ein Tag voller Fußrennen, Taschenspringen und Ringen, bei dem alle Hände anwesend waren, wie bei einer Art „Isthmischer Spiele", mit einem Sturm, dem Aufplatzen des Eises und den „Ermittlern". „Ich dachte, sie wären auf dem Heimweg, und Kellett dachte, dass er noch einen Monat Sommer haben würde. Aber nein; „In dieser Navigation gibt es von einer Stunde auf die andere nichts Sicheres." Die „Resolute" und die „Intrepid" waren den ganzen Herbst über nie wirklich eisfrei; fuhr und trieb bis zum 12. November in der Barrow-Straße hin und her ; und fror dann ohne Ankern vor Cape Cockburn zu, vielleicht einhundertvierzig Meilen von ihrem Hafen im letzten Winter entfernt. Das Logbuch dieses Winters ist eine merkwürdige Aufzeichnung; Der Einfallsreichtum des verantwortlichen Offiziers war gut darin, dafür zu sorgen, dass sich ein Tag vom anderen unterscheidet. Jeder Tag hat den ersten Eintrag für „Schiffsposition", also: „In der Scholle vor Cape Cockburn." Und das Leerzeichen für den zweiten Eintrag, also: „In der gleichen Position." Vorlesungen, Theateraufführungen, Schulen usw. vertrieben die Zeit; aber es konnte keine Reisegruppen im Herbst geben und es gab kaum Hoffnung auf Entdeckungen im Sommer.

Der Frühling kam. Der Kapitän fuhr mit seinem kleinen Hundeschlitten über Eis nach Beechey Island und erhielt die Anweisung, seine Schiffe zu verlassen. Es scheint, dass er lieber die meisten seiner Männer nach vorne geschickt hätte und mit einer kleinen Besatzung die „Resolute" im Herbst oder im nächsten nach Hause gebracht hätte. Aber Sir Edward Belcher hielt seine Befehle für zwingend, „dass die Sicherheit der Besatzungen jede Idee einer Befreiung der Schiffe ausschließen muss". Beide Schiffe sollten aufgegeben werden. Zwei weit entfernte Reisegruppen waren unterwegs, eine beim „Investigator", die andere auf der Suche nach Spuren von Collinson, die sie fanden. Zu gegebener Zeit wurde ihnen mitgeteilt, dass sie das Schiff nicht erneut aufsuchen, sondern nach Beechey Island weiterfahren sollten . Und schließlich, nachdem er die Motoren der „ Intrepid " so ausgerüstet hatte, dass sie in zwei Stunden unter Dampf sein konnte, nachdem er beide Schiffe mit gleichen Proportionen an Proviant gelagert und beide Schiffe „einsatzbereit" gemacht hatte, verschloss der Kapitän die Luken und … Mit der gesamten Besatzung, die er noch nie zuvor geschickt hatte , insgesamt zweiundvierzig Personen, verließen sie das Schiff am Montag, dem 15. Mai 1854, und machten sich mit den Schlitten auf den Weg nach Beechey Island. Armer alter „Resolute"! Die ganze schwule Gesellschaft, die durch ihr Lachen ihre Seiten gespalten hat, ist verschwunden. Hier liegt Harlequins Kleid in einem der Offizierszimmer, aber es ist niemand da, der Harlequins Tänze tanzt. „Hier ist ein herrlich klarer Tag – heute werden sie sicherlich an Deck kommen und einen Meridian nehmen!" Nein, niemand kommt. Die Sonne brennt auf den Decks; aber es ist alles eins, niemand schaut auf das Thermometer! „Und so wurde das arme Schiff ganz allein gelassen." Was für fröhliche Zeiten hatte sie mit all diesen mutigen jungen Männern an Bord! Was für fröhliche Winter, so ein strahlender Sommer! So viel Spaß, so viel Unsinn! So viel Wissenschaft und Weisheit, und jetzt ist alles so still! Ist sich der arme „Resolute" der Veränderung bewusst? Vermisst sie die Rennen auf dem Eis, den wissenschaftlichen Vortrag jeden Dienstag, den gelegentlichen Trubel im Theater und den Gottesdienst jeden Sonntag? Hat sie nicht die Hoffnung von Kapitän Kellett, von McClure und der Mannschaft geteilt, dass sie *gut davonkommt?* Sie sieht, wie der letzte Schlitten sie verlässt. Der Kapitän vertreibt seine sechs Hunde, verschwindet über dem Eis und sie sind alle verschwunden. „Werden sie nicht wieder zurückkommen?" sagt das arme Schiff. Und sie schaut wehmütig über das Eis zu ihrem kleinen Freund, dem Dampfboot „Intrepid", und sie sieht, dass dort niemand ist. „Unerschrocken! Unerschrocken! Haben sie uns wirklich im Stich gelassen? Wir haben ihnen so gute Dienste geleistet und haben sie uns wirklich in Ruhe gelassen? Viele waren letztes Jahr verreist, aber sie sind nach Hause gekommen. Wird keiner von ihnen jetzt nach Hause kommen?" Nein, armer „Resolute"! Keiner von ihnen kam jemals wieder zurück! Keiner von ihnen hatte die Absicht. Der Sommer kam. Der August kam. Niemand kann sagen, wie bald, aber irgendwann brach ihr eisiges Gefängnis auseinander, und das gute Schiff befand sich wieder in seinem eigenen Element; Sie schüttelte sich stolz, daran besteht kein Zweifel, nickte freudig dem „Intrepid" zu und war frei. Aber leider! Es gab keinen Kapitän, der Breiten- und Längengrade misst , keinen Steuermann am Steuer. In klaren, in Messing gegossenen Buchstaben über ihrem Helm stehen die Worte: „England erwartet von jedem Mann, dass er seine Pflicht tut." Aber hier ist kein Mann, der auf die Warnung achtet, und das Ruder schlägt hin und her, bestimmt nicht mehr seinen Kurs, sondern schwingt dumm hin und her . Und sie treibt hierhin und dorthin, – treibt außer Sichtweite ihrer kleinen Gefährtin, – strandet jetzt auf einem Stück Eisscholle und wird dann davon weggeschwemmt – und findet sich selbst ohne die Gesellschaft des „Intrepid " allein weiter diese blauen Meere mit diesen weißen Küsten. Aber was für eine völlige Einsamkeit! Armer „Entschlossener"! Sie sehnte sich nach Freiheit – aber was ist Freiheit, wo es kein Gesetz gibt? Was wäre Freiheit ohne Steuermann! Und die „Resolute" blickt so traurig auf die alten Zeiten zurück, als sie ein Herrchen hatte. Und der kurze, helle Sommer vergeht. Und wieder sieht sie von ihrem Deck aus den Sonnenuntergang. Und jetzt sehen sogar ihre Topmasten den Untergang. Und jetzt steigt es nicht auf ihr Deck. Und am nächsten Tag steigt es nicht bis zum Topmast. Winter und Nacht zusammen! Sie hat sie schon einmal gekannt! Aber jetzt ist es Winter und Nacht und Einsamkeit zugleich. Dieses schreckliche Eis schließt sich wieder um sie herum. Und es gibt niemanden, der sie in den Hafen bringt – sie liegt draußen im offenen Meer. Wenn das Eis nach Westen driftet, muss sie nach Westen gehen. Wenn es nach Osten geht, muss sie nach Osten. Ihre scheinbare Freiheit ist vorbei und für diesen langen Winter ist sie erneut angekettet. Aber ihr Herz ist dem alten England treu. Und wenn sie nach Osten gehen kann, ist sie so glücklich! und wenn sie nach Westen muss, ist sie so traurig! Nach Osten geht sie! Nach Süden geht sie! Getreu dem Instinkt, der uns alle nach Hause schickt, verfolgt sie ungerichtet und ohne Segel fünfzehnhundert Meilen dieses Meeres, ohne ein Leuchtfeuer, das sie von ihrem eigenen trennt. Und so geht ein düsteres Jahr zu Ende. „Vielleicht kommen sie im nächsten Frühjahr und holen mich ab und reparieren die Dinge unten. Es wird furchtbar feucht dort unten, und ich kann die Waffen nicht hell und die Böden trocken halten." Nein, das gute alte „Resolute." Mai und Juni vergehen im nächsten Jahr, und niemand kommt; Und hier bist du ganz allein draußen in der Bucht und treibst in diesem trostlosen Rudel. Juli und August – die Tage werden wieder kürzer. „Wird niemand kommen und sich um mich kümmern und diese schrecklichen Eisblöcke abschneiden und sich um diese Speckseiten im Laderaum und all diese schimmeligen Segel und dieses Pulver und das Brot und den Geist kümmern, die ich aufbewahrt habe? Geht es ihnen so gut? Es ist September, und die Sonne beginnt wieder unterzugehen. Und hier ist wieder einer dieser schrecklichen Stürme. Wird es mein allerletzter sein? Ganz allein hier, die so viel getan haben, und wenn sie es nur täten Pass auf mich auf, ich kann so viel mehr tun. Wird niemand kommen ? Niemand ? wird nie wieder auf dich herabblicken! Nein! Es gibt keinen Schornstein, es ist nicht der „Intrepid". Aber es ist jemand. Bitte sehen Sie mich, guter Jemand. Sind Sie ein Yankee-Walfänger? Ich freue mich, die Yankee-Walfänger zu sehen, ich erinnere mich sehr angenehm an die Yankee-Walfänger. Wir hatten einmal einen schönen Sommer zusammen … Es wird schrecklich sein Wenn sie mich nicht sehen! Aber dieses Eis, dieses elende Eis! Sie sehen mich, ich weiß, dass sie mich sehen, aber sie können mich nicht erreichen. Geht nicht weg, gute Yankees; betet, kommt und helft mir. Ich weiß Ich kann raus, wenn du ein wenig hilfst … Aber jetzt ist es eine ganze Woche her und sie kommen nicht! Gibt es Yankees, oder werde ich verrückt? Ich habe sie von verrückten alten Schiffen reden hören Meine jungen Tage … Nein! Ich bin nicht verrückt. Sie kommen! Sie kommen. Tapfere Yankees! Über die Hügel, hinunter in den Schlamm. Gib es nicht der Kälte preis. Unten ist Kohle, und wir wird ein Feuer in der Sylvester und in der Kapitänskajüte machen … Da ist eine schreckliche Wasserspur. Sie haben kein Halkett . Ach , wenn eines meiner Boote nur für sie starten würde, anstatt zu lügen so dumm auf meinem Deck hier! Aber die Männer haben keine Angst vor Wasser! Sehen Sie, wie sie auf diesem Eisblock hinüberfahren! Komm schon, gute Freunde! Willkommen, wer auch immer Sie sind – Däne, Holländer, Franzose oder Yankee, kommen Sie! Komm schon! Es zieht ein Sturm auf, aber ich kann einen Sturm ertragen. Auf der Seite, Männer. Ich wünschte, ich könnte die Gangway alleine herunterlassen. Aber hier sind all diese Eisblöcke aufgetürmt – man kann darüber klettern! Warum hörst du auf? Fürchte dich nicht. Ich werde dafür sorgen, dass Sie sich sehr wohl und fröhlich fühlen. Reden Sie nicht weiter. Bitte kommen Sie herein. In der Kapitänskajüte gibt es Portwein und in der Speisekammer etwas eingemachtes Fleisch. Du musst hungrig sein; Bitte komm herein! O, er kommt, und jetzt kommen alle vier. Es wäre schrecklich, wenn sie zurückgegangen wären! Sie sind an Deck. Jetzt gehe ich nach Hause! Wie einsam es war!"

Es stimmte durchaus, dass Mr. Quail, der Bruder des Kapitäns der „McLellan", mit dem sich die „Resolute" angefreundet hatte, der Maat des Walfängers George Henry, dessen Kapitän, Kapitän Buddington , die „Resolute" entdeckt hatte. Als er nach einer anstrengenden Tagesreise mit seinen Männern im Eis zu ihr kam, gerieten die Männer in ein wenig abergläubisches Gefühl ins Wanken und zögerten eine Minute, ob sie an Bord gehen sollten. Aber das arme, einsame Schiff umwarb sie zu liebevoll, und sie kletterten über das gebrochene Eis und kamen an Deck. Sie lag auf der Backbordseite und wurde von einem schweren Eisgewicht festgehalten. Luken und Begleiter wurden befestigt, da Kapitän Kellett sie verlassen hatte. Doch als sie den Begleiter aufschlugen und die Treppe zur Achterkajüte hinabstiegen, fanden sie den Weg zum Tisch des Kapitäns. Jemand legte seine Hand auf eine Kiste mit Luziferen, zündete ein Licht an und enthüllte – durcheinander verstreute Bücher, eine stehende Kerze, die er sofort anzündete, die Gläser und Dekanter, aus denen Kellett und seine Offiziere zum Abschied zum Schiff getrunken hatten . Die Walfänger füllten sie erneut und fühlten sich zweifellos weniger entmutigt. Mittlerweile war es Nacht geworden und ein Sturm kam auf. Es wehte so hart, dass diese vier zwei Tage lang die gesamte Besatzung der „Resolute" bildeten, und erst am 19. September kehrten sie zu ihrem eigenen Schiff zurück und berichteten, was ihre Beute war.

In all diesen zehn Tagen, seit Kapitän Buddington sie zum ersten Mal gesehen hatte, hatten sich die Schiffe einander genähert. Am 19. ging er selbst an Bord; stellte fest, dass sich in ihrem Laderaum auf der Backbordseite viel Eis befand; Auf der Steuerbordseite schien es Wasser zu geben. Tatsächlich waren ihre Tanks vor der extremen Kälte geplatzt; und sie war fast bis zum Unterdeck mit Wasser gefüllt. Alles, was sich von seinem Platz bewegen konnte, hatte sich bewegt; alles war nass; Alles, was schimmelte, war schimmelig . „Eine Art Schweiß" legte sich auf die Balken darüber. Die Kleidung war durchnässt. Die Gruppe des Kapitäns machte ein Feuer in Kapitän Kelletts Ofen und löste bald eine Art Regen aus dem Dampf aus, mit dem er die Luft erfüllte. Der „Resolute" verfügt allerdings über vier feine Kraftpumpen. Drei Tage lang arbeiteten der Kapitän und sechs Männer vierzehn Stunden am Tag an einem davon und hatten das Vergnügen, festzustellen, dass sie von Wasser befreit waren und dass es still stand. Sie zerschnitten die Eismassen; und am Abend des 23. September befreite sie sich von ihren Lasten und nahm einen gleichmäßigen Kiel. Dies war vor der Westküste der Baffin's Bay, auf dem 67. Breitengrad. Auf dem kürzesten Kurs war sie zwölfhundert Meilen von der Stelle entfernt, an der Kapitän Kellett sie zurückgelassen hatte.

Es gab noch genug zu tun. Das Ruder sollte verschifft, die Takelage gespannt und das Segel gesetzt werden; und es zeigte sich übrigens, dass die Segel auf den Rahen größtenteils noch brauchbar waren, während ein Satz neuer

Leinensegel darunter durch Feuchtigkeit stark beschädigt war . Eine weitere
Woche später war das Schiff fahrbereit. Die Eisschicht trieb immer noch mit
beiden Schiffen; aber am 21. Oktober, nach einem langen Nordweststurm,
war die „Resolute" frei, freier als seit mehr als zwei Jahren.
Ihre „letzte Reise" ist fast erzählt. Kapitän Buddington hatte beschlossen, sie
nach Hause zu bringen. Er hatte zehn Männer von der „George Henry"
ausgewählt und ihr fünfzehn übrig gelassen, und mit einer groben Zeichnung
der amerikanischen Küste auf einem Blatt Papier, seiner Ankeruhr und einem
Quadranten für seine Instrumente machte er sich auf den Weg nach New
London. Eine raue, harte Passage hatten sie vor sich. Durch das Platzen der
Tanks war der Ballast des Schiffes verschwunden; Sie war kopflastig und
unterbesetzt. Er sprach ein britisches Walfanggebell und sandte dadurch
Kapitän Kellett seine Schulterklappen und seinen eigenen Besitzern die
Nachricht, dass er komme. Sie hatten starke Stürme und Gegenwind und
wurden bis zu den Bermudas getrieben; Das in den Schiffstanks verbliebene
Wasser war brackig und brauchte alle Gewürze, die die Schiffsschokolade
geben würde, um es trinkbar zu machen. „Sechzig Stunden am Stück", sagt
der temperamentvolle Kapitän, „habe ich oft keinen Schlaf bekommen";
aber seine Beharrlichkeit war schließlich von Erfolg gekrönt, und in der
Nacht vom 23. auf den 24. Dezember machte er das Licht aus dem herrlichen
Hafen, von dem aus er segelte; und am Sonntagmorgen, dem 24., ging er in
der Themse gegenüber von *New* London vor Anker, ließ die königliche
Flagge auf den kahlgeschorenen Masten der „Resolute" hissen, und die guten
Leute der Stadt wussten, dass er und die Seinen in Sicherheit waren, und das
auch Einer der Siege des Friedens wurde errungen.
Da das schöne Schiff gegenüber den Piers dieser schönen Stadt liegt, zieht
es Besucher von überall her an und ist in der Tat eine sehr bemerkenswerte
Kuriosität. Die Bücherregale, Schließfächer und Schubladen des Kapitäns
sowie überall dort, wo Privateigentum durch mutwillige Neugier beschädigt
werden könnte, wurden sofort und sehr ordnungsgemäß versiegelt, und zwei
Wärter sind auf dem Schiff im Dienst, bis das Ziel feststeht. Aber es hat sich
nichts von dem geändert, was es war, als es in den Hafen einlief. Und vom
Bug bis zum Heck ist jedes Detail ihrer Ausrüstung eine Kuriosität, für den
Segler oder den Landmann. Der Kerzenhalter in der Kabine ist nicht wie ein
Yankee-Kerzenhalter. Das Klüsenloch für das Kettenkabel ist wie noch nie
zuvor angebracht. Und so von allem dazwischen. Jetzt, nach Monaten der
Belüftung, sieht alles nass aus ; die Gewehre, die zuletzt auf Moschusochsen
auf Melville Island abgefeuert wurden, sind rot vor Rost, als ob sie auf dem
Meeresgrund gelegen hätten; Der Shakespeare-Band, den man in der Koje
eines Offiziers findet, fühlt sich feucht an, als hätte man ihn im März im
Nordosten unter freiem Himmel gelesen. Die alten Seeleute blicken vielleicht
mit größtem Erstaunen auf die Vorbereitungen für die Vergnügungen – die
Tassen und Bälle des Gauklers oder das glitzernde Kleid des Harlekins; Der

stille Landmann staunt über die riesigen Eissägen, die abgelegten Segeltuchstiefel und die langen, dicken arktischen Strümpfe. Es scheint fast falsch, in Mr. Hamiltons Offiziersmesse zu gehen und zu sehen, wie er seinen Seifenbecher und seine Zahnbürste arrangiert; und man erzählt es nicht, wenn man auf einem leeren Blatt das geheime Gebet findet, das eine Schwester für den Bruder niedergeschrieben hat, dem sie ein Gebetbuch geschenkt hat. Es herrscht jetzt ziemlich viel Unordnung – dank ihres plötzlichen Verlassens und vielleicht auch wegen ihrer dreimonatigen Heimreise. Ein kleiner Union Jack liegt über einem Haufen nicht geflickter und ungewaschener Unterwäsche; Als Kellett das Schiff verließ, ließ er die Flagge seines Landes über seinem Sessel hängen, als wollte er sich im Besitz halten. Auf dem Kabinentisch lagen zwei Offiziersdegen und ein Paar Schulterklappen. In der Tat, was gibt es nicht , was einen arktischen Winter erträglich machen, eine lange Nacht zum Tag machen oder lange Tage vergehen lassen sollte?

Das Schiff ist stabil und solide. Die „letzte Reise", die wir beschrieben haben, wird hoffentlich nicht die letzte Reise ihrer Karriere sein. Aber wohin auch immer sie fährt, ob unter englischer oder unter unserer Flagge, sie wird kaum jemals mehr Abenteuer in eine Kreuzfahrt packen als die, die die Entdeckung der Nordwestpassage besiegelte; was England neue Ländereien schenkte, die dem Pol von allem, was es hat, am nächsten liegen; die mehr als ein Jahr, niemand weiß wo, selbstverwaltet und ungelenkt verbrachte; und das, nachdem es unter dem strengen *Regime* der englischen Marine begonnen hatte , unter den bemerkenswerten gegenseitigen Regeln endete, die im gegenseitigen Einvernehmen über die Geschäfte amerikanischer Walfänger beschlossen wurden.

Ist es nicht erwähnenswert, dass in dieser Ritterlichkeit des arktischen Abenteuers die Schiffe, die zerstört wurden, Schiffe des Kampfes oder des Grauens waren? Sie sind die „Fury", der „Victory", der „Erebus", der „Terror". Aber die Schiffe, die ihre Besatzungen nie im Stich gelassen haben und die, soweit der Mensch weiß, auch heute noch so gesund sind wie eh und je, tragen den Namen friedlicher Abenteuer; die „Hecla", die „Enterprise" und „Investigator", die „Assistance" und „Resolute", die „Pioneer" und „Intrepid" und unsere „Advance", „Rescue" und „Arctic" haben nie jemanden bedroht eins , sogar in ihren Namen. Und sie haben die Männer, die sie befehligten oder mit ihnen segelten, nie im Stich gelassen.

MEIN DOPPELTER UND WIE ER MICH ENTFERNT HAT

EINES DER INGHAM-PAPIERE.

[Eine Bostoner Zeitschrift nannte diese Geschichte unwahrscheinlich, als sie auf sie aufmerksam wurde. Ich denke, es ist. Aber ich denke, die Moral ist wichtig. Es wurde erstmals im September 1859 im Atlantic Monthly veröffentlicht.]

* * * * *

Es kommt nicht oft vor, dass ich die Leser des Atlantic Monthly beunruhige. Ich würde sie jetzt nicht belästigen, wenn nicht die Aufdringlichkeit meiner Frau, die darauf bestehen möchte, dass eine Pflicht gegenüber der Gesellschaft unerfüllt ist, bis ich erzählt habe, warum ich einen Doppelgänger haben musste und wie er mich entlarvt hat. Sie ist sich sicher, sagt sie, dass intelligente Menschen den Druck auf Staatsdiener nicht verstehen können, der allein jeden Mann in die Beschäftigung eines Doppelgängers treibt. Und während ich befürchte, dass sie im Grunde ihres Herzens denkt, dass mein Schicksal nie wiederhergestellt werden wird, hegt sie eine schwache Hoffnung, dass ich als ein weiterer Rasselas der künftigen Öffentlichkeit eine Lektion erteilen könnte, von der sie, obwohl wir, profitieren können sterben. Aufgrund des Verhaltens meines Doppelgängers oder, wenn Sie so wollen, des öffentlichen Drucks, der mich dazu zwang, ihn einzustellen, habe ich genügend Muße, diese Mitteilung zu verfassen.

Ich bin, oder besser gesagt, war ein Pfarrer der sandemanischen Verbindung . Ich ließ mich in der lebhaften, wachen Stadt Naguadavick nieder, an einem der schönsten Wasserwerke in Maine. Wir nannten es früher eine Westernstadt im Herzen der Zivilisation Neuenglands. Ein bezaubernder Ort, der es war und ist. Eine temperamentvolle, mutige junge Gemeinde hatte ich; und es schien, als könnten wir alle nach Herzenslust „die Freude eines ereignisreichen Lebens" genießen.

Ach! wie wenig wir am Tag meiner Ordination und in diesen glücklichen Momenten unserer ersten Hausarbeit wussten. Der vertrauliche Freund in hundert Familien in der Stadt zu sein – die gesellschaftliche Kleinigkeit, wie mein Freund Haliburton sagt, „von der Spitze des geschlagenen Lehrplans bis zur Unterseite des Biskuitkuchens, der die Grundlage bildet", durchzuschneiden – zu Sich in seinem Studium mit dem Gedanken der Zeit auf dem Laufenden zu halten und am Sonntag sein Bestes zu geben, um diesen Gedanken mit dem aktiven Leben einer aktiven Stadt zu verknüpfen und beide zu inspirieren und beide durch Einblicke in die Ewige Herrlichkeit unendlich zu machen, schien so etwas zu sein exquisiter Ausblick auf das eigene Leben! Genug zu tun und alles so echt und so großartig! Wenn diese Vision nur von Dauer gewesen wäre!

Die Wahrheit ist, dass diese Vision an sich weder eine Täuschung noch halbwegs hell genug war. Hätte man nur seine eigenen Geschäfte machen können, hätte sich die Vision erfüllt und neue paraheliakale Visionen hervorgebracht, jede so hell wie das Original. Das Elend war und ist, wie wir, Polly und ich, bald herausfanden, dass neben der Vision und neben den üblichen menschlichen und endlichen Fehlern im Leben (wie dem Zerbrechen des alten Kruges, der in der „Mayflower" vorbeikam, und dem Putten). ins Feuer den Alpenstock, mit dem ihr Vater den Mont Blanc bestieg), – außerdem, sage ich (in Anlehnung an Robinson Crusoe), wurde uns ein großer Vogelbeerbaum aufgespießt – ein Haufen Humbugs, überliefert von einem unbekannten Samen – Zeit, in der von uns und vor allem von mir erwartet wurde, bestimmte öffentliche Funktionen vor der Gemeinschaft zu erfüllen, vom Charakter derjenigen, die von der dritten Reihe von Supernumerariern erfüllt werden, die hinter den Sepoys im Spektakel des „Kataraktes des Ganges" stehen. Es waren mit einem Wort die Pflichten, die man als Mitglied der einen oder anderen sozialen Klasse oder Unterteilung ausübt, ganz anders als das, was man als A. alleine tut. A. Welche unsichtbare Macht mir diese Funktionen auferlegt, es wäre sehr schwer erzählen. Aber solche Macht gab und gibt es. Und ich war noch kein Jahr bei der Arbeit gewesen, als mir klar wurde, dass ich zwei Leben führte, eines real und eines nur funktional – für zwei Gruppen von Menschen, eine für meine Gemeinde, die ich liebte, und die andere für eine vage Öffentlichkeit, für die ich Es war mir egal, zwei Strohhalme. All dies geschah in einer vagen Vorstellung, die jeder hatte und hat, dass dieses zweite Leben irgendwann irgendjemandem irgendwo großartige Ergebnisse bringen würde, die derzeit noch unbekannt sind.

Begeistert von dieser Dualität des Lebens las ich zuerst Dr. Wigan über die „Dualität des Gehirns" und hoffte, dass ich eine Seite meines Kopfes trainieren könnte, diese Nebenjobs zu erledigen, und die andere, meine intimen und realen Pflichten zu erfüllen. Denn Richard Greenough erzählte mir einmal, dass er beim Studium für die Franklin-Statue herausfand, dass die linke Seite des Gesichts des großen Mannes philosophisch und nachdenklich war und die rechte Seite lustig und lächelnd. Wenn Sie sich die Bronzestatue ansehen, werden Sie feststellen, dass er diese Beobachtung dort für die Nachwelt wiederholt hat. Das östliche Profil ist das Porträt des Staatsmannes Franklin, das westliche das Porträt des armen Richard. Aber Dr. Wigan geht nicht auf die Feinheiten dieses Themas ein, und ich habe versagt. Damals beschloss ich auf Anregung meiner Frau, nach einem Double Ausschau zu halten.

Ich war zunächst einmalig erfolgreich. Wir haben uns in diesem Sommer zufällig in Stafford Springs erholt. Eines Tages ritten wir zur Entspannung an dieser Badestelle zum großen Armenhaus von Monson. Wir gingen gerade durch einen der großen Säle, als sich mein Schicksal erfüllte!

Er war nicht rasiert. Er trug keine Brille. Er trug ein grünes Tuch und einen ausgeblichenen blauen Overall, den er traurig bis zum Knie trug. Aber ich sah sofort, dass er genauso groß war wie ich, nämlich 1,70 Meter. Er hatte schwarzes Haar, das von seinem Hut abgetragen wurde. Ich habe es auch getan und habe es auch nicht getan. Er ging gebückt. Ich auch . Seine Hände waren groß und meine auch. Und – das schönste Geschenk des Schicksals überhaupt – er hatte kein „Erdbeermal auf seinem linken Arm“, sondern einen Schnitt von einem jugendlichen Ziegelstein über seinem rechten Auge, der das Spiel dieser Augenbraue leicht beeinträchtigte. Leser, ich auch! Mein Schicksal war besiegelt!

Ein Wort mit Mr. Holley, einem der Inspektoren, klärte die ganze Sache. Es zeigte sich, dass dieser Dennis Shea ein harmloser, liebenswürdiger Kerl aus der Klasse der Schichtlosen war, der sein Schicksal durch die Heirat mit einer dummen Frau besiegelt hatte, die gerade in der Wäsche bügelte. Bevor ich Stafford verließ, hatte ich beide fünf Jahre lang angestellt. Wir hatten bei Richter Pynchon, dem damaligen Nachlassrichter in Springfield, beantragt, den Namen von Dennis Shea in Frederic Ingham zu ändern. Wir hatten dem Richter erklärt, was genau wahr sei, dass ein exzentrischer Herr Dennis unter diesem neuen Namen in seine Familie aufnehmen wollte. Es kam ihm nie in den Sinn, dass Dennis älter als vierzehn Jahre sein könnte. Und um dieses Vorwort abzukürzen: Als wir nachts in mein Pfarrhaus in Naguadavick zurückkehrten , traten Frau Ingham, ihre neue dumme Wäscherin, ich selbst, der Herr Frederic Ingham, und mein Doppelgänger, der Herr Frederic Ingham, ein Genauso gut wie ich.

Was für ein Spaß wir am nächsten Morgen hatten, als wir seinen Bart nach meinem Muster rasierten, seine Haare so schnitten, dass sie zu meinen passten, und ihm beibrachten, wie man eine Brille mit Goldbügel trägt und abnimmt! Tatsächlich waren sie galvanisch beschichtet und das Glas war schlicht (denn die Augen des armen Kerls waren ausgezeichnet). Dann brachte ich ihm an vier aufeinanderfolgenden Nachmittagen vier Reden bei. Ich hatte herausgefunden, dass diese für die überzählige Sepoy-Lebenslinie völlig ausreichen würden, und es war gut für mich, dass sie das auch waren; denn obwohl er gutmütig war, war er sehr unbeholfen, und es war, wie unser Volkssprichwort sagt, „wie Zähne ziehen“, ihn zu lehren. Aber am Ende der nächsten Woche konnte er mit meiner ganz lockeren und verspielten Miene sagen:

1. „Sehr gut, danke. Und du?“ Dies als Antwort auf gelegentliche Anreden.
2. „Ich freue mich sehr, dass es Ihnen gefallen hat.“

3. „Es wurde so viel gesagt und im Großen und Ganzen so gut gesagt, dass ich mir die Zeit nicht nehmen werde."

4. „Im Großen und Ganzen stimme ich mit meinem Freund auf der anderen Seite des Raumes überein."

Zuerst hatte ich das Gefühl, dass ich für seine Kleidung einen hohen Preis zahlen müsste. Aber es bewies natürlich sofort, dass ich zu Hause sein sollte, wenn er unterwegs war. Und ich nahm in der strahlenden Zeit seines Erfolgs an so wenigen dieser schrecklichen Festspiele teil, bei denen ein schwarzer Frack und das, was die Gottlosen nach Mr. Dickens nennen, ein weißes Halsband erforderlich ist, und zwar im glücklichen Rückzugsort meiner eigenen Garderobe -Kleider und Jacken vergingen meine Tage so glücklich und günstig wie die eines anderen Thalaba . Und Polly erklärt, dass es noch nie ein Jahr gegeben habe, in dem die Schneiderei so wenig gekostet hätte. Er wohnte (Dennis, nicht Thalaba) im Zimmer seiner Frau über der Küche. Er hatte den Befehl, sich niemals an diesem Fenster zu zeigen. Als er vor dem Haus erschien, zog ich mich in mein Allerheiligstes und meinen Schlafrock zurück. Kurz gesagt, der Holländer und seine Frau in der alten Wetterbüchse hatten nicht weniger miteinander zu tun als er und ich. Er zündete den Ofen an und spaltete das Holz vor Tagesanbruch; dann schlief er wieder ein und schlief lange; Dann kam er, um Befehle zu holen, mit einem roten Seidenhalstuch um den Kopf, mit angezogenem Overall und ohne Frack und Brille. Wenn wir zufällig unterbrochen wurden, ahnte niemand , dass es sich sowohl um Frederic Ingham als auch um mich handelte; und in der Nachbarschaft wuchs der Eindruck, dass der Ire des Ministers tagsüber im Fabrikdorf von New Coventry arbeitete. Nachdem ich ihm seine Befehle gegeben hatte, sah ich ihn erst am nächsten Tag wieder.

Ich habe ihn ins Leben gerufen, indem ich ihn zu einer Sitzung des Aufklärungsausschusses geschickt habe. Der Aufklärungsrat besteht aus vierundsiebzig Mitgliedern, von denen siebenundsechzig zur Bildung eines Quorums erforderlich sind. Man wird Mitglied gemäß den Bestimmungen, die im Testament des alten Richters Dudley festgelegt sind. Ich wurde einer, indem ich zum Pastor einer Kirche in Naguadavick ordiniert wurde . Sie sehen, Sie können sich selbst nicht helfen, selbst wenn Sie es wollten. Zu diesem Zeitpunkt hatten wir vier aufeinanderfolgende Sitzungen abgehalten, die jeweils durchschnittlich vier Stunden dauerten, und waren ausschließlich damit beschäftigt, ein Quorum zu erreichen. Beim ersten Mal waren nur elf Männer anwesend; beim nächsten, durch Kraft von drei Rundschreiben, siebenundzwanzig; Beim dritten Mal hatten wir dank der zweitägigen Werbekampagne von Auchmuty und mir, die Männer anflehten, mitzukommen, sechzig. Die Hälfte der anderen befand sich in Europa. Aber ohne ein Quorum könnten wir nichts tun. Wir alle anderen warteten grimmig auf unsere vier Stunden und vertagten uns dann, ohne etwas zu unternehmen. Beim vierten Treffen waren wir erschöpft und hatten nur neunundfünfzig zusammen. Aber beim ersten Erscheinen meines Doppelgängers, den ich an diesem verhängnisvollen Montag zum fünften Treffen schickte, war er der *siebenundsechzigste* Mann, der den Raum betrat. Er wurde mit einem Sturm des Applauses begrüßt! Der arme Kerl hatte seinen Weg verfehlt – er konnte die Straßenschilder schlecht durch seine Brille lesen (eigentlich sehr schlecht, ohne sie) – und hatte nicht gewagt, nachzufragen. Als er den Raum betrat , traf er auf den Präsidenten und den Sekretär, die an ihren Stühlen zwei Richter des Obersten Gerichtshofs festhielten, die ebenfalls Mitglieder *von Amts wegen waren* und um Erlaubnis baten, gehen zu dürfen. Bei seinem Eintritt änderte sich alles. *Presto* wurde die Satzung außer Kraft gesetzt und das westliche Eigentum verschenkt. Niemand blieb stehen, um sich mit ihm zu unterhalten. Er stimmte, wie ich es ihm aufgetragen hatte, in jedem Fall mit der Minderheit. Als vernünftiger Mann gewann ich neue Lorbeeren, obwohl ich ein wenig unpünktlich war – und Dennis, *alias* Ingham, kehrte ins Pfarrhaus zurück und war erstaunt darüber, wie wenig Weisheit die Welt regiert. Er hat ein paar meiner Gemeindemitglieder auf der Straße niedergemetzelt; aber er hatte seine Brille abgenommen, und ich bin bekanntermaßen kurzsichtig. Schließlich erkannte er sie leichter als ich.

Ich habe ihn auf der Ausstellung der New Coventry Academy „wieder eingestellt"; und hier übernahm er eine „Sprechrolle" – wie ich mich in meinen jungen, weltlichen Tagen an die Rechnungen erinnere, die von Mlle. zu sagen pflegten. Celeste. Wir sind alle Treuhänder der New Coventry Academy; und es gab in letzter Zeit „viel Aufregung", weil die sandemanischen Treuhänder die Ausstellungen nicht regelmäßig besuchten. Es wurde tatsächlich angedeutet, dass die Sandemanianer zum freien Willen tendieren und dass wir diese halbjährlichen Ausstellungen daher vernachlässigt haben, während es keinen Zweifel daran gibt, dass Auchmuty letztes Jahr an der Eröffnungsfeier in Waterville teilnahm. Nun ist der Schulleiter von New Coventry ein wirklich guter Kerl , der eine Sanskrit-Wurzel erkennt, wenn er sie sieht, und oft mit mir Etymologien knackt – so dass ich streng genommen ihre Ausstellungen besuchen sollte. Aber denken Sie, lieber Leser, daran, wie Sie drei lange Julitage in dieser Akademiekapelle verbringen und das Programm verfolgen

DIENSTAG MORGEN. *Englische Zusammensetzung.*
"SONNENSCHEIN." Frau Jones.

runden zu

Trio auf drei Klavieren. Duell aus der Oper „Midshipman
Easy". *Heiraten .*

Komme um neun, Donnerstagabend! Denken Sie darüber nach, Leser, für Männer, die wissen, dass die Welt versucht, rückwärts zu gehen, und die ihr Leben geben würden, wenn sie dazu beitragen könnten, dass es weitergeht! Also! Der Doppelgänger hatte im Vorstand so gute Erfolge erzielt, dass ich ihn auf die Akademie schickte. (Schatten Platons, verzeihen Sie!) Er kam früh am Dienstag an, wo in der Tat nur wenige außer Müttern und Geistlichen erwartet werden, und kehrte am Abend mit Ehren zu uns zurück. Er hatte zur Rechten des Vorsitzenden zu Abend gegessen und lobte das Mahl in höchsten Tönen. Der Vorsitzende hatte sein Interesse am französischen Gespräch bekundet. „Ich freue mich sehr, dass es Ihnen gefallen hat", sagte Dennis; und der arme Vorsitzende vermutete beschämt, dass der Akzent falsch gewesen sei. Am Ende des Tages waren die anwesenden Herren zu Reden aufgerufen worden , darunter zufällig zuerst Rev. Frederic Ingham; Daraufhin war Dennis aufgestanden und hatte gesagt: „Es wurde so viel gesagt und im Großen und Ganzen so gut gesagt, dass ich die Zeit nicht in Anspruch nehmen werde." Die Mädchen waren begeistert, denn Dr. Dabney hatte sie im Jahr zuvor bei dieser Gelegenheit wegen unangemessenem Verhalten bei Lyceum-Vorlesungen beschimpft. Sie alle erklärten, Mr. Ingham sei eine Liebe – und *so* gutaussehend! (Dennis sieht gut aus.) Drei von ihnen folgten ihm, die Arme hinter den Hüften der anderen, bis zu dem Wagen, in dem er nach Hause fuhr; und ein kleines Mädchen mit einer blauen Schärpe war geschickt worden, um ihm eine Rosenknospe zu schenken. Nach diesem *Debüt* als Redner besuchte er zur beiderseitigen Zufriedenheit aller Beteiligten noch zwei Tage die Ausstellung. Tatsächlich berichtete Polly, dass er die Abendessen der Treuhänder für höher eingestuft hatte als die im Pfarrhaus. Als das nächste Semester begann, stellte ich fest, dass sechs der Akademiemädchen die Erlaubnis erhalten hatten, über den Fluss zu kommen und unsere Kirche zu besuchen. Aber diese Vereinbarung hielt nicht lange an.

Danach ging er für mich zu mehreren Commencements und aß die bereitgestellten Abendessen; Er nahm für mich an drei unserer vierteljährlichen Versammlungen teil und stimmte stets mit Bedacht ab, nach der oben erwähnten einfachen Regel, sich auf die Seite der Minderheit zu stellen. Und ich, der zuvor bei meinen Freunden die Kastenzugehörigkeit verloren hatte, weil ich mich von den Gemeinschaften der Gesellschaft fernhielt, begann mich in der Gunst aller zu erheben. „Ingham ist ein guter Kerl, immer zur Stelle"; „redet nie viel, tut aber das Richtige zur richtigen Zeit"; „ist nicht mehr so unpünktlich wie früher – er kommt früh und sitzt bis zum Ende durch." „Er hat auch seine alte Gesprächsgewohnheit überwunden. Ich habe einmal mit einem Freund darüber gesprochen, und ich denke, Ingham hat es freundlich aufgenommen", usw. usw.

Dieses Stimmrecht von Dennis war besonders wertvoll bei den vierteljährlichen Treffen der Eigentümer der Naguadavick Ferry. Meine Frau hat von ihrem Vater einige Anteile an diesem Unternehmen geerbt, das noch nicht vollständig entwickelt ist, obwohl es zweifellos ein sehr wertvolles Eigentum werden wird. Das Gesetz von Maine verbot den Aktionären dann, bei solchen Versammlungen durch einen Bevollmächtigten zu erscheinen. Polly wollte nicht gehen, da sie eigentlich keine „Hühnerrechte-Henne" war, und übertrug ihren Bestand auf mich. Nachdem ich einmal dort war, gefiel es mir nicht mehr als ihr. Aber Dennis ging zum nächsten Treffen und es gefiel ihm sehr gut. Er sagte, die Sessel seien gut, die Zusammenstellung gut und die Gratisfahrten für die Aktionäre angenehm. Er hatte ein wenig Angst, als sie ihn zum ersten Mal auf eine der Fähren mitnahmen, aber nach zwei oder drei vierteljährlichen Treffen wurde er ziemlich mutig.

Bisher hatte ich noch nie Schwierigkeiten mit ihm. Da er tatsächlich, wie ich andeutete, zu dem Typus gehörte, den man als zaghaft bezeichnet, war er nur allzu glücklich, wenn man ihm täglich sagte, was er tun sollte, und wenn man ihm vorwarf, bei der Erfüllung dieser Pflicht nicht aufdringlich oder in irgendeiner Weise originell zu sein. Er lernte jedoch, zwischen den Linien seines Lebens zu unterscheiden, und zog diese Aktionärsversammlungen und Treuhänderabendessen und Eröffnungsfeiern bei weitem einer Reihe anderer Anlässe vor, von denen er immer sehr erbärmlich zu betteln pflegte. Unser ausgezeichneter Bruder, Dr. Fillmore, hatte zu dieser Zeit die Auffassung vertreten, dass unsere Kirchen in Sandeman mehr Ausdruck gegenseitiger Sympathie brauchten. Er bestand darauf, dass wir nachlässig seien. Er sagte, wenn der Bischof nach Naguadavick käme, um zu predigen , seien alle bischöflichen Geistlichen der Nachbarschaft anwesend; Wenn Dr. Pond kam, kamen alle Geistlichen der Kongregation, um ihn zu hören; wenn Dr. Nichols, alle Unitarier; und er meinte, wir seien es einander schuldig, dass, wann immer es einen gelegentlichen Gottesdienst in einer sandemanischen Kirche gab, die anderen Brüder, wenn möglich, alle teilnehmen sollten. „Es sah gut aus“, wenn nicht mehr. Das bedeutete nun wirklich, dass ich keinen von Dr. Fillmores Vorträgen über die Ethnologie der Religion gehört hatte. Er vergaß, dass er einen meiner Vorträge über den „ Sandemanismus Anselms“ nicht gehört hatte. Aber ich fühlte mich schlecht, als er es sagte; und danach ließ ich Dennis immer gehen, um allen Brüdern beim Predigen zuzuhören, wenn ich nicht selbst predigte. Das war es, wovon er Ausnahmen machte – das Einzige, was er, wie gesagt, jemals getan hat, außer es zu tun. Jetzt profitierte er von seinem langen Morgenschlaf und dem grünen Tee, mit dem Polly die Küche versorgte. Aber er würde so demütig darum bitten, entlassen zu werden, nur von ein oder zwei! Ich habe ihn jedoch nie ausgenommen. Ich wusste, dass die Vorträge wertvoll waren, und ich hielt es für das Beste, dass er die Verbindung aufrechterhalten konnte.

Polly ist unbesonnener als ich, wie der Leser zu Beginn dieser Memoiren festgestellt hat. Sie riskierte Dennis eines Nachts unter den Augen ihres eigenen Geschlechts. Gouverneur Gorges war immer sehr freundlich zu uns und fragte uns, als er seine große jährliche Party in der Stadt veranstaltete. Ich gestehe, ich habe es gehasst, dorthin zu gehen. Ich war tief in den neuen Band von Pfeiffers „Mystics“ vertieft, den Haliburton mir gerade aus Boston geschickt hatte. „Aber wie unhöflich“, sagte Polly, „die Höflichkeit des

Gouverneurs und der Frau Gorges nicht zu erwidern , wenn sie sicher fragen werden, warum Sie weg sind!" Dennoch lehnte ich ab, und schließlich entließ sie mich mit dem Witz von Eva und Semiramis, indem sie sagte, dass sie es tun würde, wenn ich mit ihr hineingehen und die ersten Gespräche mit dem Gouverneur und den dort wohnenden Damen führen würde Riskiere Dennis für den Rest des Abends. Und genau das haben wir getan. Sie nahm Dennis den ganzen Nachmittag zum Training mit, unterrichtete ihn in modischen Gesprächen, warnte ihn vor den Versuchungen des Abendessens – und um neun Uhr abends fuhr er uns alle in der Tragetasche hinunter. Den großen *Hauptauftritt* bereitete ich mit Polly und den hübschen Walton-Mädchen, die bei uns wohnten. Wir hatten Dennis einen tollen rauen Mantel angezogen, ohne seine Brille, und die Mädchen dachten nicht im Traum daran, ihn in der Dunkelheit anzusehen. Er saß im Wagen an der Tür, als wir eintraten. Ich machte Mrs. Gorges das Gefallen und wurde ihrer Nichte, Miss Fernanda, vorgestellt; Ich habe Richter Jeffries zu seiner Entscheidung im großartigen Fall D'Aulnay beglückwünscht *vs.* Laconia Mining Company; Ich ging für einen Moment in die Umkleidekabine, stieg für einen weiteren Moment aus und ging nach einem Nicken mit Dennis und dem Anbinden des Pferdes an eine Pumpe nach Hause . und während ich nach Hause ging, betrat Mr. Frederic Ingham, mein Doppelgänger, durch die Bibliothek den großen Saloon des Gorges .

Oh! Polly starb vor Lachen, als sie mir um Mitternacht davon erzählte! Und selbst hier, wo ich meinen Händen beibringen muss, Buchen zu fällen, um Pfähle für die Umzäunung unserer Höhle herzustellen, muss sie lachen, als sie daran zurückdenkt – und sagt, dieser einzige Anlass war alles wert, was wir dafür bezahlt haben. Galante Eva, was sie ist! Sie gesellte sich zu Dennis an der Bibliothekstür und stellte ihn augenblicklich Dr. Ochterlony aus Baltimore vor, der zu Besuch in der Stadt war und sich mit ihr unterhielt, als Dennis hereinkam. „Mr. Ingham würde gerne hören, was." Sie haben uns von Ihrem Erfolg in der deutschen Bevölkerung erzählt." Und Dennis verneigte sich und sagte trotz eines finsteren Blicks von Polly: „Ich freue mich sehr, dass es Ihnen gefallen hat." Aber Dr. Ochterlony bemerkte es nicht und stürzte sich in die Flut der Erklärungen; Dennis hörte zu wie ein Premierminister und verneigte sich wie eine Mandarine, was meiner Meinung nach dasselbe ist. Polly erklärte, es sei genau wie Haliburtons lateinisches Gespräch mit dem ungarischen Minister, von dem er sehr gern erzählt. „ *Quæne sit historia Reformationis in Ungarn ?* „ sagte Haliburton nach einigem Nachdenken. Und sein *Mitbruder* antwortete galant: „ *In seculo decimo tertio* " usw. usw. usw.; und von *Decimo tertio* [16] bis zum neunzehnten Jahrhundert dauerte es anderthalb , bis die Austern kamen. So war es auch Bevor Dr. Ochterlony zum „Erfolg" kam, oder ihm nahe kam, kam Gouverneur Gorges zu Dennis und bat ihn, Mrs. Jeffries zum Abendessen herzugeben, eine Bitte, die er mit großer Freude hörte.

Ich schätze, Polly hüpfte fröhlich durch den Raum. Auchmuty kam zu ihr „aus Mitleid mit dem armen Ingham", der von dem dummen Experten so gelangweilt war – und Auchmuty konnte nicht verstehen, warum ich es so lange aushielt. Aber als Dennis Mrs. Jeffries herunterholte, konnte Polly nicht widerstehen, in ihrer Nähe zu stehen. Er war ein wenig nervös, bis ihm der Anblick der Ess- und Trinkgegenstände den gleichen Mercian-Mut verlieh wie Diggory. Etwas aufgeregt versuchte er dann, eine oder zwei seiner Reden vor der Richterin zu halten. Aber er wusste nicht, wie schwierig es war, auch nur ein *Prompu dort hochkant* zu bekommen . „Sehr gut, ich danke Ihnen", sagte er, nachdem die Essensbestandteile angepasst waren; "Und du?" Und dann musste er nicht noch von den Mumps, den Masern, der Arnika, der Tollkirsche, der Kamillenblüte und dem Dodecatheon hören , bis sie Austern gegen Salat eintauschte; und dann über die alte und die neue Praxis und was ihre Schwester sagte und was der Freund ihrer Schwester sagte und was der Arzt dem Freund ihrer Schwester sagte und dann was der Bruder der Schwester des Arztes des Freundes sagte von ihrer Schwester, genau so, als ob es in Ollendorff gewesen wäre ? Es entstand eine kurze Pause, als sie den Champagner ablehnte. „Ich freue mich sehr, dass es Ihnen gefallen hat", sagte Dennis noch einmal , was er nie hätte sagen sollen, außer zu jemandem, der eine Predigt lobte. „Oh! Sie sind so scharfsinnig, Mr. Ingham! Nein! Ich trinke überhaupt keinen Wein – außer manchmal im Sommer einen kleinen Johannisbeerstrauch – von unseren eigenen Johannisbeeren, wissen Sie. Meine eigene Mutter – das heißt ich nenne sie meine eigene Mutter, weil ich mich, wissen Sie, nicht daran erinnere usw. usw. usw.; bis sie am Ende des Festes zu der kandierten Orange kamen, als Dennis, ziemlich verwirrt, meinte, er müsse etwas sagen, und es mit Nr. 4 versuchte: „Ich stimme im Großen und Ganzen mit meinem Freund auf der anderen Seite des Raumes überein, „– was er nie hätte sagen sollen, außer bei einer öffentlichen Versammlung. Aber Mrs. Jeffries, die nie zuhört und erwartet, dass sie es versteht, holte ihn sofort ein und sagte: „Nun, ich bin sicher, mein Mann erwidert das Kompliment; er ist immer einer Meinung mit Ihnen – obwohl wir Gottesdienste mit den Methodisten feiern; aber wissen Sie, Mr . Ingham" usw. usw. usw., bis zum Umzug nach oben; und als Dennis sie durch die Halle führte, wurde er von niemandem außer Polly verstanden, als er sagte: „Es wurde so viel gesagt und im Großen und Ganzen so gut gesagt, dass ich die Zeit nicht in Anspruch nehmen werde."
Seine große Ressource für den Rest des Abends bestand darin, in der Bibliothek zu stehen und auf die gleiche Weise angeregte Gespräche miteinander zu führen. Polly hatte ihn in die Geheimnisse einer meiner Entdeckungen eingeweiht, nämlich dass es nicht notwendig ist, seine Sätze in einer Menschenmenge zu beenden, sondern durch eine Art Murmeln, wobei Zischlaute und Zahnbälle weggelassen werden. Dies beantwortet sich zwar, wenn Ihnen die Worte fehlen, sogar in einer öffentlichen spontanen

Rede, aber besser dort, wo andere Reden stattfinden. Daher: „Wir haben Sie bei der Natural History Society, Ingham, vermisst." Ingham antwortet: „Ich bin sehr gligloglum , das heißt, du warst mmmmm ." Durch allmähliches Absenken der Stimme wird der Gesprächspartner gezwungen, die Antwort zu geben. „Mrs. Ingham, ich hoffe, Ihrer Freundin Augusta geht es besser." Augusta war nicht krank. Polly fällt jedoch keine Erklärung ein und sie antwortet: „Vielen Dank, Ma'am; sie ist sehr vernünftig. " wewahwewoh ", in immer tieferen Tönen. Und Mrs. Throckmorton, die das Thema, über das sie gesprochen hatte, sofort vergaß, als sie die Frage stellte, ist ganz zufrieden. Dennis konnte in den Kartenraum sehen und kam zu Polly, um zu fragen, ob vielleicht ging er nicht hin und spielte Vierfüßler. Aber sie weigerte sich natürlich strikt. Um Mitternacht kamen sie erfreut nach Hause – Polly war, wie gesagt, wild darauf, mir die Geschichte des Sieges zu erzählen; nur die beiden hübschen Walton-Mädchen sagten es „Cousin Frederic, du bist den ganzen Abend nicht in meine Nähe gekommen."

Der Einfachheit halber nannten wir ihn zu Hause immer Dennis, obwohl sein richtiger Name, wie ich erklärt habe, Frederic Ingham war. Als jedoch der Wahltag näher rückte, stellte ich fest, dass zufällig nur ein einziger Name von Frederic Ingham auf der Wählerliste stand; und da ich an diesem Tag ziemlich damit beschäftigt war, einige Auslandsbriefe nach Halle zu schreiben, dachte ich, ich würde auf mein Wahlrecht verzichten und ruhig zu Hause bleiben und Dennis sagen, dass er den Eintrag auf der Abstimmungsliste verwenden und abstimmen könnte. Ich gab ihm ein Ticket und sagte ihm, dass er es nutzen könne, wenn er wolle. Das war die sehr scharfe Wahl in Maine, an die sich die Leser des Atlantic so gut erinnern, und man hatte öffentlich angedeutet, dass die Minister gut daran täten, nicht an den Wahlen teilzunehmen. Danach mussten wir natürlich selbst oder in Vertretung erscheinen. Dennoch war Naguadavick damals noch keine Stadt, und das mehrstündige Anstehen in einer doppelten Schlange bei der Stadtversammlung, um abzustimmen, war eine Langeweile der ersten Stunde; Als ich also feststellte , dass nur ein einziger Frederic Ingham auf der Liste stand und einer von uns aufgeben musste, blieb ich zu Hause und beendete die Briefe (was Fothergill tatsächlich die begehrte Ernennung zum Professor für Astronomie in Leavenworth bescherte).), und ich gab Dennis, wie wir ihn nannten, die Chance. Irgendetwas an dieser Sache verschaffte dem Namen Frederic Ingham große Popularität; und bei der vertagten Wahl nächste Woche wurde Frederic Ingham in die Legislative gewählt. Ob ich das war oder Dennis, wusste ich nie wirklich. Meine Freunde schienen zu glauben, dass ich es war; aber ich hatte das Gefühl, dass Dennis Anspruch auf die Ehre hatte, da er das beliebte Werk getan hatte; Deshalb schickte ich ihn zu gegebener Zeit nach Augusta, und er leistete den Eid. Und er hat ihn zu einem sehr wertvollen Mitglied gemacht. Sie ernannten ihn zum Mitglied des Gemeindeausschusses; aber ich schrieb einen Rücktrittsbrief für ihn mit der Begründung, dass er Interesse an unserem Anspruch auf den Stumpage im Sechzehntel des Ministers von Gore A, nächste Nr. 7, im 10. Range habe. Er hielt nie Reden und stimmte immer mit der Minderheit, wozu er geschickt wurde. Er hat mir und sich selbst viele gute Freunde gemacht, von denen ich einige später nicht so schnell wiedererkannte wie Dennis meine Gemeindemitglieder. Ein oder zwei Mal, wenn es zu Hause Holz zum Sägen gab, ließ ich ihn zu Hause; aber ich nutzte diese Gelegenheiten, um selbst nach Augusta zu fahren. Da ich mich zu diesen Zeiten oft auf seinem freien Platz befand, beobachtete ich das Geschehen mit großer Aufmerksamkeit. und einmal war ich so aufgeregt, dass ich meine einigermaßen gefeierte Rede über die Frage des Central School District hielt, eine Rede, von der der „State of Maine" einige zusätzliche Exemplare druckte. Ich glaube, dass es keine formelle Regel gibt, die es Fremden erlaubt, zu sprechen; aber niemand widersprach.

Dennis selbst hat, wie gesagt, nie gesprochen. Aber unsere Erfahrung in dieser Sitzung brachte mich zu der Annahme, dass, wenn es ein solches „allgemeines Verständnis" gäbe, von dem in den Berichten täglich in der Gesetzgebung die Rede ist, jedes Mitglied des Kongresses einen Doppelgänger zurücklassen könnte, der diese tödlichen Sitzungen miterlebt und auf Namensaufrufe reagiert und so weiter Durch die legitime Parteiwahl, die in der regulären Liste von Ashe, Bocock , Black usw. stereotyp erscheint, sollten wir deutlich an Arbeitskraft gewinnen. Aus heutiger Sicht ist das traurigste Staatsgefängnis, das ich je besucht habe, die Repräsentantenkammer in Washington. Wenn ein Mann für eine Stunde weggeht, heulen vielleicht zwanzig „Korrespondenten": „Wo war Mr. Pendergrast , als das Oregon-Gesetz verabschiedet wurde?" Und wenn der arme Pendergrast dort bleibt! Das Schlimmste, was man aus einem Mann machen kann, ist sicherlich , ihn ins Gefängnis zu werfen!

Ich weiß tatsächlich, dass hochrangige Persönlichkeiten des öffentlichen Lebens schon vor langer Zeit auf dieses Mittel zurückgegriffen haben. Dumas' Roman „Die Eiserne Maske" dreht sich um die brutale Inhaftierung des Doppelgängers Ludwigs des Vierzehnten. In unserer eigenen Geschichte scheint es kaum Zweifel daran zu geben, dass es der echte General Pierce war, der Tränen vergoss, als der Delegierte von Lawrence ihm die Leiden der Menschen dort erklärte, und dass nur General Pierces Doppelgänger den Befehl zum Angriff darauf gegeben hatte Stadt, die am nächsten Tag überfallen wurde. Mein charmanter Freund George Withers hat, da bin ich mir fast sicher, einen Doppelgänger, der für ihn seine Nachmittagspredigten hält. Aus diesem Grund weicht die Theologie oft stark von der des Vormittags ab. Aber dieses Double ist fast so charmant wie das Original. Einige der am deutlichsten definierten Männer, die am deutlichsten aus dem Hintergrund der Geschichte hervorstechen, sind auf diese Weise stereoskopische Männer, die ihre deutliche Erleichterung den geringfügigen

Unterschieden zwischen den Doppelgängern verdanken. Das alles weiß ich. Mein jetziger Vorschlag ist einfach die große Erweiterung des Systems, damit alle öffentlichen Maschinenarbeiten damit erledigt werden können.

Aber ich sehe, dass ich bei meiner Geschichte herumlungere, die auf den Abgrund stürzt. Lassen Sie mich jedoch noch einen Moment innehalten, um mich, wenn es nur für mich wäre, an dieses bezaubernde Jahr zu erinnern, als alles noch gut war. Nachdem das Double fast zwölf Monate lang zur Selbstverständlichkeit geworden war, bevor er mich losließ, was für ein Jahr war das! Voller aktivem Leben, voller glücklicher Liebe, voller härtester Arbeit, voller süßem Schlaf und der Erfüllung so vieler frischer Sehnsüchte und Träume der Kindheit! Dennis ging zu jeder Schulausschusssitzung und blieb bei all den späten Streitereien dabei, die mich bis Mitternacht wach und bis zum Morgen wach hielten. Er besuchte alle Vorlesungen, zu denen mir ausländische Exilanten Eintrittskarten schickten, in denen sie mich baten, aus Liebe zum Himmel und zu Böhmen zu kommen. Er nahm alle mir zugesandten Karten für Benefizkonzerte entgegen und nutzte sie. Er erschien überall dort, wo es besonders wünschenswert war, dass „unsere Konfession“, „unsere Partei“, „unsere Klasse“, „unsere Familie“, „unsere Straße“, „unsere Stadt“ oder „unser Land“ oder „unser Staat“ sollte vollständig vertreten sein. Und ich fiel zurück in das bezaubernde Leben, von dem man als Knaben träumt, wenn man meint, seine eigenen Pflichten zu erfüllen und seine eigenen Opfer zu bringen, ohne mit denen anderer Menschen verbunden zu sein. Mein eingerostetes Sanskrit, Arabisch, Hebräisch, Griechisch, Latein, Französisch, Italienisch, Spanisch, Deutsch und Englisch begann sich zu verbessern. Himmel! Wie wenig hatte ich mit ihnen gemacht, während ich meinen *öffentlichen* Pflichten nachging ! Meine Besuche bei meinen Gemeindemitgliedern wurden zu der freundlichen, häufigen und heimeligen Geselligkeit, die sie sein sollten, statt der harten Arbeit eines Mannes, der durch den Anblick seiner Zahlungsrückstandslisten zur Verzweiflung getrieben wird. Und predigen! Was für ein Luxus war es, zu predigen, wenn ich am Sonntag das gesamte Ergebnis einer individuellen, persönlichen Woche hatte, um mit einem Volk zu sprechen, das ich die ganze Woche über als enger Freund kennengelernt hatte; – ich wurde am Sonntag nie müde , und in der Bedingung, die Predigt zu Hause zu lassen, wenn ich möchte, und sie spontan zu predigen, wie es alle Männer immer tun sollten. In der Tat frage ich mich, wenn ich darüber nachdenke, dass ein vernünftiges Volk wie unseres, das seinem Klerus wirklich mehr zugetan ist als in den verlorenen Tagen, als die Mathers und Nortons Adlige waren, sich dafür entscheiden sollte, so viele Ansichten ihrer Geistlichen zu neutralisieren. Leben und zerstören so viel von ihrer frühen Ausbildung durch diese unbestimmte Leidenschaft, sie in der Öffentlichkeit zu sehen. Es entspringt unserer Abwägung der Sekten. Wenn sich ein temperamentvoller Episkopalist für das Armenhaus interessiert und in den Armenrat aufgenommen wird, muss jede andere Konfession dort einen Pfarrer haben, damit das Armenhaus nicht in die St. Paul's Cathedral umgewandelt wird. Wenn ein Sandemanianer zum Präsidenten der Young Men's Library gewählt wird, muss es einen methodistischen Vizepräsidenten und einen baptistischen Sekretär geben. Und wenn eine universalistische Sonntagsschulkonferenz fünfhundert Delegierte versammelt, muss die nächste kongregationalistische Sabbatschulkonferenz ebenso groß sein, „damit ‚sie‘ – wer auch immer *sie* sein mögen – nicht denken, ‚wir‘ – wer auch immer *wir* sein mögen – untergehen." ."

Von diesen Notwendigkeiten befreit, lernte ich in diesem glücklichen Jahr meine Frau vom Sehen kennen. Wir haben uns manchmal gesehen. An diesen langen Vormittagen, wenn Dennis im Arbeitszimmer war und den Kartenhändlern erklärte, dass ich bereits elf Karten von Jerusalem hatte, und den Schulbuchagenten sagte, dass ich sie hängen sehen würde, bevor ich bestochen werden würde, um ihnen ihre Lehrbücher vorzustellen in den Schulen – sie und ich waren zusammen bei der Arbeit, wie in jenen alten, verträumten Tagen – und wieder in unseren Blockhütten. Aber das alles konnte nicht von Dauer sein – und schließlich löste mich der arme Dennis, mein Doppelgänger, der wiederum überfordert war, auf.

So geschah es. Es gibt einen hervorragenden Kerl, einst Pfarrer – ich nenne ihn Isaacs –, der bis zu seinem Tod Wohlergehen in der Welt verdient, und der danach, weil er einst in einer wirklichen Notlage das Richtige auf die richtige Art und Weise getan hat, zur richtigen Zeit, wie es kein anderer Mann konnte. Beim größten Fußballspiel der Welt fand ihn der Ball zufällig außerhalb des Spielfelds herum; Er schloss damit ab, „lagerte" es, stürmte nach Hause – ja, direkt durch die andere Seite – nicht beunruhigt, nicht erschreckt von seinem eigenen Erfolg – und atemlos stellte er fest, dass er ein großer Mann war, während das Große Delta Beifall erklang. Aber er fand sich nicht als reicher Mann; und der Fußball ist ihm nie wieder in die Quere gekommen. Von diesem Moment bis zu diesem Moment war er nutzlos, das kann man überhaupt sehen. Dennoch sprechen wir für diese großartige Tat dankbar von Isaacs und erinnern uns freundlich an ihn; und er macht weiter, in der Hoffnung, den Fußball irgendwo wiederzusehen. In dieser vagen Hoffnung hatte er eine „Bewegung" für eine allgemeine Organisation der Menschheitsfamilie in Debattierklubs, Kreisgesellschaften, Landesverbände usw. usw. ins Leben gerufen, mit der Absicht, alle Kinder dazu zu bewegen, die Klinken in die Hand zu nehmen ihrer Messer und Gabeln statt des Metalls. Kinder haben auf diese Weise schlechte Gewohnheiten. Die Bewegung war natürlich absurd; Aber wir haben alle unser Bestes getan, um voranzukommen, nicht es, sondern ihn. Es war Zeit für die jährliche Bezirksversammlung zu diesem Thema in Naguadavick . Isaacs kam vorbei, guter Kerl! um das zu arrangieren, – holte das Rathaus, ließ den Gouverneur den Vorsitz übernehmen (den Heiligen! – er sollte per Gesetz Drillinge erhalten) und kam dann, um mich zum Reden zu bewegen. „Nein", sagte ich, „ich würde nicht sprechen, wenn zehn Gouverneure den Vorsitz führen würden. Ich glaube nicht an das Unternehmen. Wenn ich sprechen würde, sollte es heißen, dass Kinder die Zinken der Gabeln und die Klingen der Messer ergreifen sollten." Messer. Ich würde zehn Dollar abonnieren, aber ich würde keine Million sprechen. Also machte sich der arme Isaacs traurig auf den Weg, um Auchmuty und Delafield zum Reden zu bewegen. Ich ging raus. Kurz nachdem er zurückgekommen war und Polly mitgeteilt hatte, dass sie versprochen hatten, zu sprechen, würde der Gouverneur sprechen und er selbst würde mit dem vierteljährlichen Bericht und einigen interessanten Anekdoten über Miss Biffins Art, mit ihrem Messer umzugehen, und Mr. Nellis' Art schließen stellt seine Gabel auf den Boden. „Wenn Herr Ingham nun nur kommt und auf dem Podium sitzt, braucht er kein Wort zu sagen; aber es wird deutlich in der Zeitung zu sehen sein – es wird zeigen, dass die Sandemanianer genauso großes Interesse an der Bewegung haben wie die Armenier oder die …" Mesopotamier und wird mir ein großer Gefallen sein. Polly, gute Seele! war in Versuchung und sie versprach es. Sie wusste, dass Mrs. Isaacs hungerte und die Babys – sie wusste, dass Dennis zu Hause war – und sie versprach es! Die Nacht kam und ich kehrte zurück. Ich habe ihre Geschichte gehört. Es tat mir leid. Ich zweifelte. Aber Polly hatte versprochen, mich anzubetteln, und ich wagte alles! Ich sagte Dennis, er solle unter allen Umständen schweigen, und schickte ihn hinunter.

Es dauerte keine halbe Stunde, bis er zurückkam, wild vor Aufregung – in perfekter irischer Wut – was ich lange nicht verstand. Aber ich wusste sofort, dass er mich ruiniert hatte!

Was passiert ist, war Folgendes. Das Publikum versammelte sich, angezogen vom Namen von Gouverneur Gorges . Es waren tausend Leute. Der arme Gorges kam zu spät aus Augusta. Sie wurden ungeduldig. Endlich kam er direkt aus dem Zug, ohne wirkliche Ahnung vom Zweck des Treffens zu haben. Er öffnete es mit möglichst wenigen Worten und sagte, es seien andere Herren anwesend, die sie besser bewirten würden als er. Das Publikum war enttäuscht, wartete aber ab. Der Gouverneur sagte auf Anregung von Isaacs: „Der ehrenwerte Herr Delafield wird sich an Sie wenden." Delafield hatte die Messer und Gabeln vergessen und spielte im Schachclub die Ruy- Lopez-Eröffnung. „Der Rev. Mr. Auchmuty wird sich an Sie wenden." Auchmuty hatte versprochen, später zu sprechen und war im Schulausschuss. „Ich sehe Dr. Stearns im Flur; vielleicht sagt er ein Wort." Dr. Stearns sagte, er sei gekommen, um zuzuhören und nicht, um zu sprechen. Der Gouverneur und Isaacs flüsterten. Der Gouverneur blickte Dennis an, der prächtig auf dem Podium stand; aber Isaacs schüttelte den Kopf, um ihm sein Recht zu geben. Aber der Blick genügte. Ein elender, schlecht erzogener Junge, der einmal in Boston gewesen war, dachte, es wäre gut, nach mir zu rufen, und guckte: „Ingham!" Ein paar weitere Unglückliche

riefen: „Ingham! Ingham!“ Dennoch blieb Isaacs standhaft; aber der Gouverneur, der tatsächlich darauf bedacht war, einen Streit zu verhindern, wusste, dass ich etwas sagen würde, und sagte: „Unser Freund Mr. Ingham ist immer vorbereitet; und obwohl wir uns nicht auf ihn verlassen hatten, wird er vielleicht ein Wort sagen.“ Es folgte Applaus, der Dennis den Kopf verdrehte. Er stand auf, flatterte und probierte Nr. 3: „Es wurde so viel gesagt und im Großen und Ganzen so gut gesagt, dass ich die Zeit nicht länger in Anspruch nehmen werde!“ und setzte sich und suchte nach seinem Hut; denn die Dinge schienen unsauber zu sein. Aber die Leute riefen: „Mach weiter! Geh weiter!“ und einige applaudierten. Dennis, immer noch verwirrt, aber geschmeichelt von dem Applaus, den weder er noch ich gewohnt sind, stand wieder auf und versuchte es diesmal mit Nr. 2: „Ich freue mich sehr, dass es dir gefallen hat!“ in einer klangvollen, klaren Darbietung. Meine besten Freunde starrten. Alle Leute, die mich nicht persönlich kannten, schrien vor Freude über den Anblick des Abends; Der Gouverneur war außer sich und der arme Isaacs dachte, er sei verloren! Leider war ich es! Ein Junge auf der Galerie schrie mit lauter Stimme: „Das ist alles ein höllischer Humbug“, gerade als Dennis mit einer Handbewegung Schweigen befahl und es mit Nr. 4 versuchte: „Im Großen und Ganzen stimme ich mit meinem Freund auf der anderen Seite überein.“ das Zimmer." Der arme Gouverneur zweifelte an seiner Vernunft und ging hinüber, um ihn aufzuhalten – allerdings nicht rechtzeitig. Derselbe Galeriejunge rief: „Wie geht es deiner Mutter?“ und Dennis, jetzt völlig verloren, versuchte es, als sein letzter Schuss, Nr. 1, vergeblich: „Sehr gut, danke; und du?“
Ich glaube, ich muss bereits rückgängig gemacht worden sein. Aber Dennis entschied sich, wie ein anderer Lockhard , dafür, „kranker zu machen“.
Im Publikum herrschte ein Wirbel aus Erstaunen, Wut und Trauer. Eine andere Unverschämtheit, die sich gegen Dennis richtete, brach alle Zurückhaltung, und er richtete in reinem Irisch eine Ansprache an die Galerie, in der er jeden, der kämpfen wollte, aufforderte, herunterzukommen und dies zu tun – mit der Begründung, dass sie alle Hunde seien und Feiglinge und die Söhne von Hunden und Feiglingen – dass er fünf von ihnen im Alleingang nehmen würde. „Sicher, ich habe all seine Riverence gesagt und die Herrin hat es mir gesagt“, rief er trotzig; und indem er dem Gouverneur den Stock aus der Hand nahm und ihn wie einen Viertelstab über seinem Kopf schwang. Tatsächlich wurde er vom Gouverneur, dem herbeigerufenen Stadtmarschall und dem Superintendenten meiner Sonntagsschule nur mit größter Mühe aus der Halle geholt.
Der allgemeine Eindruck war natürlich, dass Rev. Frederic Ingham in einigen jener Orte des Rausches, an deren Zerstörung ich fünfzehn Jahre lang gearbeitet habe, jegliche Kontrolle über sich verloren hatte. Bis heute ist das tatsächlich der Eindruck in Naguadavick . Diese Zahl des Atlantiks wird hundert meiner Freunde davon befreien, die seit Jahren von dieser

Vorstellung traurig verletzt wurden; aber ich werde mich dort wahrscheinlich nie wieder blicken lassen.

NEIN! Mein Double hat mich ruiniert.

Am nächsten Morgen verließen wir die Stadt um sieben. Ich kam zu Nr. 9 im dritten Bereich und entschied mich für das Grundstück des Ministers. In den neuen Städten in Maine erhält der erste sesshafte Pfarrer eine Schenkung von 100 Acres Land.

Ich bin der erste feste Pfarrer in Nr. 9. Meine Frau und die kleine Paulina sind meine Pfarrei. Wir bauen genug Mais an, um im Sommer davon zu leben. Wir töten so viel Bärenfleisch, dass es im Winter verkohlt. Ich arbeite kontinuierlich an meinem Buch „Traces of Sandemanianism in the Sixth and Seventh Centuries", von dem ich hoffe, dass ich Phillips, Sampson & Co. davon überzeugen kann, es nächstes Jahr zu veröffentlichen. Wir sind sehr glücklich, aber die Welt denkt, wir seien verloren.

DIE KINDER DER ÖFFENTLICHKEIT.

[Diese Geschichte entstand aus der Werbung für den Humbug, den sie beschreibt. Vor etwa fünfzehn oder zwanzig Jahren, als die Geschenkunternehmen ihren Höhepunkt erreichten, wurde in New York dem erfolgreichsten Ticketinhaber eines Programms eine große Geldsumme, ich glaube 10.000 US-Dollar, geschenkt, und zwar eines von 5.000 US-Dollar auf die Sekunde. Es wurde vereinbart, dass eine dieser Parteien ein Mann und die andere eine Frau sein sollte; und seitens des Unternehmungsunternehmers wurde der liebenswürdige Vorschlag hinzugefügt, dass, wenn sich die Herren und Damen, die diese Preise gezogen hatten, bei der Verteilung ausreichend gut gefielen, sie die Entscheidung als eine für sie getroffene Verbindung betrachten könnten Himmel, und nimm das Geld als Mitgift der Braut. Dieser durch und durch praktische und gleichzeitig durch und durch absurde Vorschlag erregte die Aufmerksamkeit eines angesehenen Geschichtenerzählers, eines lieben Freundes von mir, der mir vorschlug, dass jeder von uns die Geschichte eines der beiden Erfolgreichen schreiben sollte Parteien, die am Ende durch ihre Vereinigung miteinander verwoben werden. Der Plan lag jedoch jahrelang in der Schwebe — das Schenkungsunternehmen ging natürlich in die Luft — und erst im Sommer 1862 schrieb ich meine Hälfte der vorgeschlagenen Geschichte in der Hoffnung, die andere Hälfte herauszubekommen. Die wichtigeren Verpflichtungen meines Freundes haben jedoch bisher dafür gesorgt, dass Faustas ausführliche Biografie nicht ans Tageslicht kommt. Ich schickte meine Hälfte an Herrn Frank Leslie im Wettbewerb um eine von ihm angebotene Prämie, wie es im zweiten Kapitel der Geschichte heißt. Und die Geschichte fand in den Augen der Jury so großen Anklang, dass sie eine seiner zweiten Auszeichnungen erhielt. Der erste Preis ging zu Recht an Miss Louisa Alcott für eine Geschichte voller Geist und Kraft. „The Children of the Public" wurde in Frank Leslies

Illustrated Newspaper vom 24. und 31. Januar 1863
abgedruckt. Die Moral, die es zu veranschaulichen
versucht, die meiner Meinung nach wichtig ist, wurde
somit der Aufmerksamkeit der Öffentlichkeit
empfohlen Der große Kreis der Leser dieser
Zeitschrift – einer Zeitschrift, der ich mit Freude
sagen möchte, dass diese Nation meiner Meinung
nach zu einem großen Teil die Loyalität, den gesunden
Menschenverstand und den hohen Ton zu verdanken
hat, die sie immer zu charakterisieren scheinen.
Während des Krieges hatten die Bildzeitschriften
einen immensen Einfluss auf die Armee, und sie
nutzten diesen Einfluss mit unbeirrbarem Rücksicht
auf die wahre Ehre des Landes.]

* * * * *

KAPITEL I.

DAS SCHWEINEFASS.

„Felix", sagte meine Frau zu mir, als ich heute Abend nach Hause kam, „du
musst zum Schweinefleischfass."
„Bist du ganz sicher", sagte ich, „ganz sicher? ‚Wehe dem', sagt das Orakel,
‚der zum Schweinefass geht, bevor er es braucht.'"
„Und wehe ihm, sage ich", antwortete meine tapfere Frau, „wehe und
Unglück für ihn; aber der Moment unserer Not ist gekommen. Die Zahlen
sind hier, und Sie werden sehen. Ich habe alles in Schwarz und in." Weiß."
Und so stellte es sich tatsächlich heraus, als Miss Sampson, die
Krankenschwester, für ihren monatlichen Dienst bezahlt wurde, als die
Jungen ihre Winterstiefel hatten und als mein Lebensversicherungsbericht
erstellt wurde und die neue Zahlung für die Versicherung ankam das Haus,
– als die Steuern mit dem Steuereinnehmer beglichen wurden (und meine
Frau das Doppelte für den Krieg zurücklegen musste), – als die Bankmiete
für das Jahr und der Wasserpreis bezahlt wurden – wir mussten damit
beginnen , am 1. Januar, einhundert Dollar. Dies würde, wie wir leben, den
Metzger, den Lebensmittelhändler, den Bäcker und alle Händler mit Dingen,
die verderben, in bar bezahlen, die Omnibus-Fahrkarten kaufen und Bridget
bis zum 1. April entschädigen. Und bei mir zu Hause sind wir zufrieden,
wenn wir drei Monate in die Zukunft blicken können. Aber bei mir zu Hause
sind wir nie zufrieden, wenn es in irgendeinem Geschäft einen Kredit für uns

gibt. Wir haben geschworen, zu zahlen, während wir gehen. Wir schulden keinem Menschen etwas.

So kam es, dass meine Frau sagte: „Felix, du musst zum Schweinefleischfass."

Dies ist die Geschichte vom Schweinefleischfass.

Es geschah einmal, in einer kleinen Gemeinde in den Green Mountains, dass der Diakon Pfarrer Plunkett berichtete, dass er, als er zu einem Treffen am Chung-a- baug -Teich ritt, Michael Stowers gesehen hatte, wie er durch ein Loch im Eis nach Pflückern fischte der Sabbattag. Der Pfarrer nahm die Beschwerde zur Kenntnis und fuhr am Nachmittag mit seinem „Einspänner" zum Teich. Er stattete dem armen Stowers-Haushalt einen nicht unannehmbaren Besuch ab und überquerte dann die Grundstücke zu dem Ort, wo er den armen Michael hacken sah. Er teilte Michael mit, dass er wegen Sabbatbruchs angeklagt sei, und forderte ihn auf, sich auf die Anklage zu berufen. Und der arme Mike bekennt sich wie ein Mann schuldig; aber zur Milderung sagte er, dass es das gab Im Haus gab es nichts zu essen, und anstatt zu sehen, wie Frau und Kinder in Ohnmacht fielen, hatte er ein Loch in das Eis geschnitten, immer wieder und noch einmal seinen Haken hineingesteckt, und als er nach Hause kam, hatte er die wartende Familie mit einem unerwarteten Frühstück erfreut . Der gute Pfarrer erwiderte nichts, nickte nachdenklich und fuhr schnurstracks zur Tür des Diakons.

„Deacon", sagte er, „welches Fleisch hast du gestern zum Frühstück gegessen?"

Die Familie des Diakons hatte gesalzenes, gebratenes Schweinefleisch gegessen.

„Und wo hast du das Schweinefleisch her, Deacon?"

Der Diakon starrte ihn an, sagte aber, er hätte es aus seinem Schweinefleischfass genommen.

„Ja, Diakon", sagte der alte Mann; „Das vermute ich. Ich war bei Bruder Stowers, um mit ihm über seinen Sabbatbruch zu sprechen; und, Deacon, ich finde, der Teich ist sein Schweinefleischfass."

Die Geschichte gefällt mir und Fausta sehr gut . Aber „wehe", sagt das Orakel, „dem, der vor dem Moment seiner Not zum Schweinefass geht."

Und zu diesem „Wehe" sagen sowohl Fausta als auch ich „Amen". Denn wir wissen, dass es in unserem Teich keinen Fisch für Verschwender oder Faulpelze gibt; keine für Leute, die Goldketten oder Attleborough-Schmuck tragen; Nichts für Leute, die sich für billige Teppiche oder hölzerne Kaminsimse schämen. Nicht für diejenigen, die Schulden machen, wird der Fisch beißen; noch für diejenigen, die vorgeben, reicher, besser oder weiser zu sein, als sie sind. NEIN! Aber wir haben in unserem Leben festgestellt, dass in einer großen Demokratie ein großer und gnädiger Herrscher herrscht . Wir haben festgestellt, dass dieser Souverän auf rücksichtslose und unbewusste Weise stets die umfassendste Versorgung für alle Bürger vornimmt. Wir haben herausgefunden, dass diejenigen, die nicht zu groß sind, ihm zu vertrauen, genauso gut abschneiden, wie sie es verdienen. Andererseits haben wir herausgefunden, dass diejenigen, die ihm die Füße lecken oder seinen Torheiten schmeicheln, von allen lebenden Menschen am schlechtesten abschneiden. Wir stellen fest, dass diejenigen, die ehrlich arbeiten und nur den fairen Lebensdurchschnitt eines Mannes oder einer Frau anstreben, diesen Durchschnitt erreichen, wenn auch manchmal auf lange Sicht durch die außergewöhnlichsten Erfahrungen. Und so stellen wir fest, dass wir, wenn im Leben eine außergewöhnliche Situation eintritt, wie gerade jetzt in unserem, nur zu unserem Schweinefleischfass gehen müssen und der Fisch an unseren Haken oder Speer steigt.

Der Souverän erreicht dies auf alle möglichen Arten, aber er scheitert nicht, wenn man ihm vertraut, ohne ihm zu schmeicheln. Der Name dieses Souveräns lautet „die Öffentlichkeit". Fausta und ich neigen dazu, uns seine Kinder zu nennen, und so nenne ich diese Geschichte unseres Lebens:

„DIE KINDER DER ÖFFENTLICHKEIT."

KAPITEL II.

WO IST DAS FASS?

„Wo ist das Fass diesmal, Fausta ?" sagte ich, nachdem ich ihre Zahlen dreimal addiert und subtrahiert hatte, um sicherzugehen, dass sie ihre Zehner und Hunderter richtig getragen hatte . Für die Einheiten, in solchen Berichten, angesichts von Dr. Franklin, gestehe ich, dass es mir egal ist.

„Das Fass", sagte sie, „befindet sich in FRANK LESLIES BÜRO. Hier ist die Markierung!" und sie reichte mir FRANK LESLIES ZEITUNG, mit einem Vermerk bei dieser Ankündigung: –

100 $

für die beste Kurzgeschichte von ein bis zwei Seiten aus FRANK LESLIE'S ILLUSTRIERTER ZEITUNG, einzusenden am oder vor dem 1. November 1862.

„Es gibt ein anderes Fass", sagte sie, „mit 5.000 Dollar darin, und ein anderes mit 1.000 Dollar. Aber wir wollen weder 5.000 noch 1.000 Dollar. Es gibt ein kleines Fass mit 50 Dollar darin. Aber sehen Sie hier, mit all diesen Überlegungen, ich Ich schaffe es nicht. Ich habe jetzt das Gas abgestellt und die Mäntel der Kinder gewendet – ich wünschte, Sie würden sehen, wie gut Roberts aussieht – und ich habe eine neue Kachel in den Kochherd legen lassen, anstatt das zu kaufen schönes neues „Banner". Aber alles wird nicht genügen. Wir müssen zu diesem Fass gehen."

„Und was soll dieses Mal der Haken sein, Liebling?" sagte ich.

„Ich habe den ganzen Tag darüber nachgedacht. Ich hoffe, Sie werden es nicht hassen – ich weiß, dass es Ihnen nicht gerade gefallen wird; aber warum schreiben Sie nicht einfach die ganze Geschichte darüber auf, was es heißt, ‚Kinder der Öffentlichkeit' zu sein? wie wir hierher gekommen sind, wissen Sie; wie wir das Haus gebaut haben und – alles darüber?"

„Woher Felix Fausta kannte ", sagte ich; „Und vielleicht, wie Fausta Felix zum ersten Mal traf; und als sie sich zum ersten Mal küssten ; und was sie zu ihm sagte, als sie es taten."

„Sag das, wenn du dich traust", sagte Fausta ; „Aber vielleicht – das Orakel sagt, wir dürfen nicht stolz sein – vielleicht verraten Sie doch nur ein wenig. Wissen Sie – eigentlich heißt jetzt fast jeder Carter; und ich glaube nicht, dass die Nachbarn es merken werden – vielleicht werden sie das nicht lesen Papier. Und wenn sie es bemerken, ist es mir egal! Da!"

„Es wird nicht so schlimm sein wie-"

Aber ich habe den Satz nie beendet. Eine gebieterische Geste schloss meine Lippen, sowohl körperlich als auch metaphorisch, und ich war froh, das Thema so weit zu wenden, dass ich mich mit den Kindern zum Tee hinsetzen konnte. Nach dem Brot und Butter haben wir vereinbart, was wir erzählen dürfen und was nicht, und dann habe ich geschrieben, was der Leser jetzt sehen soll.

KAPITEL III.

MEIN LEBEN BIS ZU SEINER KRISE.

Die New Yorker von heute sehen so viele Prozessionen und erleben so viele Sensationen und jubeln jedes Jahr so vielen Helden zu, dass nur der Älteste unter den Nebeln Ihnen von der triumphalen Prozession der Dampfschiffe erzählt, die in der Jahr 1824, begrüßte General Lafayette bei seiner Ankunft von seiner Reise durch das Land, dem er so edel gedient hatte.

Geschichte verlängern möchte, kann er den nächsten silbergrauen Freund, den er trifft, anstecken und ihn bitten, von dem gebrochenen Englisch und gebrochenen Französisch des Marquis, von Levasseur und den anderen zu erzählen; der Begeisterung der Menschen und der Bereitschaft der Besucher, und er wird sich bitte daran erinnern, dass vor allem ich es bin.

Denn es geschah so, dass an dem Morgen, als der Bürgermeister und Gouverneur und die übrigen aus Mangel an besseren Löwen den Marquis und seinen Sekretär und die übrigen zur Besichtigung des Waisenheims in der Deering Street mitnahmen , – Als sie nach einer „kleinen Erfrischung" im Managerzimmer die erste Station betraten, überbrachte ihnen Sally Eaton, die Oberschwester, die erste Höflichkeit, und zufällig hielt mich Sally Eaton schreiend in ihren Armen . Ich war an diesem Morgen mit einem Zettel an meiner Latzhose in die Anstalt geschickt worden, auf dem stand, dass mein Name Felix Carter sei.

" Osteuropäische Zeit, elektronischer Energietransfer, voraussichtliche Flugdauer „Es ist wirklich gut", sagte der Marquis mit einem milden Lächeln. „ Ràvissant !" sagte Levasseur und ließ Sally Eaton ein Fünf-Franc-Stück in die Hand fallen. Und so zog die Prozession der Ausstellungsmanager, die schlechtes Französisch sprachen, und der Ausstellungsfranzosen, die schlechtes Englisch sprachen, weiter; alle außer dem guten alten Elkanah Ogden – Gott segne ihn! – , der zufällig mit der Gruppe des Gouverneurs dorthin gekommen war und eine Minute herumlungerte, um mit Sally Eaton über mich zu sprechen.

Jahre später erzählte sie mir, wie der alte Mann mich küsste , wie seine Augen tränten, als er nach meiner Geschichte fragte, wie sie noch einmal von dem Moment erzählte, als man mich auf der Türschwelle schreien hörte, und wie sie mir anbot, die Zeitung mitzubringen, die es getan hatte wurde an meine Startnummer geheftet. Aber der alte Mann sagte, es sei egal , „nur hätten wir ihn Marquis genannt", sagte er, „wenn sein Name nicht für ihn angegeben worden wäre. Wir dürfen ihn nicht hier zurücklassen", sagte er; „Er soll als Bauernjunge aufwachsen und nicht als kleiner Cockney." Und so ging die gute alte Seele, anstatt mit den anderen die große Runde durch Krankenstationen, Küchen, Bäckereien und Schlafsäle zu machen, zurück in das Zimmer der Manager und schrieb in diesem Moment einen Brief an John Myers, der sich um sein Zimmer kümmerte für ihn wildes Land im St. Lawrence County zu gewinnen, um ihn zu fragen, ob Mrs. Myers nicht von Hand ein Waisenkind für ihn großziehen würde; und wenn beide zusammen dieses Baby nicht trainieren würden, bis es „Stopp" sagte; wenn er ihnen andererseits auf der Jahresrechnung jedes Jahr hundert Dollar für die Gebühr zugestehen würde.

Jeder, der weiß, wie weit hundert Dollar in den Hinterwäldern des St. Lawrence County reichen, wird wissen, dass jeder Siedler gerne einen so empfohlenen Mündel nehmen würde. Jeder, der Betsy Myers genauso gut kannte wie die alte Elkanah Ogden, wusste, dass sie jedes Waisenkind, das an ihre Tür gebracht wurde, angenommen hätte, selbst wenn es überhaupt nicht empfohlen worden wäre.

So ist es passiert, dank Lafayette und dem Stadtrat! dass ich nicht einen Tag zuvor ein „Kind der Öffentlichkeit " gewesen war , als es auf seine großartige, ungeschickte, liberale Art für mich gesorgt hatte. Mein gesundes, glückliches Zuhause für die nächsten vierzehn Jahre in der Wildnis verdankte ich diesen wunderbaren Gewohnheiten, mit denen wir Fremde verherrlichen, die ich sonst als absurd bezeichnen würde. Da unsere Krankenhäuser und Armenhäuser die größten Gebäude sind, die wir haben, unterhalten wir den Prinzen von Wales und Jenny Lind gleichermaßen, indem wir ihnen verrückte Menschen und Arme zeigen. Über das Display kann man leicht lachen; Aber wenn es, liebes Publikum, passieren sollte , dass Sie durch eine solche Angewohnheit Ihren Bridewell oder Ihr Chaos lüften, ist die Belüftung dann nicht vielleicht ein Ausgleich für die Absurdität? Ich weiß nicht, ob es Lafayette besser ging, weil er das Deering Street Asylum gesehen hat; aber ich weiß, dass ich es war.

Das ist keine Geschichte meines Lebens. Es ist nur eine Illustration eines seiner Prinzipien. Ich habe keine Anekdoten über das Leben in der Wildnis zu erzählen und keine Skizze der schönen, rauen Eigenschaften von John und Betsy Myers – meinem echten Vater und meiner echten Mutter. Ich habe keine Suche nach den angeblichen Eltern, die mich als Kind weggeworfen haben, um es aufzuzeichnen. Sie haben Konten bei mir geschlossen, als sie mich auf den Stufen der Anstalt zurückließen, und ich bei ihnen. Ich wuchs mit der Schulbildung auf , die die Öffentlichkeit gewährte – immer zehn Wochen im Winter und zehn im Sommer, bis ich groß genug war, um auf dem Bauernhof zu arbeiten –, meiner Meinung nach, mit besseren Schulzeiten als in den modernen Systemen. Mr. Ogden habe ich nie gesehen.

Bis ich neun Jahre alt war, gewährte er mir regelmäßig die hundert im Jahr, und dann starb er plötzlich, wie der Leser vielleicht weiß. Aber John Myers behielt mich trotzdem als seinen Sohn. Ich wusste von keiner Veränderung, bis er, als ich vierzehn war, meinte, es sei Zeit für mich, die Welt zu sehen, und mich auf eine Schule schickte, die man damals „Schule für Handarbeit" nannte.

Damals gab es eine Theorie, die in der Physiologie völlig unbegründet war und besagte, dass ein Mann, der fünf Stunden mit den Händen arbeitete, in den nächsten fünf Stunden besser lernen konnte. Es ist alles Unsinn. Erschöpfung ist Erschöpfung; und wenn man ein Gefäß mit einem Absperrhahn entleert, wird nichts gewonnen oder gespart, wenn man diesen schließt und einen anderen öffnet. Die alte Up-Country-Theorie ist die wahre. Lerne zehn Wochen und hacke fünfzehn Wochen lang Holz; Studieren Sie zehn weitere und ernten Sie fünfzehn. Aber die „Manual-Labor School" bot sich wirklich ohne Bezahlung an, nur John Myers und ich brachten, ich erinnere mich, ein Dutzend Fässer Kartoffeln mit, als ich mit meinen Büchern dorthin ging. Die Schule wurde in Roscius geführt, und wenn ich fünf Stunden in der Tischlerei und auf dem Schulbauernhof arbeiten würde, warum würden sie mich dann mit Essen versorgen und mir alles beibringen, was sie von dem, was ich nebenbei wusste, wussten?

„Felix", sagte John, als er mich verließ, „ich glaube nicht, dass dies die beste Schule der Welt ist, es sei denn, du machst es dazu. Aber ich nehme an, dass du es dazu bringen kannst. Wenn du und ich herumjammern würden, Auf der Suche nach der besten Schule der Welt und jemandem, der dafür aufkommt, würde ich sterben, und du würdest deine Stimme vor Gejammer verlieren, und wir würden schließlich keine finden. Dafür sorgt die Öffentlichkeit zufällig Du und ich. Einem geschenkten Gaul schauen wir nicht ins Maul . Setz dich auf ihn, Felix, pflege ihn so gut du kannst, wenn du anhältst, füttere ihn, wenn du kannst, und gieße ihn auf jeden Fall gut und pass auf dich auf von ihm gut. Mein letzter Rat an dich, Felix, ist, anzunehmen, was dir angeboten wird, und dich nie zu beschweren, weil niemand mehr bietet.

Diese Worte sollen in meinen Siegelring eingraviert werden, falls ich jemals einen habe, und wenn Dr. Anthon oder Professor Webster sie für mich in ausreichend kurzes Latein bringen. Das ist das Motto der „Kinder der Öffentlichkeit".

John Myers starb vor Ablauf dieser Amtszeit. Und meine Mutter Betsy kehrte zu ihren Freunden nach Maine zurück. Nach der Beerdigung habe ich sie nie wieder gesehen. Wie ich von diesem Moment bis zu dem, was Fausta und ich die Krise nennen, gelebt habe, geht niemanden etwas an. Ich arbeitete im Laden der Schule oder auf dem Bauernhof. Danach habe ich in benachbarten Bezirken als Schullehrerin gearbeitet. Ich habe nie ein Los bei einer Lotterie oder einer Tombola gekauft. Aber wann immer sich die Gelegenheit bot, eine ehrliche Arbeit zu leisten, tat ich es. Ich bin nachts fünfzehn Meilen gelaufen, um dem Agenten *der Tribune* in Gouverneur eine Wahlerklärung zu überbringen. Ich bin in den Schnee gegangen, um die Straße aufzubrechen, als der Aufseher keinen anderen Mann in der Gemeinde finden konnte.

Als Sartain sein Magazin gründete, schrieb ich im Wettbewerb um seine Prämien einen Aufsatz, und der Aufsatz brachte hundert Dollar ein. Als die Manager des „Orphan Home" in Baltimore ihre Preise für Aufsätze über böse Jungs auslobten, schrieb ich für einen von ihnen, und das half mir in vier harten Monaten. In diesen Dingen gab es kein Glück. Ich brauchte das Geld, und ich steckte meinen Haken ins Schweinefleischfass – das heißt, ich vertraute der Öffentlichkeit. Ich hatte in meinem Leben nie nur einen einzigen Glücksfall. Ich wollte unbedingt ein neues Paar Stiefel. Ich wollte zu Fuß nach Albany gehen, um in der Staatsbibliothek über die Geschichte der Sechs Nationen zu arbeiten, was mich interessierte. Ich hatte keinen Dollar. In diesem Moment verabschiedete der Kongress den Gesetzentwurf zur Aufteilung der überschüssigen Einnahmen. Der Staat New York erhielt zwei oder drei Millionen und teilte sie unter den Landkreisen auf. Die Grafschaft St. Lawrence teilte es unter den Townships auf, und die Township Roscius teilte es unter den Wählern auf. Zwei Dollar und sechzig Cent von Uncle Sams Geld kamen zu mir, und mit dem Geld auf meinen Füßen ging ich nach Albany. Das nenne ich Glück! Wie viele Narren mussten einer Absurdität zustimmen, bevor ich die Geschichte der Sechs Nationen studieren konnte!

Aber ein im Detail erzähltes Beispiel ist zur Veranschaulichung eines Prinzips besser als tausend im Allgemeinen erzählte. Deshalb werde ich Sie nicht länger von der Geschichte dessen abhalten, was Fausta und ich nennen
DIE KRISE.

KAPITEL IV.

DIE KRISE.

Ich arbeitete als Furniermacher in einer Klavierfabrik in Attika, als irgendein Zoll eingeführt oder aufgehoben wurde; Es kam zu einer großen Finanzexplosion, und unter anderem unser Chef scheiterte. Er schuldete uns allen sechs Monatslöhne, und wir waren alle sehr arm und sehr blau. Jonathan Whittemore – ein wirklich guter Kerl, der die Hämmer früher mit Leder überzog – kam an dem Tag, als der Laden geschlossen war, zu mir und sagte mir, er würde die Chance nutzen und nach Europa gehen. Wenn er konnte, würde er das Musikkonservatorium in Leipzig besuchen. Er würde sich als Heizer durchschlagen. Er wusch sich drei oder vier Tage lang in Bremen und bekam dann, wenn er konnte, Arbeit bei Voightlander oder Von Hammer, bis er das Konservatorium betreten konnte. Zur Vorbereitung darauf wollte er, dass ich ihm mein Adlers deutsches Wörterbuch verkaufe.

„Ich kann dir nichts dafür geben, Felix, aber dieses dumme Ding – es ist eines von Burrhams Fahrkarten – das ich in der Nacht unserer Schlittenfahrt ausgelassen gekauft habe. Ich werde es dir übertragen."

Ich sagte Jonathan, er könnte das Wörterbuch haben und sei willkommen. Er tat etwas Vernünftiges und nutzte es zwanzigmal so oft, wie ich sollte. Was das Ticket betrifft, sollte er es besser behalten. Ich wollte es nicht. Aber ich sah, dass es ihm besser gehen würde, wenn ich es nehmen würde – also befürwortete er es mir.

Jetzt muss der Leser wissen, dass dieser Burrham ein Mann war, der einen Teil der Idee in den Griff bekam, was die Öffentlichkeit für ihre Kinder tun könnte. Er hatte herausgefunden, dass es tausend Menschen gibt, die jeden Sommer gerne die Tour durch die Berge und Seen machen würden, wenn sie es zum halben Preis tun könnten. Er fand heraus, dass die Eisenbahngesellschaften gerne den Preis senkten, wenn sie sich der tausend Menschen sicher sein konnten. Er vermittelte zwischen den beiden und so entstanden „Billigausflüge". Sie sind eines der Geschenke, die die Öffentlichkeit ihren Kindern macht. Burrham stieg von Stufe zu Stufe auf und hatte kurz vor der großen Finanzkrise die Idee einer großartigen, billigen Kombination, bei der jeder ein Jahr lang eine Zeitschrift und eine Zyklopädie erhalten sollte, beides zum halben Preis; Und nicht nur das: Das durch die Kombination gewonnene Geld sollte per Los an zwei Karteninhaber, einen Mann und eine Frau, als Mitgift in der Ehe verteilt werden. Ich wage zu behaupten, dass sich der Leser an den Prospekt erinnert. Es schmeckt zu sehr nach dem modernen „Gift Enterprise", als dass es vollständig nachgedruckt werden könnte; Aber es hatte dieses ehrliche Element, dass jeder mehr bekam, als er im Einzelhandel für sein Geld bekommen konnte. Ich habe meine Zeitschrift, die alte *Boston Miscellany*, bis heute, und gerade habe ich in meiner Zyklopädie nach Levasseurs Namen gesucht; und wie Sie sehen werden, habe ich Grund zu der Annahme, dass alle anderen Abonnenten ihre erhalten haben.

Eines der Tickets für diese Bücher, für die Whittemore fünf gute Dollar gegeben hatte, schenkte er mir für mein Wörterbuch. Und so trennten wir uns. Ich schlenderte in Attika herum und hoffte auf einen Ort, an dem ich mein Ruder anlegen konnte. Aber meine Hand war beim Unterrichten ausgestreckt, und in einer Zeit, in der alle Furniere der unterschiedlichsten Art auf der Welt abgezockt wurden, wollte niemand, dass ich mehr von meiner Art anzog – so dass mein Geld zur Neige ging. Ich würde mich nicht verschulden – das habe ich nie getan. Ehrlicher, sage ich, ist es, ins Armenhaus zu gehen und die Öffentlichkeit dort für ihr Kind zu sorgen, als sich etwas zu leihen, das man nicht bezahlen kann. Aber bis dahin bin ich nicht ganz gekommen, wie Sie sehen werden.

Abends war ich gerade dabei, mein Geld zusammenzuzählen – und das ging leicht –, als mir auffiel, dass das Datum auf dieser Burrham- Bestellung der 15. Oktober war, und mir wurde bewusst, dass es nicht ganz vierzehn Tage dauern würde, bis diese Bücher fertig wären wird geliefert. Sie sollten im Castle Garden in New York abgeliefert werden; und mir kam der Gedanke, dass ich nach New York gehen, dort meine Chance auf Arbeit versuchen und zumindest die Stadt sehen könnte, die ich noch nie gesehen hatte, und meine Zyklopädie und mein Magazin besorgen könnte. Es war das geringste Angebot, das mir die Öffentlichkeit jemals gemacht hat; Aber in diesem Moment war die Öffentlichkeit am Boden zerstört, und das Geringste war besser als nichts. Der Plan einer so langen Reise war recht quixotisch, und ich zögerte ziemlich lange. Schließlich kam ich zu dem Entschluss, morgens zu Fuß zur Schleusenstation in Brockport am Kanal zu gehen. Wenn in dieser Nacht ein Boot vorbeikam, auf dem sie mir mein Fahrgeld für jede Arbeit gaben, die ich für sie erledigen konnte, würde ich nach Albany fahren. Wenn nicht, würde ich am nächsten Tag zurück nach Lockport laufen und dort mein Glück versuchen. Damit hatte ich für meinen ersten Unternehmungstag eine Fußreise von etwa 25 Meilen. Aus finanziellen Gründen kam es für mich nicht in Frage, den Zug zu umrunden.

Jeder Punkt im Leben ist ein Dreh- und Angelpunkt für die gesamte Handlung unseres Lebens nach dem Tod. und so auch in der Tat von den Nachleben der ganzen Welt. Aber wir sind so völlig blind, dass wir dies nur von bestimmten besonderen Unternehmungen und Unternehmungen sehen, die wir deshalb als kritisch bezeichnen. Ich bin mir sicher, dass ich es bei diesem 25 Meilen langen Spaziergang im frischen Herbst sehe . Ich war in bester Stimmung. Ich fand, dass die Luft nur aus Sauerstoff bestand und alles „in Ordnung“ war. Ich blieb nicht herum und beeilte mich nicht. Ich schwang mich mit dem Gefühl, dass jeder Nerv und jeder Muskel anzog, so wie ein Seemann beim Fahren jedes Seil und jedes Segel spürt. Und so war ich weder müde noch durstig, bis der Bach auftauchte, an dem ich trinken sollte; Ich war auch nicht hungrig, bis ich um zwölf Uhr zu Abend essen sollte. Während ich ging, nannte ich mich „Das Kind des Glücks“, weil die Sonne auf meiner rechten Seite stand, wie die Sonne sein sollte, wenn man geht, weil der Regen von gestern und der Frost von gestern den Staub für mich gelegt hatten malte die Hügel für mich, und der Nordwestwind kühlte die Luft für mich. Ich kam gerade rechtzeitig zu Wilkie's Cross-Roads, um den Bäcker aus Claremont zu treffen und mein Brot von ihm zu kaufen. Und als mein Spaziergang fast fertig war , kam ich auf der niedrigen Brücke bei Sewell's heraus, die eine Zugbrücke ist, kurz bevor sie für ein vorbeifahrendes

Boot hochgehoben wurde, und nicht erst kurz danach. Weil es mir gut ging
, fühlte ich mich selbst und nannte mich „Das Kind des Glücks". Lieber
Leser, in einer Welt, die von einem liebevollen Vater geschaffen wurde, sind
wir alle Kinder des Glücks, wenn wir nur genug Verstand haben, um es auf
unserem Spaziergang herauszufinden.
Der letzte Glücksfall, den dieser Tag für mich hatte, war die Lösung meiner
Frage, ob ich nach Babylon gehen würde oder nicht . Ich sollte gehen, wenn
mich ein gutmütiger Bootsmann mitnehmen würde. Diese Frage, Herr
Millionär , ist für diejenigen, die ihre Dividenden nicht bezogen haben,
zweifelhafter als für diejenigen, die sie erhalten haben. Als ich die Dorfstraße
in Brockport entlangkam, konnte ich die Pferde eines Bootes sehen, das nach
Osten fuhr und an der letzten Schleuse von Ebene zu Ebene geführt wurde;
und trotz meiner Entschlossenheit, mich nicht zu beeilen, begab ich mich in
den langen Trab, den mir die St. Regis-Indianer beigebracht hatten, damit ich
dieses Boot überholen konnte, bevor es mit seiner neuen Geschwindigkeit
losfuhr. Ich kam gerade durch das obere Tor der letzten Schleuse heraus, als
sie durch das untere Tor ohnmächtig wurde. Die Pferde wurden gerade
angezogen, und ein rücksichtsloser Junge versetzte ihnen nach zwei Stunden
Ruhe und Mais den ersten Schlag. Als das schwere Boot unter der neuen
Bewegung losfuhr, sah ich, und ihr Kapitän sah im selben Moment, dass ein
langes neues Schleppseil von ihm, das zusammengerollt an Deck gelegen
hatte, plötzlich in voller Länge herausflog. Das äußere Ende davon war durch
einen Zufall oder einen Fehler auf die Schleusenseite getragen worden, und
dort hatte ein fauler Faulenzer die Schlaufe davon über einen Trossepfosten
geworfen. Die Faulenzer an der Schleuse sahen ebenso wie ich, dass das Seil
ausging, und auf den Ruf des Kapitäns ließ sich einer von ihnen herab, die
Schlaufe über Bord zu werfen, aber er tat es so unvorsichtig, dass das träge
Seil in die Schleuse rollte , und die Schlaufe verfing sich in einem der
Ventileisen des oberen Tores. Das Ganze war natürlich die Angelegenheit
eines Augenblicks. Aber der arme Kapitän sah, was wir nicht sahen, dass die
Spule des Seils an Deck faul war und sich so sehr um seine lange Pinne
verwickelt hatte, dass zehn Sekunden eines von drei Dingen bewirken
würden: Sie würden sein neues Seil in zwei Teile zerreißen. Das war eine
Kleinigkeit, oder sie würden ihm den Ruderpinnkopf vom Ruder reißen, was
ihn eine Stunde kosten würde, ihn zu reparieren, oder sie würden die beiden
Pferde, die gerade im Trab waren, umwerfen und den rüpelhaften Jungen in
den Kanal werfen hatte sie begonnen. Es war diese komplexe Gewissheit,
die die doppelten Schreie auslöste, die er nach hinten an uns auf der Schleuse
und nach vorne an den Magnetjungen richtete, dessen gleichgültige
Intelligenz ihn in diesem Moment mit sich zog.
Ich trat auf das Tor, um darüber zu gehen. Es dauerte nur einen Augenblick,
nicht annähernd die ganzen zehn Sekunden, um mich an meinen Armen in
die Schleuse zu schwingen, mich an meinen Händen hängen zu lassen, mit

meinem rechten Fuß die Biegung des Seils zu fangen und es von dem tückischen Eisen zu heben Das Ganze ins Wasser werfen und dann die nasse Schleusenseite wieder hochklettern. Ich wurde etwas nass, aber das war nichts. Ich rannte den Treidelpfad hinunter, winkte dem Kapitän zu, der sein Boot ans Ufer brachte, und sprang an Bord.

In diesem Moment, lieber Leser, saß Fausta in einem gelben Stuhl auf dem Deck dieses muffigen alten Bootes und häkelte nach einem Muster aus *Grodeys Lady's Book* . Ich erinnere mich daran, wie ich mich an mein Frühstück von heute Morgen erinnere. Nicht, dass ich mich in sie verliebt hätte, und auch nicht in mein Frühstück; aber ich wusste, dass sie da war. Und das war das erste Mal, dass ich sie sah. Es ist viele Jahre her, und ich habe sie von diesem Abend bis heute Abend jeden Tag gesehen. Aber ich hatte damals nichts mit ihr zu tun. Meine Affäre galt dem, den ich den Skipper genannt habe, um diese Süßwassererzählung an die Ohren anzupassen, die an Marryat und Tom Cringle gewöhnt sind. Ich sagte ihm, dass ich nach New York gehen müsse; dass ich keine Zeit zum Gehen und kein Geld zum Bezahlen hatte; dass ich meine Überfahrt nach Troja gerne regeln würde, wenn es dafür eine Möglichkeit gäbe; und um ihn das zu fragen, war ich an Bord gekommen.

„Waal", sagte der Kapitän, „es ist nicht viel zu tun, und Zekiel und ich rechnen damit, das meiste davon zu tun, und da ist dieser beschuldigte Junge daneben –"

Dieses Adjektiv „schuldig" ist der tugendhafte Eid, mit dem einfache Menschen, die ihre Gewohnheiten verbessern, sich von einem stärkeren Beinamen befreien, so wie Männer es mit der Fahnenwurzel aufnehmen , die mit dem Tabak aufhört.

„Er ist zu nichts taugen , wie Sie sehen", fuhr der Skipper nachdenklich fort, „und das kann doch jeder sehen", fügte er hinzu. „Wenn es Ihnen etwas ausmacht, nach Albany zu kommen, können Sie Ihr Hab und Gut haben, obwohl sie auch arm genug sind; und wenn Sie bereit sind, manchmal zu reiten, können Sie reiten. Ich schätze, wo in den Kojen Platz für drei ist, ist auch Platz für vier." . „Jeder hätte das verfluchte Trossseil genauso sauber abgelegt wie du."

Aus dieser letzten Bemerkung schloss ich, was ich mit Sicherheit erfuhr, als wir weiter reisten, dass ich ohne die rechtzeitige Hilfe, die ich ihm geleistet hatte, vergeblich um meine Überfahrt gebeten hätte.

Dies war meine Einführung in Fausta . Das heißt, sie hat das ganze Gespräch mitgehört. Die förmliche Einführung, die in keinem Kreis des amerikanischen Lebens, zu dem ich jemals zugelassen wurde, unterbleibt, fand eine halbe Stunde später beim Tee statt, als Mrs. Grills, die immer mit ihrem Mann verreist, die Flapjacks aus der Küche brachte. „Miss Jones", sagte Grills, als ich zum Essen kam und Zekiel an der Ruderpinne zurückließ, „Miss Jones, das ist ein junger Mann, der nach Albany geht. Ich weiß nicht richtig, wie ich Ihren Namen nennen soll, Sir." ." Ich sagte, mein Name sei Carter. Dann sagte er: „Mr. Carter, das ist Miss Jones. Mrs. Grills, Mr. Carter. Mr. Carter, Mrs. Grills. Sie ist meine Frau." Und so unsere *Party Für die Reise wurde ein Carrée* eingerichtet.

Heutzutage wissen nur wenige Menschen, dass eine Fahrt auf einem Kanal die angenehmste Reise der Welt ist. Ein Kanal muss durch eine schöne Landschaft führen. Es kann nicht existieren, wenn es nicht durch das Tal eines Baches verläuft . Die Bewegung ist so einfach, dass Sie mit geschlossenen Augen nicht merken, dass Sie sich bewegen. Die Route ist so direkt, dass Sie, wenn Sie einmal vor der Sonne geschützt sind, stundenlang sicher sind. Sie zeichnen, lesen, schreiben oder nähen, häkeln oder stricken. Sie spielen auf Ihrer Flöte oder Ihrer Gitarre, ohne dass es zu Unannehmlichkeiten kommt. An einer „niedrigen Brücke" ziehen Sie den Kopf ein, damit Sie Ihren Hut nicht verlieren – und diese Erinnerung lehrt Sie, dass Sie ein Mensch sind. Sie sind froh, das zu wissen, und lachen über das Andenken. Für den Rest der Zeit reisen Sie, wenn es Ihnen innerlich „gut" geht, im Elysium .

Ich ritt vielleicht zwei oder drei Stunden am Tag auf einem dieser Pferde. An Schlössern habe ich mich allgemein nützlich gemacht. Nachts ging ich bis ein Uhr mit oder ohne Pfeife über das Deck, um mich vor den Schlossdieben zu schützen. Der Kapitän bat mich manchmal, wenn er herausfand, dass ich „chiffrieren" konnte, einige Knoten in seinen Frachtbriefen für ihn zu lösen. Aber das alles machte in diesen schönen Herbsttagen nur kleine Fortschritte, und in den acht Tagen, die wir dahinglitten – es gibt eine gesegnete Ebene, die siebzig Meilen lang ist – verbrachte ich die meiste Zeit mit Fausta . Wir gingen gemeinsam den Treidelpfad entlang, um uns Appetit auf das Mittag- und Abendessen zu machen. Bei Sonnenaufgang machte ich immer eine Kreuzfahrt ins Landesinnere und sammelte Enzian, Schwarzerlenbeeren und bunte Blätter, mit denen sie Mrs. Grills Tisch dekorierte. Sie interessierte sich für mein elendes Skizzenbuch, und obwohl sie nicht gut zeichnen konnte und kann, zeigte sie mir doch, wie man einen gleichmäßigen Farbton aufträgt, was ich vorher nie wusste. Ich habe mein Französisch verbessert. Sie wusste ungefähr so viel und so wenig wie ich, und wir lasen Mad. Reybauds Clementine zusammen, erraten die schwierigen Wörter, weil wir kein Wörterbuch hatten.

Der liebe alte Grill bot an, bei Tisch Französisch zu sprechen, und wir probierten es ein paar Tage lang. Aber es zeigte sich, dass er seine Aussprache in St. Catherine's lernte, unter den dortigen Bootsleuten, und er sagte „ *shwo* " für „Pferde", wo im Buch „ *chevaux* *stand* . Unser Gespräch hingegen war nicht pariserisch, aber auch nicht catherinisch, und wir verfielen wieder ins Englische.

So vergingen diese gesegneten acht Tage. Ich erzählte Fausta so viel von meiner Geschichte, dass ich mein Glück in New York suchen würde. Sie wusste natürlich nichts von mir, außer dem, was sie sah, und sie erzählte mir nichts von ihrer Geschichte.

Aber es tat mir sehr leid, als wir das Becken von Troja erreichten, denn da wusste ich, dass ich unbedingt mit dem Dampfer absteigen musste. Und ich war sehr froh – ich war selten in meinem Leben so froh –, als ich erfuhr, dass auch sie sofort nach New York gehen würde. Sie nahm sehr freundlich mein Angebot an, ihren Koffer für sie zur Isaac Newton zu tragen und als ihre Eskorte in die Stadt zu fungieren. Für mich, meinen Koffer,
„ in Gefahr versucht",
In meiner Hand geschwungen – „noch von meiner Seite abgewichen."
Meine irdischen Besitztümer waren überall gering. Das meiste von dem, was sie waren, hatte ich in Attika zurückgelassen. Während der gesamten Reise war ich Manns genug gewesen, um eine Arbeitsausrüstung zu tragen, die für den Dienst eines Arbeiters geeignet war. Und der alte Grills hatte am Sonntag noch nicht die Gnade, sein Boot ruhig zu halten. Wie man sich an kleine Dinge erinnert! Ich kann mich an jede Berührung der Toilette erinnern, etwa in der Ecke einer dunklen Koje, in der ich „ Zekiels " Koje mit ihm geteilt hatte. Ich zog eines meiner beiden weißen Hemden an und zog die Wechselkleidung an, die fest in meinem Mantel steckte. Der alte Mantel war das Beste daran, wie es in einer endlichen Welt oft der Fall ist. Ich verkaufte meinen Filzhut an Zekiel und erschien mit einer leichten Reisemütze. Ich weiß nicht, wie Fausta meine Metamorphose gefallen hat. Ich weiß nur, dass ich, wie Schmetterlinge, ein oder zwei Tage lang, nachdem sie ihre durchgeschlüpft hatten, ausgesprochen kalt war.

Als Carter, der Kanalmann, hatte ich Faustas Koffer an Bord getragen. Als Mr. Carter reichte ich ihr meinen Arm, führte sie zur Gangway der Newton, nahm ihre und meine Passage und ging und saß anschließend im herrlichen Mondlicht der ersten vier Stunden den Fluss hinunter.

Miss Jones beschloss, an diesem Abend auf dem Boot zu frühstücken. Bitte beachten Sie, dass ich sie damals unter keinem anderen Namen kannte. Sie sollte zum Haus einer Tante gehen, und sie wusste, dass sie die Dame durch ein vorzeitiges Klingeln stören würde, wenn sie das Boot bei seiner frühen Ankunft in New York verließe. Ich hatte keinen Grund zur Eile, wie der Leser weiß. Die Verteilung der Zyklopädien sollte erst am nächsten Tag erfolgen, und diese absurde Kleinigkeit war für mich die einzige eindeutige Entschuldigung, überhaupt in New York zu sein. Ich fragte daher Miss Jones, ob ich sie nicht noch zum Haus ihrer Tante begleiten dürfe. Ich hatte gesagt, dass es schwierig sein würde, unsere angenehme Reise abzubrechen, bevor ich gesehen hatte, wo sie lebte, und ich dachte, sie schien erleichtert zu sein, zu wissen, dass sie bei ihrer Ankunft keine völlige Fremde sein würde. Es war klar genug, dass ihre Tante niemanden schicken würde, um sie abzuholen.

Nach Abschluss dieser Vorbereitungen trennten wir uns von unseren jeweiligen Kabinen. Und als am nächsten Morgen, zu dieser unirdischen Stunde, die die Züge nach Philadelphia und andere Erfordernisse erforderten, die Newton anlegte, freute ich mich, dass das Frühstück erst um sieben Uhr war und ich noch zwei Stunden Liegeplatz hatte, was Luxus war im Vergleich zu Zekiels Koje, – ich drehte mich auf die andere Seite und schlief weiter.

Es tat mir für die nächsten sechsunddreißig Stunden leid, dass ich morgens ein Nickerchen machte. Denn als ich an Deck ging und die Stewardess schickte, um Miss Jones zu sagen, dass ich auf sie warte, und ihr dann den Scheck für ihren Koffer abnahm, erwachte ich zu dem Kummer, dass ich in diesen heimtückischen zwei Stunden einiges feststellen musste Der Pirat vom Pier war an Bord gegangen, hatte den wartenden Koffer ergriffen, war fast allein gelassen worden, während der Gepäckmeister ihm den Rücken zugekehrt hatte, und mit Sicherheit war er verloren gegangen. Ich kehrte mit dieser Geschichte erst nach Fausta zurück , als die Frühstücksglocke längst verklungen war und das Frühstück sehr kalt war. Ich erzählte es ihr erst, als ich sah, wie sie ihr Frühstück mit einem viel besseren Appetit aß als ich. Ich hatte oben bereits jedem , der es zurückbringen würde, die größte Belohnung ausgesetzt , die mein knapper Geldbeutel bezahlen würde. Ich hatte mit dem Angestellten gesprochen, der einen Polizisten rufen ließ. Ich konnte nichts mehr tun, und ich hatte nicht vor, ihr Essen und Kaffee durch unpassende Nachrichten zu ruinieren. Der Beamte kam, bevor das Frühstück beendet war, und rief mich vom Tisch aus.

Im Großen und Ganzen machte seine sachliche Art Mut. Er hatte einige Schlüssel, die ich nicht für möglich gehalten hätte. Es war nicht unwahrscheinlich, dass sie sich auf den Stamm stürzten, bevor er aufgebrochen wurde. Ich gab ihm eine schriftliche Beschreibung seiner Merkmale; und als er höflich fragte, ob „meine Dame“ eine Beschreibung der darin enthaltenen Bücher oder anderen Artikel geben würde, versprach ich bereitwillig, dass ich mit einer solchen Beschreibung auf der Polizeistation vorbeischauen würde. Etwas ermutigt kehrte ich zu Miss Jones zurück und erzählte ihr, als ich sie vom Frühstückstisch wegführte, von ihrem Unglück. Ich schämte mich völlig für meine eigene Nachlässigkeit, der ich den Verlust zuschrieb. Aber ich erzählte ihr alles, was der Beamte mir gesagt hatte, und dass ich hoffte, ihr den Koffer noch vor Ablauf des Tages zu ihrer Tante bringen zu können.

Fausta nahm meine Nachricht jedoch mit einem Schrecken auf, der mich erschreckte. Ihr ganzes Geld, bis auf ein oder zwei Schilling, war im Kofferraum. Geld in Koffern zu verstauen ist eine Schwäche des weiblichen Geistes, für die ich nirgends eine Erklärung gefunden habe. Aber was noch schlimmer war – wie sich nach einer kurzen Prüfung ihres Reisebeutels herausstellte – enthielt ihre Mappe im Koffer den Brief der Tante, die sie besuchte, in dem ihr ihre Adresse in der Stadt genannt wurde. Zu dieser Adresse hatte sie keine andere Ahnung, als dass ihre Tante Mrs. Mary Mason war, die einige Jahre zuvor einen Kaufmann namens Mason geheiratet hatte, den Miss Jones noch nie gesehen hatte und von dessen Namen und Geschäft sie nur dies wusste. Sie lebten in einer nummerierten Straße, aber ob es die Fourth Street, die Fifty-fourth oder die One Hundred and Twenty-fourth war oder ob es etwas dazwischen war, das arme Kind hatte keine Ahnung. Sie hatte den Brief sorgfältig zusammengestellt, aber nie an die Wichtigkeit der Adresse gedacht. Außer dieser Tante kannte sie keinen Menschen in New York.

„Kind der Öffentlichkeit", sagte ich mir, „was machst du jetzt?" Ich hatte meinen großen Gönner gebeten, den Offizier zu holen, und im Großen und Ganzen hatte ich das Gefühl, dass mein Herrscher mir gegenüber gnädig, wenn auch noch nicht hoffnungsvoll gewesen war. Aber jetzt muss ich noch einmal meine Lampe reiben und den Geist fragen, wo der unbekannte Mason lebte. Der Geist schlug natürlich das Verzeichnis vor, und ich rannte zum Büro des Angestellten, um es zu holen. Aber als wir uns durch die Seiten von „Masons" mühten und dreizehn oder vierzehn abgeschrieben hatten, die in nummerierten Straßen lebten, zuckte Fausta zusammen, blickte noch einmal auf das Vorwort und sein Datum und warf ihren Bleistift hin, in der einzigen Hingabe der Bestürzung Ich sah sie jemals und rief: „Erster Mai! Sie waren bis Mai im Ausland. Sie waren seit dem Tag ihrer Hochzeit im Ausland!" Also musste dieser Geist seinen Ruhm in die Tasche stecken und sein Verzeichnis wieder zurück ins Büro tragen.

Der natürliche Vorschlag war, dass ich für Miss Jones eine ansehnliche Pension finden sollte und dass sie dort bleiben sollte, bis ihr Koffer gefunden wurde oder bis sie Freunden schreiben konnte, die diese verhängnisvolle Adresse hatten, und eine Antwort erhielt. Aber hier zögerte sie. Es gefiel ihr kaum, den Grund zu erklären – sie erklärte es nicht vollständig. Aber sie sagte nicht, dass sie keine Freunde hatte, die diese Adresse kannten. Sie hatte nur wenige Verwandte auf der Welt, und ihre Tante hatte seit ihrer Ankunft aus Europa allein mit ihr kommuniziert. Was die Pension angeht: „Ich hätte lieber nach Arbeit gesucht", sagte sie mutig. „Ich habe nie versprochen, Geld zu zahlen, wenn ich nicht wusste, wie ich es bekommen sollte; und das" – und hier holte sie fünfzig oder sechzig Cent aus ihrer Handtasche – „und das ist jetzt alles. In angesehenen Pensionen, wenn Leute Wenn sie ohne Gepäck kommen, verlangen sie oft einen Vorschuss. Oder zumindest", fügte sie mit einigem Stolz hinzu, „bin ich geneigt, ihn anzubieten."

Ich beeilte mich, sie zu bitten, meinen ganzen kleinen Vorrat mitzunehmen; aber ich musste zugeben, dass ich nicht zwei Dollar hatte. Ich war mir jedoch sicher, dass mein Mantel und der Frack, die ich trug, mir etwas nützen würden, wenn ich sie kühn in irgendeinen Auslauf stecke. Ich war mir sicher, dass ich in ein oder zwei Tagen bei der Arbeit sein würde. Jedenfalls war ich mir der Zyklopädie am nächsten Tag sicher. Das sollte an den alten Gowan gehen – damals in der Fulton Street – „das moralische Zentrum der intellektuellen Welt", in dem Moment, als ich es bekam. Und in diesem Moment kam mir zum ersten Mal der Gedanke: „Wenn meiner nur der Name sein könnte , der ausgelost wurde, damit diese törichten 5.000 Dollar an mich fallen würden." In diesem Fall hatte ich das Gefühl, dass Fausta bis zu ihrem Tod in einer „anständigen Pension" leben könnte. Darüber sagte ich natürlich nichts, nur dass sie meine armen anderthalb Dollar willkommen hieß und dass ich am nächsten Tag etwas mehr Geld erhalten würde, das mir zusteht.

„Sie vergessen, Mr. Carter", antwortete Fausta genauso stolz wie zuvor, „Sie vergessen, dass ich von Ihnen nicht mehr borgen kann als von einer Pensionsverwalterin. Ich leihe mir nie etwas. Bitte Gott, das werde ich nie tun. Es." „Muss sein", fügte sie hinzu, „dass in einer christlichen Stadt wie dieser eine respektable und angemessene Regelung für Reisende getroffen wird, die sich dort befinden, wo ich bin. Was diese Regelung ist, weiß ich nicht; aber ich werde vorher herausfinden, was es ist." diese Sonne geht unter.

Ich hielt einen Moment inne, bevor ich antwortete. War ich schon früher von diesem hübschen Mädchen fasziniert gewesen, so verneigte ich mich jetzt voller Respekt vor ihrer Würde und Entschlossenheit; und mit meinem Mitgefühl verband sich ein köstlicher Puls der Selbstachtung, als ich hörte, wie sie zwei Prinzipien, nach denen ich selbst immer zu leben versucht hatte, so einfach als Prinzipien ihres Lebens niederlegte. Die halbausgesprochenen Gewohnheiten meiner Kindheit und Jugend wurden mir nun als Axiome von Lippen vorgetragen, von denen ich wusste, dass sie nichts als Recht und Wahrheit sagen konnten.

Ich hielt einen Moment inne. Ich stolperte ein wenig, als ich mein Bedauern zum Ausdruck brachte, dass sie nicht zulassen wollte , dass ich ihr half, verbunden mit meiner Gewissheit, dass sie mit ihrer Weigerung recht hatte, und dann sagte ich, es war die einzige steife Rede, die ich je zu ihr hielt:

„Ich bin das ‚Kind der Öffentlichkeit'. Wenn Sie jemals meine Geschichte hören, werden Sie es auch sagen. Zumindest kann ich behaupten, dass ich das Recht habe, Ihnen bei Ihrer Suche nach der Art und Weise zu helfen, wie die Öffentlichkeit Ihnen helfen wird. So weit bin ich ganz klar der Offizier in seiner Suite, dem er Sie anvertraut hat . Sind Sie also bereit, an Land zu gehen?"

Fausta blickte sich in diesem verlassenen Damensalon um, als wäre dies das letzte Glied, das sie zu ihrer alten, sicheren Welt führte.

„Sah auf Oberlicht, Lampe und Kette,
Als etwas, das sie nie wieder sehen könnte.

Dann blickte sie direkt durch mich hindurch; und wenn in diesem Moment auch nur ein einziger gemeiner Gedanke in mir gewesen wäre, hätte sie die Viper gesehen. Dann sagte sie traurig:

„Ich habe vollkommenes Vertrauen in dich, obwohl die Leute sagen würden, wir seien Fremde. Lass uns gehen."

Und wir verließen gemeinsam das Boot. Wir lehnten die Einladungen der lauten Hackmänner ab und gingen langsam zum Broadway.

Wir hielten am Bahnhofsgebäude dieses Bezirks an, und Fausta selbst beschrieb dem aufmerksamen Chef den Inhalt ihres Koffers, von dem sie glaubte, dass er am leichtesten entdeckt werden würde, wenn er zum Verkauf angeboten würde. Die Bibel ihrer Mutter, worüber der Häuptling den Kopf schüttelte; Bibeln, leider! brachte nichts in die Läden; eine Soldatenmedaille, wie sie vom Montgomery-Regiment als Zielpreis vergeben wurde; und eine kleine silberne Feldflasche mit der Aufschrift desselben Regiments schien ihm bemerkenswerter zu sein . Ihre Mappe war mit einer Chiffre versehen, und sie erklärte ihm, dass es ihr am Herzen lag, dass diese wiedergefunden würde. Die Handtasche enthielt mehr als hundert Dollar, wie sie beschrieb, aber er schüttelte hier den Kopf und machte ihr nur wenig Hoffnung darauf, wenn der Koffer einmal geöffnet würde. Seine größte Hoffnung galt diesem Morgen.

„Und wohin sollen wir Sie dann schicken, meine Dame?" sagte er.

Ich war stolz, als wäre es mein Verdienst, auf den Eindruck gewesen, den Fausta mit ihrer ruhigen, einfachen, damenhaften Kleidung und ihrem Auftreten auf den Offizier gemacht hatte. Ich selbst dachte, dass ein einziger Vorwand in meiner Kleidung oder Haltung, ein Stück Gold oder eine Prise Gold, uns beide in unserer Berufung ruiniert hätte. Aber zum Glück habe ich sie nicht blamiert, und der Mann sah sie an, als erwarte er, dass sie „Vierzehnte Straße" sagen würde. Was würde sie sagen?

„Das hängt davon ab, wie spät es sein wird. Mr. Carter wird um 12 Uhr anrufen und Ihnen Bescheid geben."

Wir verneigten uns und waren weg. Einen Augenblick später bat sie mich fast unter Tränen um Verzeihung; aber ich sagte ihr, wenn sie auch ein „Kind der Öffentlichkeit" gewesen wäre, hätte sie nicht passender mit einem der Offiziere ihres Vaters sprechen können. Ich flehte sie an, mich als ihren Beschützer zu benutzen und sich nicht noch einmal zu entschuldigen. Dann legten wir die Pläne vor, die wir an diesem Tag umsetzten.

Das Verhalten des Beamten hatte sie beruhigt, und es gelang mir, sie davon zu überzeugen, dass wir den Koffer mit Sicherheit mittags bekommen würden . Wie viel besser wäre es, zu warten, zumindest bis jetzt, bevor sie sich auf eines der Unternehmungen einließ, von denen sie so kühl sprach, als sich als Kindermädchen oder als Hutmacherin anzubieten, wer auch immer sie beschäftigen würde, wenn es nur sie wäre konnte sich so ein ehrliches Zuhause sichern, bis Geld oder eine Tante gefunden waren. Nachdem ich mich davon überzeugt hatte, dass wir vor diesem Don Quichotismus sicher waren, sagte ich ihr, dass wir weitergehen müssten, wie wir es auf dem Kanal getan hatten, und dass wir zunächst zwei Stunden lang unseren konstitutionellen Spaziergang machen müssten.

„Zumindest", sagte sie, „schenkt uns unser guter Papa, die Öffentlichkeit, wundervolle Anblicke und gutes Gehen, so wie uns ein besserer Vater diesen himmlischen Himmel und diese erfrischende Luft geschenkt hat."

Und mit diesen Worten verließ ihr Gesicht die letzte Schwere der Verzweiflung für diesen Tag. Und wir stürzten uns in das köstliche Abenteuer, eine neue Stadt zu erkunden, in die Fenster zu starren, wie es nur Fremde können, in Druckereien zu schwelgen, wie nur sie es tun, die schönen Gebäude wirklich zu sehen, wie die Bewohner es immer vergessen, und kurz gesagt: mit diesen Straßen, fast alle Assoziationen, die wir bis heute mit ihnen haben.

Zwei Stunden davon ermüdeten uns natürlich beim Gehen. Ich weiß nicht, was sie als nächstes tun wollte; aber um zehn sagte ich: „Zeit für Französisch, Miss Jones." „*Ah oui* ", sagte sie, „ *mehr.* " *où* ?" und ich hatte meine Entfernungen berechnet und führte sie sofort zum Lafayette Place; und einen Moment später stieß ich die Tür der Astor-Bibliothek auf, führte sie die Haupttreppe hinauf und sagte:

„Das ist es, was die Öffentlichkeit seinen Kindern zur Verfügung stellt, wenn sie studieren müssen."

„Das ist das Astor", sagte sie erfreut. „Und es geht uns, wie Sie sagen, hier gut?" Dann sah sie, dass unser Eintritt bei den wenigen Lesern, Männern und Frauen, die sich zu versammeln begannen, keine Überraschung hervorrief.

Wir nahmen an einem freien Tisch Platz und begannen, den Luxus zu genießen, um den wir nur bitten mussten, um ihn genießen zu können. Ich hatte ein kleines Memorandum über Bücher, auf die ich gewartet hatte. Sie brauchte nichts; aber wir hielten nach dem einen und dem anderen und noch einem anderen Ausschau, und gemeinsam hielten wir den Begleiter in Bewegung. Für mich war es eine angenehme Sache, ihren reinrassigen Geschmack und ihre Arbeitsrichtung kennenzulernen, und ich war glücklich genug, sie für einige meiner Lieblingslektüren zu interessieren; und natürlich, weil sie eine Frau war, um schnelle Hinweise zu bekommen, die mir noch nie zuvor bewusst geworden waren. Wir verbrachten dort nur sehr kurze anderthalb Stunden, bevor ich wieder zum Bahnhofsgebäude ging. Ich ging sehr schnell. Ganz langsam kehrte ich zu ihr zurück.

Der Koffer wurde nicht gefunden. Doch mittlerweile waren sie sich ganz sicher, dass sie auf der Spur waren. Sie waren sich sicher, dass es von Pier zu Pier getragen und wieder flussaufwärts gebracht worden war. Es war auch nicht aussichtslos, ihm zu folgen. Der besondere Schurke, der es haben sollte, würde sicherlich entweder in Piermont oder in Newburg Halt machen. Sie hatten an beide Orte telegrafiert und waren für beide rechtzeitig da. „Das

Tagesboot, Sir, wird den Koffer Ihrer Dame bringen , und ich hoffe, es wird mir auch Rowdy Rob bringen", sagte der Offizier. Aber im selben Augenblick, als er klingelte, erfuhr er, dass von keinem der genannten Orte noch eine Nachricht eingegangen sei. Ich war mir nicht so sicher wie er.

Aber Fausta zeigte kein Unbehagen, als ich meine Neuigkeiten erzählte. „Bis jetzt", sagte sie, „hat mir die Öffentlichkeit gute Dienste geleistet. Ich werde mir keine Mühe aus Mangel an Glauben machen." Und ich – wie Dante sagen würde – und ich, zu ihr: „Dann möchte ich Sie daran erinnern, dass wir um eins zu Abend essen, dass Mrs. Grills jetzt das Pökelfleisch auf den Hüttentisch legt, und Mr. Grills Ich bitte um den Segen; und da dies der einzige Tag ist, an dem ich die Ehre Ihrer Gesellschaft haben kann, dürfen Sie mich Ihnen zeigen, wie ein Kind des öffentlichen Lebens speist, wenn seine Finanzen niedrig sind?"

Fausta lachte und sagte erneut, weniger tragisch als zuvor: „Ich habe vollkommenes Vertrauen in dich" – ohne darüber nachzudenken, wie sie mit diesen Worten mein Blut in Wallung brachte; aber dieses Mal erlaubte sie mir, wie zum Zeichen, ihre Hand auf meinen Arm zu nehmen, während wir zusammen die Straße entlang gingen.

Wenn wir Snobs gewesen wären, oder selbst wenn ich einer gewesen wäre, hätte ich sie zu Taylor's mitgenommen und mein ganzes Geld für ein Mittagessen ausgegeben, das keiner von uns jemals zuvor gegessen hatte. Was auch immer ich sonst bin, ich bin kein Snob dieser Art. Ich zeige meine Farbe. Ich führte sie in eine kleine Querstraße, die mir auf unserer unregelmäßigen morgendlichen Pilgerfahrt aufgefallen war. Wir machten Halt bei einem deutschen Bäcker . Ich bat sie, sich an den hübschen Marmortisch zu setzen, und kaufte zwei Brötchen. Sie lehnte das Lagerbier ab, das ich ihr aus Spaß anbot. Stattdessen nahmen wir Wasser und hatten zu Abend gegessen, zwei Cent für unser Essen bezahlt und auch ein sehr fröhliches Abendessen gehabt, als die Uhr zwei schlug.

„Und jetzt, Mr. Carter", sagte sie, „werde ich Ihnen nicht mehr den Tag stehlen. Sie sind nicht nach New York gekommen, um einsame Mädchen zur Astor-Bibliothek oder zum Abendessen zu begleiten. Ich bin auch nicht nur gekommen, um die Löwen zu sehen." oder Französisch lesen. Ich bestehe darauf, dass Sie Ihren Angelegenheiten nachgehen und mich meinen eigenen überlassen. Wenn Sie mich eine halbe Stunde vor Schließung in der Bibliothek treffen , werde ich Ihnen danken; bis dahin", mit einem tragischen Schütteln der Hand und ein fröhliches Lachen, „Adieu!"

Ich wusste ganz genau, dass ihr in zwei Stunden an einem Herbstnachmittag nichts passieren konnte. Ihr *Congé tat mir nicht leid* , denn es gab mir die Möglichkeit, meine eigenen Pläne zu verfolgen. Ich blieb bei ein oder zwei Schreinern stehen und unterhielt mich mit den „ Jours " über die Arbeit, damit ich ihr ehrlich sagen konnte, dass ich auf der Suche danach gewesen war ; dann begann ich eifrig damit, jeden Mann namentlich aufzusuchen, den

ich erreichen konnte Mason. Oh, wie oft habe ich die eine oder andere Phase
dieses Gesprächs durchlaufen: –
„Ist Mr. Mason da?“
„Das ist mein Name, Sir.“
„Können Sie mir die Adresse von Herrn Mason geben, der letzten Mai aus
Europa zurückgekehrt ist?“
„Kenne keine solche Person, Sir.“
Der Leser kann sich vorstellen, in wie vielen Formen dieser Dialog
wiederholt werden könnte , bevor ich, während ich mich durch eine lange
Reihe von Trockenwarenkisten zu einem entfernten Zählraum kämpfte ,
jemanden sagen hörte: „Nein, meine Dame, Ich kenne keine solche Person,
wie Sie sie beschreiben“; und aus der Pause kam Fausta und traf mich. Ihr
Plan für den Nachmittag war derselbe wie meiner. Wir lachten, als wir uns
entdeckten; Dann sagte ich ihr, dass sie genug davon hatte und dass es Zeit
sei, sich auszuruhen, und nahm sie mit, *Nolens volens* , in den Damensalon des
St. Nicholas und forderte sie auf, dort mit meinem Exemplar von Clementine
die Dämmerung hindurch zu warten, bis ich von der Polizeistation
zurückkäme. Wenn der Leser jemals an einem solchen Ort darauf gewartet
hat, dass jemand kommt und sich um ihn kümmert, wird er verstehen, dass
niemand geneigt sein wird, ihn zu belästigen, wenn er nicht um
Aufmerksamkeit gebeten hat.
Zwei Stunden lang ließ ich Fausta in dem Schaukelstuhl zurück, den ihr dort
die Öffentlichkeit zur Verfügung gestellt hatte. Dann bin ich leider
zurückgekommen. Keine Nachricht von Rowdy Rob, nichts von Koffer,
Bibel, Geld, Brief, Medaille oder irgendetwas. Mein Bezirksfeldwebel war
immer noch hoffnungsvoll und wie immer respektvoll. Aber dieses Mal war
ich hoffnungslos, und ich wusste, dass Fausta am nächsten Tag mit
Geheimdiensten und Werbung in den Krieg eintauchen würde. Für die
Nacht war ich fest entschlossen, dass sie diese in meiner idealen
„respektablen Pension“ verbringen sollte. Auf dem Weg durch die Stadt
schaute ich in ein oder zwei Geschäften vorbei, um mich zu erkundigen, und
überlegte, wohin ich sie bringen würde. Dennoch hielt ich es für das Klügste
, dass wir Tee trinken gingen; und ein weiterer Bäcker an der anderen
Straßenseite, ein weiteres Paar Brötchen und ein weiterer Zapfhahn im
Croton sorgten für die Mahlzeit für uns. Dann erzählte ich Fausta von der
respektablen Pension und dass sie dorthin gehen müsse. Sie sagte nicht nein.
Aber sie sagte, dass sie den Abend lieber nicht dort verbringen würde. „Es
muss irgendein Platz für uns frei sein“, sagte sie. „Da! Da ist eine
Kirchenglocke! Die Kirche ist immer zu Hause. Lasst uns dorthin kommen.“
Also gingen wir zur „Abendbesprechung“ und erschreckten den Küster,
indem wir eine Stunde früher ankamen. Wenn es jemanden gab, der sich
fragte, wozu dieser Mittwochabendgottesdienst nützen sollte, dann haben
wir das nicht getan. In einer dunklen Kirchenbank saßen wir, sie an einem

Ende, ich am anderen; und um die ganze Wahrheit zu sagen, jeder von uns schlief sofort ein und schlief, bis die schweren Orgelklänge uns verrieten, dass der Gottesdienst begonnen hatte. Hundert oder mehr Menschen waren damals hereingeströmt, und der Prediger, gute Seele, er nahm seinen Text: „Kümmert sich Gott nicht um die Raben?" Ich kann das unbeschreibliche Gefühl von Zuhause, das mich in dieser dunklen Bank dieser alten Kirche überkam, nicht beschreiben. Ich war noch nie in einer so großen Kirche gewesen. Ich hatte noch nie zuvor eine so schwere Orgel gehört. Vielleicht hatte ich bessere Predigten gehört, aber nie eine, die zu meinen Anlässen häufiger vorkam. Aber es war nichts davon, was mich bewegte. Es war die Tatsache, dass wir genau dort waren, wo wir sein sollten. Kein unverschämter Kellner konnte uns fragen, warum wir dort saßen, und kein gereizter Polizist konnte uns vorschlagen, weiterzumachen. Es war Gottes Haus, und weil es ihm gehörte, gehörte es auch seinen Kindern.

All dieses Gefühl der Ruhe wuchs in mir und, wie sich herausstellte, auch in Fausta . Denn als der Gottesdienst zu Ende war und ich es wagte, sie zu fragen, ob sie auch dieses Gefühl von Zuhause und Ruhe habe, stimmte sie so eifrig zu, dass ich, wenn auch mit Zögern, den Gedanken vorschlug, der mir durch den Kopf gegangen war, sie dort zurückzulassen .

„Ich kann mir nicht vorstellen", sagte ich, „an einen möglichen Schaden, der Ihnen vor dem Morgen widerfahren könnte."

„Wissen Sie, ich hatte genau das Gleiche gedacht, aber ich habe mich nicht getraut, es Ihnen zu sagen " , sagte sie.

War ich nicht froh, dass sie mich als ihren Hüter betrachtet hatte? Aber ich sagte nur: „In der ‚anständigen Pension' könnte man sich über Fragen ärgern."

„Und hier wird niemand mit mir reden. Das kenne ich von Goody Two-Shoes."

„Ich werde hier sein", sagte ich, „bei Sonnenaufgang am Morgen." Und so verabschiedete ich mich von ihr und bestand darauf, meinen eigenen Mantel in der Bank zu lassen. Ich wusste, dass sie es vielleicht noch vor dem Morgen brauchen würde. Ich ging hinaus, als der Küster die Tür vor den letzten Gläubigen im Erdgeschoss schloss. Mit seinem langen Schürhaken, der das Gas herunterdrehte, ging er durch die Gänge weiter unten. Ich sah sofort, dass er nicht die Absicht hatte, die Galerien zu erkunden. Aber ich blieb draußen, bis ich sah, wie er die Türen abschloss und ging; Und dann, glücklich in dem Gedanken, dass Miss Jones am sichersten Ort in New York war – genauso bequem wie in der Nacht zuvor und viel bequemer als in jeder anderen Nacht auf dem Kanal – machte ich mich auf die Suche nach meinem eigenen Unterkunft.

„In die angesehene Pension?"

Kein bisschen, lieber Leser. Ich hatte keine Schilling für anständige oder unanständige Pensionen. Ich fragte den ersten Polizisten, wo seine

Bezirkswache sei. Ich ging in sein Büro und sagte dem Kapitän, dass ich in der Stadt grün sei; hatte keine Arbeit und kein Geld. Tatsächlich hatte ich meine Handtasche Miss Jones überlassen, und ein Fünf-Cent-Stück, das ich dem Chef zeigte, war alles, was ich hatte. Er sagte kein Wort, außer dass er mich aufforderte, zwei Stockwerke hochzugehen und mich in die erste Koje zu begeben, die ich fand. Ich habe es so gemacht; und nach fünf Minuten schlief ich in einem besseren Bett, als ich neun Tage lang geschlafen hatte.

Das war es, was die Öffentlichkeit an diesem Abend für mich getan hat. Auch ich war in Sicherheit!

Ich mache diese Geschichte zu lang. Aber mit dieser Nacht und ihren Ängsten ist das Ende gekommen. Bei Sonnenaufgang stand ich auf und machte meine bequeme Toilette. Ich kaufte und aß mein Brötchen, wobei ich die Marke von gestern abwechselte. Für Fausta kaufte ich noch eins mit einem Stück Butter und einer Orange . Ich ließ meinen Koffer am Bahnhof zurück, eilte zum Haus des Küsters, erzählte seiner Frau, dass ich meine Handschuhe in der Nacht zuvor in der Kirche gelassen hatte – was die Wahrheit war – und bekam problemlos die Schlüssel von ihr. Einen Augenblick später war ich im Vorraum – eingesperrt – auf der Galerie, und dort fand ich Fausta , gerade wach, wie sie erklärte, aus einer angenehmen Nacht, während sie ihre Morgenlektion in der Bibel las, und sicher, sagte sie, dass ich sollte bald erscheinen. Weder Geist noch Geist hatten sie besucht. Ich breitete für sie eine braune Papiertischdecke auf dem Tisch im Vorraum aus. Ich stellte ihr das Frühstück hin, rief sie an und wunderte mich über ihre Toilette. Wie kommt es, dass Frauen immer so adrett und erledigt wirken, als gäbe es keinen Konflikt, keinen Staub und keine Falten auf der Welt?

[Hier fügt Fausta in diesem Manuskript eine Klammer ein, um zu sagen, dass sie vor dem Schlafengehen ihre Unterärmel und ihren Kragen sorgfältig zusammengefaltet und diese zwischen die Kissen gelegt hat, auf denen sie schlief. Am Morgen waren sie bedrängt worden – ohne ein trauriges Eisen.]

Sie beendete ihre Mahlzeit. Ich öffnete die Kirchentür fünf Minuten lang. Sie wurde ohnmächtig, als sie die Denkmäler ausreichend untersucht hatte, und ich folgte ihr in respektablem Abstand. Wir schlossen uns zusammen und machten unseren gewohnten Morgenspaziergang; aber dann sagte sie entschlossen: „Auf Wiedersehen ! " für diesen Tag. Noch vor Einbruch der Nacht würde sie Arbeit finden – Arbeit und ein Zuhause. Und ich muss das Gleiche tun. Erst als ich sie drängte, mich über ihren Erfolg zu informieren, sagte sie, sie würde mich kurz vor Schließung in der Astor-Bibliothek treffen. Nein, sie würde mein Geld nicht nehmen. Genug, dass sie vierundzwanzig Stunden lang mein Gast gewesen war. Als sie ihre Tante gefunden und ihr die Geschichte erzählt hatte, sollten sie darauf bestehen, diese Gastfreundschaft zurückzuzahlen. Gastfreundschaft, lieber Leser, die ich für sechs Cent gewährt hatte. Haben Sie Miranda jemals einen Tag lang behandelt und festgestellt, dass die Gebühr so niedrig war? Als ich andere um Hilfe bat , sagte sie entschieden: „Nein." Tatsächlich habe sie bereits um zwei einen Termin vereinbart, sagte sie, und sie dürfe den Tag nicht verschwenden.

Ich hatte auch um zwei Uhr einen Termin; denn zu dieser Stunde sollte Burrham die Zyklopädien im Castle Garden verteilen . Die Auswandererkommission hatte es noch nicht für sich beschlagnahmt. Ich verbrachte den Vormittag damit, vergeblich nach Maurern zu fragen, die frisch aus Europa kamen, und nach Arbeit in Möbelschreinereien. Ich fand keines von beiden und machte mich so auf den Weg zum verabredeten Ort, wo ich anstelle solch elender Vögel im Busch einen so verachtenswerten in meine Hand bekommen sollte.

Diejenigen, die sich an Jenny Linds erste Triumphnacht im Castle Garden erinnern, haben eine Vorstellung von der Menschenmenge, die Galerie und Boden dieser riesigen Halle füllte, als ich eintrat. Ich hatte keinen Gedanken an die Maschinerie dieser Torheit verschwendet, ich weiß nur, dass mein Ticket mir vorschrieb, heute um zwei Uhr nachmittags dort zu sein. Aber als ich näher kam, erinnerten mich das Gedränge, die Polizistentrupps und die langen Schlangen der eintretenden Personen daran, dass es sich hier um eine Angelegenheit von zehntausend Personen handelte und dass Mr. Burrham nicht abgeneigt war, es vielleicht so auffällig zu machen, wie es war laut, eine durchaus respektable Angelegenheit, um zukünftige Ausflüge und Verteilungen anzukündigen. Mit viel Parade wurde ich zum Sitzplatz Nr. 3.671 geführt, und als ich dort ankam , stellte ich fest, dass ich ein echter Gefangener war. Ich war spät dran, oder besser gesagt, es war kurz vor zwei. Fast sofort erhob sich Mr. Burrham vorn und hielt eine lange Rede über seine Liberalität, die Liberalität der Öffentlichkeit , die Liberalität aller im Allgemeinen und die Methode der Verteilung im Besonderen. Der Bürgermeister und vier oder fünf weitere bekannte und angesehene Herren waren freundlicherweise anwesend, um die Fairness der Vereinbarungen zu gewährleisten. Auf Vorschlag des Bürgermeisters und der Polizei würden nun die Türen geschlossen, damit niemand die Zeremonie stören könne, bis sie beendet sei. Und die Verteilung der Zyklopädien würde sofort in der Reihenfolge der Auslosung voranschreiten , wobei die frühesten Nummern die frühesten Eindrücke sicherten; die, wie Mr. Burrham fast bedauerte, etwas besser waren als die letzten. Nachdem diese verteilt worden waren, wurden zwei Figuren gezeichnet, eine grüne und eine rote, um die glückliche Dame und den glücklichen Herrn anzuzeigen, die nach Abzug der Druck- und Vertriebskosten jeweils den Gewinn erhalten würden, der sich aus dieser Art des Verkaufs der Zyklopädien ergeben hatte abgedeckt wurde und nachdem die Zeitschriften bestellt worden waren.

Dieser Ankündigung folgte großer Jubel von allen außer mir. Hier hatte ich mich Gott weiß wie lange in diesem Humbug-Saal eingeschlossen, am wichtigsten Tag meines Lebens. Ich hätte meine Zyklopädie und meine

Chance auf den „Gewinn" bereitwillig aufgegeben , für die Gewissheit, Fausta um fünf Uhr zu sehen. Was könnte ihr widerfahren, wenn ich sie damals nicht sehen würde, und wann könnte ich sie wiedersehen? Eine Stunde zuvor war diese Gewissheit meine eigene, jetzt war sie nur noch meine, indem ich mich aus diesem Gefängnis befreite. Dennoch war es für mich ermutigend zu sehen , dass alles wie am Schnürchen lief. An buchstäblich hundert Stationen verteilten sie die Bücher. Wir stellten uns nach Belieben in Warteschlangen auf, wählten unsere Nummern aus und stellten uns dann in den Büros vor , bestellten unsere Zeitschriften und nahmen unsere Zyklopädien entgegen . Bei diesem Tempo würde es um halb vier erledigt sein. Ein Omnibus könnte mich zum Park bringen , und ein Bowery-Auto erledigt den Rest rechtzeitig. Nach einer vergeblichen Diskussion über das Ausreiserecht mit einem oder zwei der Anwesenden gab ich mich dieser Hoffnung hin und begann, meine Zyklopädie zu studieren . Es war hinreichend amüsant zu sehen, wie zehntausend Menschen sich mit der gleichen Aufgabe abfanden und vorgaben, sich nicht um die grünen und roten Zahlen zu kümmern, die die „Gewinne" aufteilen sollten. Ich versuchte herauszufinden, wer genauso darauf bedacht war, aus dieser kitschigen Höhle herauszukommen wie ich. Es schlug vier Uhr und die Verteilung war noch nicht abgeschlossen. Ich wurde sehr ungeduldig. Was wäre, wenn Fausta in Schwierigkeiten geraten würde? Ich wusste oder hoffte, dass ich es wusste, dass sie sich bis zur Astor-Bibliothek, ihrem einzigen Ort der Rettung und Zuflucht, ihrem Asyl, schwer tun würde. Was wäre, wenn ich sie dort im Stich gelassen hätte? Ich, der ich mich als ihr Beschützer ausgegeben hatte! „Beschützer, in der Tat!" Sie würde sagen, wenn sie wüsste, dass ich in einem Theater Zeuge der größten Torheit der Zeit bin. Und wenn ich sie heute nicht treffen würde, wann sollte ich sie dann treffen? Wenn sie ihre Tante gefunden hat, wie sollte ich sie dann finden? Wenn sie sie nicht fand , – guter Gott? das war noch schlimmer – wo konnte sie nicht sein, bevor zwölf Stunden um waren? Dann der tödliche Kofferraum! Ich hatte dem Polizeibeamten gesagt, er könnte es an das St. Nicholas schicken, weil ich ihm eine Adresse geben musste. Aber Fausta wusste das nicht, und die Leute vom Nikolaus wussten nichts von uns. Ich wurde immer aufgeregter, und als mir mein nächster Nachbar schließlich sagte, dass es halb sechs sei, stand ich auf und bestand darauf, meinen Platz zu verlassen. Zwei Platzanweiser mit blauen Schärpen hielten mich fast fest; Sie zeigten mir, wie die ganze Versammlung in Stille versank. Tatsächlich bat Mr. Burrham in diesem Moment jeden, Platz zu nehmen. Ich würde nicht sitzen. Ich würde zur Tür gehen. Ich würde ausgehen. „Gehen Sie bitte!" sagte der Platzanweiser als nächstes verächtlich. Und ich schaute, und da war kein Griff! Doch das war kein Traum. Es ist die Art und Weise, wie sie die Türen in den Hallen anordnen, wo sie dafür sorgen, dass die Leute an ihrem Platz bleiben. Ich hätte diese grinsende blaue Schärpe tragen können. Ich habe ihm gesagt, dass ich ihm den kostbaren Hals umdrehen würde, wenn er mich nicht rauslassen würde. Ich sagte, ich würde ihn wegen falscher Inhaftierung verklagen; Ich hätte eine *Habeas-Corpus- Verfügung* .

" *Habeas Corpus* sei d --d!" sagte der Beamte mit einer respektlosen Respektlosigkeit gegenüber dem Palladium. „Wenn Sie nicht höflicher sind, Sir, werde ich die Polizei rufen, von der wir reichlich haben." Du sagst, du willst ausgehen; Du hältst alle drinnen.

Und tatsächlich verkündete in diesem Moment die klare Stimme des Bürgermeisters, dass sie nicht weitermachen würden, bis vollkommene Ruhe herrschte; und ich hatte das Gefühl, dass ich all diese Menschen einsperrte, nicht sie mich.

„Kind der Öffentlichkeit", sagte mein trauerndes Genie, „bist du besser als andere Männer?" Also schlich ich mich zurück zum Sitzplatz Nr. 3.671, inmitten der verächtlichen und vorwurfsvollen Blicke und des höhnischen Grinsens meiner angeseheneren Nachbarn, die dort gesessen hatten, wo es ihnen gesagt wurde. Wir müssen gleich fertig sein, und vielleicht würde auch Fausta zu spät kommen. Wenn das Astor nur nach Sonnenuntergang geöffnet bleiben würde! Wie oft habe ich mir das seitdem gewünscht, und das aus weniger Gründen!

Nachdem die Stille wiederhergestellt war, führte Herr A., der Bürgermeister, seine kleine Tochter vor, verband ihr die Augen und forderte sie auf, ihre Hand in eine grüne Schachtel zu stecken, aus der sie ein grünes Ticket zog. Er nahm es ihr ab und las mit seiner klaren Stimme erneut: „Nr. 2.973!" Zu diesem Zeitpunkt wussten wir alle, wo die „Zweitausender" saßen. Dann waren „Neunhundert" nicht weit von der Front entfernt, so dass es nicht weit war, dass das verängstigte Mädchen, ganz in Schwarz gekleidet und schwer verschleiert, gehen musste, das diesem Ruf folgte. Herr A... traf sie, half ihr die Bühnentreppe hinauf, nahm ihr ihre Eintrittskarte ab und las: „ Jerusa. " Stillingfleet aus Yellow Springs, die bei ihrem Tod, wie es scheint, dieses Recht auf den Inhaber übertrug."

Die enttäuschten neuntausendneunhundertneunundneunzig jubelten begeistert, jeder Mann und jede Frau, um zu zeigen, dass er oder sie nicht enttäuscht war. Der Inhaber sprach mit Mr. Burrham , um seine Fragen zu beantworten, und mit viel Prunk öffnete er ein Scheckbuch, füllte einen Scheck aus und reichte ihn ihr , während sie eine Quittung unterschrieb, während sie ihn entgegennahm, und überwies ihm ihr Ticket. Bis jetzt war alles in Ordnung. Was für meinen Zweck besser war, war, dass es schnell ging, denn wir hätten in fünf Minuten länger fertig sein sollen, wenn nicht irgendein Teufel einen Faulenzer in einer Galerie dazu verleitet hätte, „Gesicht! Gesicht!" zu rufen. Der Vermächtnisnehmer von Miss Stillingfleet war immer noch schwer verschleiert.

In einer schrecklichen Minute erklang im ganzen Amphitheater , das mir damals grausamer vorkam , als es das Kolosseum jemals war, ein Schrei:

„Gesicht, Gesicht!" Ich versuchte es mit dem Gegenruf „Schande! Schade!"
aber ich war bei meinen Nachbarn in Ungnade gefallen, und auch ein
Gegenschrei verhält sich nie so, wie sein Vorbild es tut. Auf der Bühne taten
sie zunächst so, als würden sie nichts hören oder verstehen; dann gab es ein
höfliches Flüstern zwischen Mr. Burrham und der Dame; aber Herr A., der
Bürgermeister und die ehrenwerten Herren mischten sich sofort ein. Es war
offensichtlich, dass sie sich nicht enthüllen würde und dass sie bereit waren,
ihre Weigerung zu unterstützen. Einen Augenblick später erwies sie sich
höflich gegenüber der Versammlung; Der Bürgermeister reichte ihr den Arm
und führte sie durch eine Seitentür hinaus.
O, was für ein Schrei, der da aufstieg! Die ganze Versammlung stand auf und
johlte und schrie: „Zurück! Zurück! Gesicht! Gesicht!" Herr A. kam zurück,
tat so, als ob er sprechen wollte, trat ganz nach vorne und bekam einen
Moment Schweigen.
„Das liegt nicht an der Anleihe, meine Herren", sagte er. „Die junge Dame
ist nicht bereit, sich zu enthüllen, und wir dürfen sie nicht dazu zwingen."
"Gesicht Gesicht!" war die einzige Antwort, und Orangen von oben flogen
um seinen Kopf und schlugen auf den Tisch – ein nur furchteinflößendes
Omen angesichts dessen, was es prophezeite. Dann gab es fünf Minuten lang
einen solchen Krach, den ich hoffentlich nie wieder sehen oder hören werde.
Glücklicherweise behielten die Menschen ihre Plätze, da sie den vagen
Eindruck hatten, dass sie einige magische Rechte einbüßen würden, wenn sie
diese nummerierten Plätze verließen. Aber als für einen Moment eine Reihe
Polizisten im Orchester auftauchten, fiel eine ganze Salve von Zyklopädien
wie Regen auf ihren Chef, mit einem erneuten Schrei: „Gesicht! Gesicht!"
An diesem Punkt führte Herr A. mit viel Kenntnis der Volksgefühle sein
Kind erneut vor. Das arme Ding war zu Tode erschrocken und weinte; Er
band ihr hastig sein Taschentuch um die Augen und führte sie zur roten
Kiste. Eine Minute lang herrschte Stille im Haus. Ein Schrei von „Runter!
Runter!" und jeder nahm seinen Platz ein, als das Kind seinem Vater das rote
Ticket gab. Er las es wie zuvor: „Nr. 3.671!" Ich hörte die Worte, als hätte er
sie nicht gesprochen. Voller Aufregung über die Verzögerung und den Streit,
über die Ungerechtigkeit gegenüber dem Fremden und die persönliche
Ungerechtigkeit aller gegenüber mir wusste ich ein Dutzend Sekunden lang
nicht, dass alle auf unsere Seite des Hauses schauten, und das geschah auch
nicht Mein nächster Nachbar mit der Wache sagte: „Geh, du Narr", dass mir
bewusst war, dass ich 3.671 war! Selbst dann, als ich den Flur hinunter und
die Stufen hinaufstieg, hatte ich nur das Gefühl, dass ich dieser schrecklichen
Falle entkommen und möglicherweise Miss Jones in der Nähe des Astor
finden würde – auf keinen Fall war ich dazu eingeladen ein Scheck über 5.000
$.
Es gab nicht viel Jubel. Frauen wollen natürlich nie jubeln. Die Männer
hatten dem grünen Ticket zugejubelt, waren aber sauer auf das rote. Ich gab

mein Ticket ab, unterschrieb meine Quittung, nahm meinen Scheck, schüttelte Mr. A. und Mr. Burrham die Hände und drehte mich um, um mich vor dem Mob zu verneigen – denn Mob muss ich jetzt nennen. Doch der Jubel verstummte. Ein paar Leute versuchten vielleicht hinauszugehen, aber jetzt gab es nichts mehr, was sie wie zuvor auf ihren Plätzen halten konnte, und die Mehrheit erhob sich, drängte sich durch die Gänge und heulte: „Gesicht! Gesicht!" Ich dachte einen Moment lang, dass ich etwas sagen sollte, aber sie hörten mich nicht, und nach einem Moment des Innehaltens überwältigte mich der Drang zu gehen. Ich murmelte den Herren eine Entschuldigung zu und verließ die Bühne durch die Bühnentür.

Ich hatte vergessen, dass es zum Castle Garden keinen Hintereingang geben kann. Ich kam an eine Tür nach der anderen, die alle verschlossen waren. Es wurde dunkel. Offensichtlich war die Sonne untergegangen, und ich wusste, dass die Tür zur Bibliothek bei Sonnenuntergang geschlossen sein würde. Die Passagen waren sehr dunkel. Überall um mich herum erklang dieser schreckliche Schrei der Menge, in dem ich nur den Ruf „Gesicht, Gesicht!" erkennen konnte. Als ich mich umhertastete, gelangte ich schließlich zu einer begehbaren Tür. Ich betrat einen Raum, in dem mich das Sonnenlicht des westlichen Sonnenuntergangs blendete. Ich war nicht allein. Die verschleierte Dame in Schwarz war da. Aber als sie mich sah, sprang sie auf mich zu, warf sich in meine Arme und rief:

„Felix, bist du es? – du bist tatsächlich mein Beschützer!"

Es war Miss Jones! Es war Fausta ! Sie war die Vermächtnisfrau von Miss Stillingfleet . Mein erster Gedanke war: „Oh, wenn dieser bettelnde Platzanweiser mich gehen ließ! Werde ich jemals wieder glauben, bessere Rechte als die Öffentlichkeit zu haben?"

Ich nahm sie in meine Arme. Ich trug sie zum Sofa. Ich konnte vor Aufregung kaum sprechen. Dann sagte ich, dass ich vor Angst wild gewesen sei; dass ich befürchtet hatte, ich hätte sie verloren, und zwar für immer; dass es für mich schlimmer gewesen wäre, dieses Interview verloren zu haben als der Tod; Denn wenn sie nicht wusste, dass ich sie mehr liebte, als ein Mann jemals eine Frau liebte, konnte ich eine einsame Nacht und einen weiteren einsamen Tag nicht ertragen.

„Mein liebes, liebes Kind", sagte ich, „du hältst mich vielleicht für wild; aber ich muss eines sagen: Es wurde zu lange aufgestaut."

„Sagen Sie, was Sie wollen", sagte sie nach einem Moment, in dem ich sie immer noch in meinen Armen hielt; sie zitterte so sehr, dass sie allein nicht hätte aufrecht sitzen können – „sagen Sie, was Sie wollen, wenn Sie mir nur nicht sagen, ich solle noch einen Tag allein verbringen."

Und ich küsste sie, und ich küsste sie, und ich küsste sie, und ich sagte: „Niemals, Liebling, Gott helfe mir, bis ich sterbe!"

Wie lange wir dort saßen, weiß ich nicht. Keiner von uns sprach mehr. Zum einen blickte ich auf den Sonnenuntergang und die Bucht. Wir hatten gerade noch Zeit, uns in unabhängigeren Positionen neu zu ordnen, als Herr A. hereinkam, diesmal alarmiert, um zu sagen:

„Miss Jones, wir müssen Sie hier rausholen, oder wir müssen Sie irgendwo verstecken. Ich glaube, vor Gott, sie werden diesen Durchgang stürmen und uns das Haus um die Ohren reißen."

Er sagte das, als er begann, war er sich nicht bewusst, dass ich da war. In diesem Moment hatte ich jedoch das Gefühl, als hätte ich eine Million Männer treffen können. Ich ging vorwärts, ging an ihm vorbei und sagte: „Lass mich mit ihnen sprechen." Ich stürmte auf die Bühne und drängte zwei oder drei Tyrannen, die bereits auf der Bühne waren, ziemlich zurück. Ich sprang auf den Tisch und trat dabei die rote Kiste nach unten, so dass die roten Tickets auf den Boden und auf die Leute darunter fielen. Einer steckte in einer Art und Weise in der Brille eines alten Mannes, dass die Leute in den Galerien lachen mussten. Ein Lachen ist in einem solchen Moment ein großer Segen. Neugier ist etwas anderes. Drei laute Worte, die wie Donner ausgesprochen werden, bewirken viel mehr. Und nach drei Worten wurde es still im Haus, als es mich hörte. Ich sagte:-

„Seien Sie fair zu dem Mädchen. Sie hat weder Vater noch Mutter. Sie hat weder Bruder noch Schwester. Sie ist allein auf der Welt und niemand kann ihr helfen außer der Öffentlichkeit – und mir!"

Die Kühnheit der Rede löste Jubel aus, und wir hätten triumphierend davonkommen sollen, als ein Rowdy – der ursprüngliche „Gesichtsmann", nehme ich an – sagte :

"Und wer bist du?"

jetzt zuwider war , war ich natürlich verloren. Zum Glück hatte ich keine Zeit zum Nachdenken. Ich sagte ohne nachzudenken:

„Ich bin das Kind der Öffentlichkeit und ihr verlobter Ehemann!"

O Himmel! Welch ein Gelächter, ein Jubelschrei und die Zufriedenheit mit der *Auflösung* hallten durch das Haus und zeigten, dass alles in Ordnung war. Burrham erwischte den Moment und gründete seine Band, dieses Mal erfolgreich, – ich glaube, mit „See the Conquering Hero". Die Türen standen natürlich schon lange offen. Wohlgesonnene Menschen sahen ein, dass sie nicht länger bleiben mussten; schlecht gesinnte Menschen wagten es nicht zu bleiben; Die blau gekleideten Männer mit Knöpfen schlenderten in Gruppen über die Bühne, und ich nehme an, die schlimmsten Rowdys verschwanden, als sie sie sahen. Ich hatte meine einzige Rede gehalten und war für den Moment ein Held.

Ich glaube, der Bürgermeister hätte mich gerne geküsst. Burrham hätte es fast geschafft. Sie überschütteten mich mit Dank und Glückwünschen. All dies habe ich so gut ich konnte erhalten – irgendwie war ich überhaupt nicht überrascht – alles war so, wie es sein sollte. Ich dachte kaum daran, die Bühne selbst zu verlassen, als mich der Bürgermeister zu meiner Überraschung aufforderte, mit ihm zum Abendessen nach Hause zu gehen.

Dann fiel mir ein, dass wir den Rest unseres Lebens nicht im Castle Garden verbringen sollten. Ich brachte etwas über Miss Jones heraus, dass sie außer mir keine Begleitung hatte, und drängte mich in ihr Zimmer, um sie zu finden. Eine Gruppe Herren war um sie herum. Ihr Schleier war jetzt zurück . Sie war sehr blass, aber sehr hübsch. Habe ich gesagt, dass sie himmlisch schön war? Sie war die Königin des Raumes, nahm bescheiden und freundlich die Glückwünsche entgegen, dass die Gefahr vorüber war, und gestand, dass sie große Angst gehabt hatte.

„Bis", sagte sie, „mein Freund, Mr. Carter, das Glück hatte, zu erraten, dass ich hier war. Wie er das getan hat", sagte sie und drehte sich zu mir, „ist mir noch ein völliges Rätsel."

Sie wusste bis dahin nicht, dass ich es war, der die Gewinne der Cyclopædias mit ihr geteilt hatte .

Sobald wir uns entschuldigen konnten, bat ich jemanden , eine Kutsche zu bestellen. Ich schickte meinen Koffer zum Ticketschalter und wir fuhren zum St. Nicholas. Ich habe fast gelacht, als ich dem Hackmann an der Hoteltür vor zwei Stunden meine letzten anderthalb Dollar gegeben habe. Ich gab den Namen von Miss Jones und meinen eigenen ein. Der Angestellte schaute hin und sagte fragend:

„Ist es Miss Jones' Koffer, der heute Nachmittag angekommen ist?"

Ich folgte seinem Finger und sah den Koffer auf dem Marmorboden. Rowdy Rob hatte es verlassen, vielleicht nachdem er bei seiner Ankunft in Piermont einen Detektiv gesehen hatte. Der Koffer war nach Albany gegangen, hatte keinen Besitzer gefunden und war an diesem Tag mit dem Tagesboot zurückgekehrt.

Fausta ging in ihr Zimmer und ich schickte ihr das Abendessen hinterher. Ein Kuss und „Gute Nacht" war alles, was ich damals von ihr bekam.

„Morgen", sagte sie, „sollst du es erklären."

Es war noch nicht einmal sieben, ich ging in mein Zimmer, zog mich an und machte mich beim Bürgermeister nieder, kurz bevor seine fröhliche Gesellschaft sich zum Essen zusammensetzte. Zum ersten Mal in meinem Leben traf ich Männer, deren Bücher ich gelesen hatte und deren Reden ich auswendig konnte, und Frauen, die ich seitdem zu ehren wusste; und inmitten dieser brillanten Gruppe, so aufgeregt war Herr A. gewesen, als er die seltsame Geschichte des Tages erzählte, war ich eine Stunde lang der Löwe.

Ich führte Frau A. zum Tisch; Ich brachte sie sehr herzlich zum Lachen, indem ich ihr von den Drohungen des Gerichtsdieners an mich und meine an ihn erzählte und von der Schande, in die ich unter den Dreitausendsechshunderten geriet. Ich war noch nie auf einer solchen Party gewesen. Aber ich fand, dass es nur etwas einfacher und ruhiger war als die meisten Partys, die ich gesehen hatte, und dass seine gute Erziehung genau der der lieben Betsy Myers entsprach.

Als die Party endete, sagte Frau A. zu mir:

„Mr. Carter, ich bin sicher, Sie sind müde angesichts all dieser Aufregung. Sie sagen, Sie seien hier ein Fremder. Lassen Sie mich Ihren Koffer zum St. Nicholas holen, und Sie werden die Nacht hier verbringen. Ich weiß, dass ich das kann." Mach dir ein besseres Bett als sie.

Das dachte ich selbst und stimmte zu. Eine halbe Stunde später lag ich im „besten Zimmer" von Frau A. im Bett.

„Ich werde nicht besser schlafen", sagte ich mir, „als letzte Nacht."

Das war es, was die Öffentlichkeit an diesem Abend für mich getan hat. Ich war wieder in Sicherheit!

LETZTES KAPITEL.

FAUSTAS GESCHICHTE.

Fausta hat lange geschlafen, das arme Kind. Ich rief sie vor dem Frühstück an. Danach habe ich auf sie gewartet. Gegen zehn erschien sie, so strahlend, so schön und so freundlich! Der Koffer hatte ein Kleid zum Vorschein gebracht, das ich noch nie zuvor gesehen hatte, und das Gefühl von Ruhe, ewiger Sicherheit und ungebrochener Liebe hatte einen Charme offenbart, den ich noch nie zuvor gesehen hatte. Sie war für den Spaziergang angezogen und als sie mich traf, sagte sie:

„Zeit für die Verfassung, Herr Millionär ."

Also gingen wir wieder zu Fuß, ganz stadtaufwärts, fast bis zu der Gegend mit Schweineställen und Kohlgärten, die heute der Central Park ist. Und schon nach dem ersten Schwall meiner Begeisterung sagte Fausta ganz ernst:

„Ich muss Ihnen beibringen, ernst zu sein. Sie wissen nicht, wen Sie als Ihre Frau bitten. Außer Mrs. Mason, Nr. 27 Thirty-fourth Street, Sir, gibt es niemanden auf der Welt, der mit mir verwandt ist „Und sie kümmert sich überhaupt nicht um mich, Felix", sagte sie jetzt fast traurig. „Du nennst dich ‚Kind der Öffentlichkeit'. Ich habe angefangen, als du es zum ersten Mal gesagt hast, denn genau das bin ich.

„Ich bin zweiundzwanzig Jahre alt. Mein Vater starb, bevor ich geboren wurde. Meine Mutter, eine arme Frau, die von seinen Verwandten nicht gemocht und von ihnen gemieden wurde, zog mit mir nach Hoboken, um dort zu leben . Wie sie lebte, weiß Gott." , aber es geschah, dass sie eines seltsamen Todes starb, ich in ihren Armen.

Nach einer Pause fuhr das arme Mädchen fort:

„Es gab eine große militärische Besichtigung, ein Lager. Sie war versucht, es sich anzusehen. Plötzlich, durch einen Fehler, wurde aus der Waffe eines unvorsichtigen Soldaten ein Ladestock abgefeuert, der ihr das Herz durchbohrte. Ich sage dir, Felix, Es drückte mein Babykleid in die Wunde, so dass sie mich nicht von ihr trennen konnten, bis es weggeschnitten wurde. " Natürlich jeder war voller Entsetzen. Niemand hat behauptet, dass ich arm bin, das Baby. Aber das Bataillon, das Montgomery-Bataillon, das zufällig meine Mutter getötet hatte, adoptierte mich als ihr Kind. Ich wurde zum „Fille du Regiment" gewählt. Sie zahlten jährlich einen Steuerbescheid, den der Oberst für mich ausgab. Eine freundliche alte Frau hat mich gepflegt.

„Sie war deine Betsy Myers", unterbrach ich.

„Und als ich alt genug war, wurde ich nach Connecticut geschickt, auf die besten Schulen. Das dauerte bis zu meinem sechzehnten Lebensjahr. Zu meinem Glück löste sich das Montgomery-Bataillon dann auf. Es fiel mir schwer, die jährlichen Briefe des Obersten zu beantworten. Ich musste meinen Lebensunterhalt verdienen – es war das Beste, was ich verdienen sollte. Ich lehnte den Vorschlag ab, als Missionarin auszugehen Ich war immer stolz darauf, dass die Öffentlichkeit mein Pate war, und wie Sie wissen", sagte sie, „habe ich der Öffentlichkeit gut vertraut. Ich war nie einsam." , wohin ich auch ging. Ich versuchte, mich nützlich zu machen. Wo ich nützlich war, fand ich Gesellschaft. Die Pfarrer waren freundlich zu mir. Ich habe immer meine Dienste in den Sonntagsschulen und Nähstuben angeboten. Die Schulkomitees waren freundlich Für mich. Sie sind die Oberkämmerer der Öffentlichkeit für arme Mädchen. Ich habe für die Zeitschriften geschrieben. Ich habe einen von Sartains Hundert-Dollar-Preisen gewonnen –"

„Und ich noch einer", unterbrach ich.

„Als ich sehr arm war, gewann ich den ersten Preis für einen Aufsatz über böse Jungs."

„Und ich der Zweite", antwortete ich.

„Ich glaube, ich kenne einen bösen Jungen besser als er sich selbst", sagte sie. Aber sie machte weiter. „Ich habe mit dieser armen Miss Stillingfleet in der Nacht, in der sie starb, Wache gehalten. Diese absurde ‚Verteilung' hatte sie erwischt, und sie würde nicht zufrieden sein, bis sie mir dieses seltsame Ticket, Nr. 2.973, übertragen und den von Ihnen unterzeichneten Vermerk geschrieben hätte gehört habe. Ich hatte das Verlangen gehabt, New York und Hoboken noch einmal zu besuchen. Dieses Ticket schien mich zu locken. Ich hatte genug Geld, um zu kommen, wenn ich billig kommen würde. Ich schrieb an den Geschäftspartner meines Vaters und legte eine Notiz bei zu seiner einzigen Schwester. Sie ist Mrs. Mason. Sie bat mich kühl genug, zu ihr nach Hause zu kommen. Der alte Mr. Grills mochte mich immer – er bot mir Begleitung und Überfahrt bis nach Troy oder Albany an. Ich nahm seinen Vorschlag an, und du kennst den Rest."

Als ich Fausta meine Geschichte erzählte, erklärte sie, ich hätte sie mir im Laufe der Zeit ausgedacht. Als sie es glaubte – und das glaubt sie auch heute noch –, stimmte sie mit mir darin überein, dass es nicht angemessen sei, dass zwei auf diese Weise verbundene Menschen jemals getrennt würden. Wir waren es auch noch nie!

Sie machte einen eiligen Besuch bei Mrs. Mason. Sie bereitete sich dort auf ihre Hochzeit vor. Am 1. November gingen wir in dieselbe Kirche, die unser erstes Zuhause in New York war; und dieser liebe alte Rabenmann hat uns erschaffen

EINS!

DAS SKELETT IM SCHRANK.

VON J. THOMAS DARKAGH (SPÄTES CCS).
[Dieser Artikel wurde erstmals 1866 im „Galaxy"
veröffentlicht.]

* * * * *

Ich sehe, dass ein alter Kumpel von mir Teile der vertraulichen Geschichte
der Konföderierten im Harper's Magazine veröffentlicht. Es scheint also an
der Zeit, die Dreh- und Angelpunkte offenzulegen, an denen sich ein Teil
des Getriebes der letzten sechs Jahre bewegt hat. Die
Geschichtswissenschaft, wie ich sie verstehe, hängt von der rechtzeitigen
Offenlegung solcher Dreh- und Angelpunkte ab, die im Laufe der Zeit oft
aus dem Blickfeld geraten.

Ich war im öffentlichen Dienst in Richmond. Warum ich dort war oder was
ich getan habe, ist niemandes Sache. Und ich habe in diesem Aufsatz nicht
vor, zu erzählen, wie es dazu kam, dass ich im Oktober 1864 aus
vertraulichen Gründen in New York war. Genug, dass ich dort war und dass
es eine ehrliche Angelegenheit war. Nachdem das Geschäft, soweit es mit
den mir anvertrauten Mitteln möglich war, erledigt war, bereitete ich mich
auf die Rückkehr nach Hause vor. Und damit hängt diese Geschichte und,
wie sie bewies, das Schicksal der Konföderation zusammen.

Denn natürlich wollte ich meiner Familie Geschenke mit nach Hause
nehmen. Es gab kaum eine Frage, was diese Geschenke sein sollten, denn
ich hatte weder Jungen noch Brüder. Die Frauen der Konföderation hatten
ein Bedürfnis, das alle anderen übertraf. Sie konnten Kaffee aus Bohnen
kochen; Anstecknadeln, die sie von Kolumbus hatten; Strohhüte, die sie ganz
gut mit ihren eigenen schönen Händen geflochten hatten; Schnupftabak, wir
könnten in „dem alten Konzern" besser werden als Sie. Aber wir hatten keine
Reifröcke , wir nannten sie Skelette. Kein Einfallsreichtum hatte sie
geschaffen. Kein Kopfgeld hatte sie dazu gezwungen. Die Bat, die
Greyhound, die Deer, die Flora, die JC Cobb, die Varuna und die Fore-and-
Aft haben alle Ladungen davon für uns in England aufgenommen. Aber die
„Bat", die „Deer" und die „Flora" wurden von den Blockadern
beschlagnahmt, die „JC Cobb" auf See versenkt, die „Fore-and-Aft" und die
„Greyhound" wurden von ihren eigenen Besatzungen in Brand gesteckt, und
von der „ Varuna" (unsere Varuna) war nie etwas zu hören von. Dann bot
der Bundesstaat Arkansas dem ersten Hersteller sechzehn Townships
Sumpfland an, der fünf Bruttostücke eines selbst hergestellten Artikels
ausstellen würde. Aber niemand hat jemals teilgenommen. Die ersten
Versuche wurden tatsächlich zunichte gemacht, als Schofield den Blue Lick
überquerte und die Dämme am Yellow Branch zerstörte. Die Folge war, dass
die Krinoline der Menschen schneller zusammenbrach als die der

Konföderation, von der dieser brutale Grierson sagte, es gäbe nie etwas anderes als die Außenseite.

Natürlich habe ich dann in New York den Boden meines neuen großen Koffers verstaut, keinen „Duplex-Ellipsen", denn damals wurden noch keine hergestellt, sondern einen „Belmonte" mit dreißig Federn für meine Frau. Für ihre alltäglichere Kleidung kaufte ich eine gute „Belle-Fontaine" . Für Sarah und Susy habe ich jeweils zwei „Dumb-Belles" bekommen. Für Tante Eunice und Tante Clara, die jungfräulichen Schwestern meiner Frau, die nach dem vierten Fall von Winchester bei uns lebten, bekam ich die „Scotch Harebell", jeweils zwei. Für meine eigene Mutter habe ich eine „Belle of the Prairies" und eine „Invisible Kombination Gossamer" bekommen. Ich habe die gute alte Mama Chloe und Mama Jane nicht vergessen. Für sie bekam ich stattliche Käfige, ohne Namen. Mit diesen, die, wie gesagt, in Achterform am Boden meines Koffers festgebunden waren, verstaute ich oben eine sortierte Ladung Trockenwaren und, begünstigt durch einen Passierschein und die Höflichkeit von Major Mulford auf der Flagge von – Mit dem Waffenstillstandsboot kam ich sicher in Richmond an, bevor der Herbst zu Ende ging.

Ich wurde zu Hause mit Begeisterung empfangen. Doch als ich am nächsten Morgen meine Läden öffnete, wurde diese Verzückung gleich doppelt verzückt. Worte können die stille Freude nicht beschreiben, mit der Alt und Jung, Schwarz und Weiß diese märchenhaften, noch ungebrochenen und nicht reparierten Strukturen betrachteten .

An diesem Herbsttag herrschte in der wiedervereinten Familie ewiger Sommer. Es regierte am nächsten Tag und am nächsten. Es hätte bis jetzt geherrscht, wenn die Belmontes und die anderen Dinge so lange gedauert hätten, wie es in den Anzeigen behauptet wird; und außerdem hätte die Konföderation bis jetzt regiert, Präsident Davis und General Lee! aber für das große Elend, das alle Familien verstehen und das in unserem großen Unglück gipfelte.

Eines Tages war ich oben im Schrank aus Zedernholz und suchte nach einer meiner alten Parademützen, von denen ich dachte, dass sie, obwohl sie meine drittbeste war, vielleicht besser aussehen würde als meine zweitbeste, die ich seit dem Verlust meiner besten Mütze getragen hatte Sieben Kiefern. Ich sage, ich stand auf dem unteren Regal des Zedernholzschranks, als ich, als ich in der Dunkelheit weiterging, mein rechter Fuß in einem Stück Draht hängen blieb, mein linker nicht rechtzeitig nachgab und ich mit einem kleinen Sturz hinfiel Hutschachtel aus Holz in meiner Hand, voll auf dem Boden. Die Ecke der Hutschachtel traf mich direkt unterhalb der zweiten Stirnhöhle und ich fiel in Ohnmacht.

Als ich zu mir kam , war ich in der blauen Kammer; Ich hatte Essig auf einem braunen Papier auf meiner Stirn; Das Zimmer war dunkel, und ich fand Mutter neben mir sitzend, wirklich froh genug, meine Stimme zu hören und zu wissen, dass ich sie kannte. Es dauerte einige Zeit, bis ich vollständig verstand, was passiert war. Dann brachte sie mir eine Tasse Tee und ich sagte ganz erfrischt, ich müsse ins Büro.

„Büro, mein Kind!" sagte sie. „Dein Bein ist oberhalb des Knöchels gebrochen. Du wirst dich in diesen sechs Wochen nicht bewegen. Wo glaubst du, dass du bist?"

Bis dahin hatte ich keine Ahnung, dass es fünf Minuten her war, seit ich in den Schrank gegangen war. Als sie mir die Zeit sagte, fünf Uhr nachmittags, stöhnte ich in den tiefsten Tiefen. Denn in meiner Brusttasche in diesem unschuldigen Mantel, den ich jetzt auf der Fensterbank liegen sah, befanden sich die Duplikate der Depeschen an Mr. Mason, für die ich am späten Abend zuvor die Unterschrift des Sekretärs erhalten hatte. Sie sollten an diesem Morgen um zehn Uhr mit dem Sonderboten des Marineministeriums nach Wilmington fahren. Ich hatte sie mitgenommen, um Fürsorge und Sicherheit zu gewährleisten. Ich hatte bis Mitternacht daran gearbeitet und sie waren erst gegen ein Uhr unterzeichnet worden. Himmel und Erde, und hier war es fünf Uhr! Zu diesem Zeitpunkt muss der Mann bereits die Hälfte des Weges nach Wilmington hinter sich haben. Ich habe den Arzt nach Lafarge geschickt, meinem Angestellten. Lafarge tat sein Bestes, indem er zum Telegraphen eilte. Aber nein! Ein Frischwasser am Chowan River oder ein Überfall von Foster oder irgendetwas oder nichts hatten den Telegrafendraht für diese Nacht zerstört. Und bevor diese Depesche jemals Wilmington erreichte, war der Marineagent in der Sea Maid im Einsatz.

„Aber vielleicht ist das Duplikat durchgekommen?" Nein, atemloser Leser, das Duplikat ist nicht durchgekommen. Das Duplikat wurde von Faucon im Ino aufgenommen . Ich habe es letzte Woche in den Händen von Dr. Lieber in Washington gesehen. Nun, ich weiß nur, dass, wenn das Duplikat durchgekommen wäre, die konföderierte Regierung im März eine Chance auf 83.211 Musketen gehabt hätte, die Belgien ohnehin nie verließen. Soviel dazu, dass ich auf dem Regal des Zedernholzschranks oben auf das gesegnete Stück Draht getreten bin .

„Was war das für ein Stück Draht?"

Nun ja, es war kein Telegrafendraht. Wenn es so gewesen wäre, wäre es kaputt gegangen, obwohl es nicht gewollt war. Weißt du nicht, was es war? Gehen Sie in Ihren eigenen Schrank aus Zedernholz, gehen Sie im Dunkeln umher und sehen Sie, was Ihnen um die Knöchel geht. Julia, das arme Kind, hat darüber geweint . Als es mir soweit ging, dass ich sitzen konnte, und sobald ich mit ihr reden und planen konnte, brachte sie sieben dieser alten Dinger herunter, antiquierte Belmontes und Simplex Elliptics und Schrecken ohne Namen, und legte einen Stapel davon hinein ins Schlafzimmer und fragte mich auf die reuigste Weise, was sie damit machen sollte.

sie nicht verbrennen " , sagte sie; „Feuer berührt sie nicht. Wenn man sie im Garten vergräbt, kommen sie beim zweiten Harken wieder hoch. Wenn man sie den Dienern gibt, sagen sie „Danke, Frau" und werfen sie in den Hintergang Wenn du sie den Armen gibst, werfen sie sie auf die Straße davor und sagen nicht „Danke!" Sarah schickte siebzehn zur Schwertfabrik, und der Vorarbeiter beschimpfte den Jungen und sagte es ihm würde ihn um Haaresbreite auspeitschen, wenn er noch mehr von seiner Soße dorthin bringen würde; und so – und so", schluchzte das arme Kind, „ich rollte diese elenden Dinger einfach zusammen und legte sie in den Schrank aus Zedernholz, in der Hoffnung, Sie wissen, dass die Regierung eines Tages etwas haben wollte und dafür Werbung machte. Sie wissen, was für eine gute Sache; ich habe aus den Flaschenkorken gemacht.

Tatsächlich hatte sie unsere Flaschenkorken für viertausendzweihundertsechzehn Dollar der ersten Ausgabe verkauft. Anschließend kauften wir von dem Geld zwei Regenschirme und einen Korkenzieher.

Nun, ich habe Julia nicht gescholten. Es war sicherlich nicht ihre Schuld, dass ich auf dem unteren Regal ihres Zedernholzschranks herumlief. Ich sagte ihr, sie solle ein Paket aus den Sachen machen, und als wir das erste Mal losfuhren, warf ich den ganzen unförmigen Haufen in den Fluss, ohne Masse für sie zu sagen.

Aber kein Mann und keine Frau soll denken, dass dies das Ende aller Probleme sei. Wenn ich an diesen Winter und an den Frühling 1865 zurückdenke (ich meine nicht die Stahlfeder), kommt es mir so vor, als wäre es erst der Anfang. Endlich bin ich auf Krücken ausgestiegen; Ich ließ das Büro in mein Haus verlegen, damit Lafarge und Hepburn dort nachts arbeiten und mit mir kommunizieren konnten, wenn ich nicht ausgehen konnte; Aber morgens humpelte ich zur Abteilung, saß beim Chef und nahm seine Befehle entgegen. Ach ich! Werde ich diesen feuchten Wintermorgen bald vergessen, als wir alle im Büro so viel Hoffnung hatten? Ein oder zwei der Armeekameraden schauten im Vorüberlaufen durchs Fenster, und wir wussten, dass es ihnen gut ging; und obwohl ich Old Wick, wie wir den Häuptling genannt hatten, nicht fragen wollte, was im Wind war, wusste ich, dass die Zeit gekommen war und dass der Löwe dieses Mal vorhatte, das Netz zu zerschlagen. Ich habe mir einen Vorwand ausgedacht, um früher als gewöhnlich nach Hause zu gehen; Ich erinnere mich, wie ich mit dem Krankenwagen des Majors zum Haus fuhr; und sprang hinein, um Julia mit der guten Nachricht zu überraschen, nur um festzustellen, dass das ganze Haus in diesem stillen Aufruhr war, der zeigt, dass plötzlich etwas Schlimmes passiert ist.

„Was ist los, Chloe?" sagte ich, als die alte Dirne mit einem Eimer Wasser an mir vorbeistürmte.

„Armer Mr. George, ich fürchte , er ist tot, sag !"

Und da war er wirklich , der liebe, hübsche, aufgeweckte George Schaff, die Freude aller nettesten Mädchen von Richmond; Er lag dort auf Tante

Eunices Bett im Erdgeschoss, wohin sie ihn gebracht hatten. Er war nicht tot – und er starb nicht. Er produziert jetzt Baumwolle in Texas. Aber damals sah er in der Nähe mächtig aus. „Der tiefe Schnitt in seinem Kopf" war das Schlimmste, was ich damals je gesehen hatte, und der Schlag brachte alles durcheinander. Als McGregor zu sich kam, sagte er, es sei nicht hoffnungslos; Aber wir wurden alle aus dem Zimmer geworfen, und mit einer Sache und einer anderen holte er den Jungen aus der Ohnmacht, und irgendwie bewies es, dass sein Kopf nicht gebrochen war.

Nein, aber der arme George schwört bis heute, es wäre besser gewesen, wenn es nur auf die richtige Art und Weise und auf dem richtigen Feld hätte gebrochen werden können. An diesem Abend erfuhren wir, dass bei der Überraschung alles schief gelaufen sei. Dort hatten wir auf einen dieser frühen Nebel gewartet, und endlich war der Nebel gekommen. Und Jubal Early hatte an diesem Morgen jeden Mann, den er hatte, hinausgeworfen, der standhalten konnte; und sie lagen drei tödliche Stunden lang verborgen, ich weiß nicht wie nahe der Streikpostenlinie bei Fort Powhatan, und warteten nur auf den Schuss, den John Streights Gruppe auf Wilson's Wharf abfeuern sollte, sobald jemand von unserer linken Mitte her vorrückte Streitmacht auf der feindlichen Linie oberhalb der türkischen Insel, die sich bis nach Nansemond erstreckt. Ich bin nicht im Kriegsministerium und weiß nicht mehr, ob er *en barbette* oder in *Infanteriestaffeln vorrücken sollte* . Aber er sollte irgendwie vorankommen, und er wusste wie; und als er vorrückte, sollte der andere Mann weiter unten herbeistürmen, und sobald Early ihn hörte, sollte er Powhatan überraschen, wissen Sie; Und dann, wenn Sie mich verstanden haben, wären Grant und Butler und ihr ganzes Team von ihren Vorräten abgeschnitten worden und hätten einen Kampf führen müssen, auf den sie nicht vorbereitet waren, wobei ihre Rechte in eine neue Linke verwandelt worden wäre. und ihre alte Linke rückte unerwartet in einem schrägen Winkel von ihrer Mitte vor , und wäre das nicht ihr Ende gewesen?

Nun, das ist nie passiert. Und der Grund dafür, dass es nie passierte, war, dass der arme George Schaff mit dem letzten verhängnisvollen Befehl für diesen Mann, dessen Namen ich vergessen habe (derselbe, der später am Tag vor der High Bridge getötet wurde), sich vorgenommen hat, Zeit zu sparen, indem er hinter meinem Haus durchgeschnitten hat. von Franklin bis Green Streets. Sie wissen, wie viel Zeit er gespart hat – sie haben den ganzen Tag auf diese Bestellung gewartet. George erzählte mir hinterher, dass das letzte, woran er sich erinnerte, der Handkuss gegenüber Julia war, die an ihrem Schlafzimmerfenster saß. Er sagte, er glaube, sie sei die letzte Frau, die er je auf dieser Seite des Himmels gesehen habe. Kurz danach muss es gewesen sein – sein Pferd – das weiße Messenger-Hengstfohlen, das der alte Williams gezüchtet hat – fiel wie ein Baumstamm um, und der arme George wurde fünfzehn Fuß mit dem Kopf voran gegen einen Pflock geschleudert, der sich auf dem Grundstück befand. Julia sah das Ganze. Sie stürmte mit allen

Frauen hinaus und hatte ihn gerade hereingebracht, als ich nach Hause kam. Und das war der Grund dafür, dass die große versprochene Kombination vom Dezember 1864 überhaupt nicht zustande kam.

Nachdem McGregor mich aus der Kammer geschickt hatte, ging ich auf den Parkplatz, um zu sehen, was sie mit dem Pferd gemacht hatten. Da lag er, so tot wie der alte Messenger selbst. Sein Genick war gebrochen. Und glaubst du, ich habe nachgeschaut, um herauszufinden, was ihn zum Stolpern gebracht hat? Ich nahm an, dass es eines der Bandy-Löcher der Jungs war. So etwas war nicht der Fall. Der arme Kerl hatte sich mit seinen Hinterbeinen in einem dieser höllischen Drahtreifen verheddert, die Chloe weggeworfen hatte, als ich ihr ihre neuen gab. Obwohl ich es damals noch nicht wusste, hatten diese tödlichen rostigen Stahlfetzen an diesem Tag Robert Lees Armee das Genick gebrochen.

Diesmal habe ich einen Streit darüber gemacht. Ich fühlte mich zu schlecht, um mich einer Leidenschaft hinzugeben. Aber bevor die Frauen zu Bett gingen – sie waren alle zusammen im Wohnzimmer – redete ich wie ein Vater mit ihnen. Ich habe nicht geschworen. Das hatte ich in den sechs Wochen auf meinem Rücken eine Zeit lang überwunden . Aber ich habe gesagt, dass die alten Drähte höllische Dinge seien und dass das Haus und die Räumlichkeiten davon befreit werden müssten. Die Tanten lachten – obwohl ich es so ernst meinte – und zwinkerten den Mädchen zu. Die Mädchen wollten lachen, hatten aber Angst davor. Und dann kam heraus, dass die Tanten ihre alten Reifen verkauft hatten, so fest wie möglich zusammengebunden, in einer großen Menge Lumpen. Sie hatten durch den Verkauf ein Vermögen gemacht – leider war es in anderen Lumpen, aber die Lumpen, die sie bekamen, waren neu statt alt – es war ein echtes Aladdin-Schnäppchen. Die neuen Lumpen hatten eine blaue Rückseite und waren nummeriert, manche bis zu fünfzig Dollar. Der Lumpensammler war in Eile gewesen und hatte nicht gewusst, warum die Sachen so schwer waren . Ich runzelte die Stirn über den Schwindel, aber sie sagten, mit einem Hausierer sei alles in Ordnung – und ich gestehe, ich war froh, dass die Dinger gut aus Richmond herausgekommen waren. Aber als ich sagte, ich halte es für einen gemeinen Trick, schauten Lizzie und Sarah zurückhaltend und fragten, was in aller Welt sie mit den alten Sachen machen sollten. Hätte ich erwartet, dass sie selbst mit großen Paketen zur Brücke hinuntergehen würden, um sie in den Fluss zu werfen, wie ich es bei Julia getan hatte? Natürlich endete es, wie es immer so ist, damit, dass ich die Arbeit auf meine eigenen Schultern nahm. Ich sagte ihnen, sie sollten alles, was sie hatten, in einem möglichst kleinen Paket zusammenpacken und zu mir bringen.

Dementsprechend fand ich am nächsten Tag ein hübsches braunes Papierpaket, nicht sehr groß, wenn man bedenkt, und seltsamerweise quadratisch, wenn man bedenkt, welches die Luder zusammengestellt und auf meinem Bürotisch liegen gelassen hatten. Sie hatten großen Spaß darüber. Sie hatten weder an Bürokratie noch an rotem Wachs gespart. Es sah in der Tat sehr offiziell aus, und in der linken Ecke stand in Sarahs kühnster und verzerrter Handschrift: „Geheimdienst". Wir haben viel über ihren Erfolg gelacht. Und tatsächlich hätte ich es mitnehmen sollen, wenn ich das nächste Mal zum Tredegar ging, wenn ich nicht zufällig eines Abends mit dem jungen Norton von unserer tapferen kleinen Marine gegessen hätte, und er erzählte uns etwas sehr Merkwürdiges.

Wir sprachen über die Enttäuschung über den kombinierten Landangriff. Ich habe nicht erzählt, was das Pferd des armen Schaff aus der Fassung gebracht hat; Tatsächlich glaube ich nicht, dass diese Marinemänner die Einzelheiten der Enttäuschung kannten . O'Brien hatte mir vertraulich erzählt, was ich jetzt wahrscheinlich zum ersten Mal aufgeschrieben hatte. Aber wir sprachen im Allgemeinen von der Enttäuschung. Norton trank seine Zigarre ziemlich nachdenklich aus und sagte dann: „Nun, Leute, es lohnt sich nicht, in die Zeitungen zu gehen, aber was hat wohl unseren großen Seeangriff gestört, an dem Tag, als die Yankee-Kanonenboote so prächtig den Fluss hinuntersausten?" "

„Warum", sagte Allen, der Nortons bestgeliebter Freund ist, „man sagt, dass du vor ihnen genauso schnell davongelaufen bist wie sie vor dir."

"Tun sie?" sagte Norton grimmig. „Wenn du das sagst, schlage ich dir den Kopf ein. Im Ernst, Männer", fuhr er fort, „das war etwas ganz Außergewöhnliches. Du weißt, dass ich auf der Widder war. Aber warum sie aufgehört hat, als sie aufgehört hat, wusste ich so wenig." So wie dieses Weinglas es tut; und Callender selbst wusste nicht mehr als ich. Wir waren nicht getroffen worden. Soweit wir wussten, ging es uns wie ein Untersetzer, als sie anfing, Dampf abzulassen, und wir blieben stehen und fingen an Wir trieben unter diesen Batterien nach unten. Callender musste dem kleinen Mosquito telegrafieren, oder wie auch immer Walter sein Boot nannte, und das mutige kleine Ding rannte herunter und holte uns aus der Klemme. Walter hat es richtig gut gemacht, wenn er einen Monitor darunter gehabt hätte Er hätte es nicht besser machen können. Natürlich eilten wir alle in den Maschinenraum. Was zum Teufel waren sie da? Sie wussten nur, dass sie kein Wasser in ihren Kessel bekommen konnten.

„Nun, Leute, das ist das Ende der Geschichte. Sobald die Kessel abgekühlt waren, funktionierten die Versorgungspumpen einwandfrei. Möge ich gehängt werden, wenn sie nicht irgendwie eine lange Schnur aus Garn und Stoff angesaugt hätten." , und, wenn Sie mir glauben, ein Draht aus einer Krinoline einer Frau. Und diese französische Torheit einer falschen Kaiserin hat an diesem Tag den Sieg der konföderierten Marine abgebrochen, und der alte Davis selbst kann nicht sagen, wann wir eine solche Chance haben werden wieder!"

Einige der Männer dachten, Norton habe gelogen. Aber ich war nie bei ihm, wenn er nicht die Wahrheit sagte. Ich erwähnte jedoch nicht, was ich bei meinem letzten Besuch in Manchester ins Wasser geworfen hatte. Und ich habe meine Meinung über Sarahs „Geheimdienst“-Paket geändert. Es blieb auf meinem Tisch liegen.

Ich glaube, das war das letzte Abendessen, das unser alter Club im Spotswood hatte. Der Frühling kam und die Parzelle wurde dichter. Wir erledigten unsere Arbeit im Büro so gut wir konnten; Ich kann für mich und andere sprechen – aber egal! Der 3. April kam und das Feuer und der rechte Flügel von Grants Armee. Ich erinnere mich, dass ich damals froh war, dass ich das Büro in das Haus verlegt hatte, da wir dort nicht im Weg waren. Alle waren aus der Abteilung geflohen; und so blieb mein kleines Unterbüro, als die Machthaber Besitz ergriffen, einige Tage lang unbehelligt. Ich habe diese Tage verbessert, so gut ich konnte, indem ich sorgfältig verbrannte, was verbrannt werden sollte, und sorgfältig versteckte, was verborgen werden sollte. Eine Sache , die damals geschah, gehört zu dieser Geschichte. Als ich an dem Privatbüro arbeitete – es war übrigens tatsächlich ein Büro, das ich Tante Eunice aufgeben ließ, als ich mir das Bein brach –, stieß ich zu meinem Entsetzen auf ein hübsches Grundstück an der Küste. Vermessungskarten von Georgia, Alabama und Florida. Sie waren nicht dieselben, die Maury gestohlen hatte, als er das Nationale Observatorium verließ, aber sie waren ihnen ähnlich. Jetzt war ich mir völlig sicher, dass ich an jenem verhängnisvollen Sonntag des Fluges Lafarge geschickt hatte, um diese zu holen, damit der Präsident sie bei Bedarf bei seiner Flucht verwenden konnte. Als ich sie fand, sprang ich hinaus, rief nach Julia und fragte sie, ob sie sich nicht daran erinnere, dass er sie abgeholt hatte. „Sicherlich“, sagte sie, „war es das erste Mal, dass ich von der Gefahr wusste. Lafarge kam, fragte nach dem Schlüssel zum Büro, sagte mir, alles sei erledigt, ging hinein und war im nächsten Moment verschwunden.“

Und hier, in der Akte vom 3. April, stand Lafarges Zeile für mich:

„Ich habe das Geheimdienstpaket selbst bekommen und es in die Hände des Präsidenten gelegt. Ich habe es mit ‚Golfküste‘ gekennzeichnet, wie Sie es mir aufgetragen haben.“

Was hätte Lafarge dem Präsidenten geben können? Nicht die Sondierungen von Hatteras Bar. Nicht die Arbeitszeichnungen des ersten Monitors. Ich hatte das alles unter meiner Hand. Könnte es sein: „Julia, was haben wir mit dem Zeug von Sarah gemacht, das sie als *Geheimdienst bezeichnet hat?* “

Soweit ich weiß, hatten wir dem Präsidenten auf seiner Flucht die alten Reifen der Mädchen geschickt.

Und als wir am nächsten Tag lasen, wie er sie benutzte und wie Pritchard ihn verhaftete, dachten wir, wenn er nur das richtige Paket gehabt hätte, hätte er den Weg nach Florida gefunden.

Das ist wirklich das Ende dieser Memoiren. Aber ich hätte es nicht schreiben sollen, wenn nicht gerade etwas auf der Piazza passiert wäre. Sie müssen wissen, einige von uns Wracks liegen hier oben in den Berkeley-Bädern. Mein

Onkel hat hier in der Nähe eine Wohnung. Hier kam heute John Sisson, den ich seit Memminger nicht mehr gesehen habe, und nahm die Angestellten mit. Hier hatten wir schon einmal die beiden Richards-Brüder, die großen Papiermacher, die kurz nach Kriegsbeginn die Edgerly Works in Prince George's County gründeten. Nach dem Abendessen trafen sich Sisson und sie auf der Piazza. Seltsamerweise hatten sie sich noch nie zuvor gesehen, obwohl sie in der Korrespondenz Unmengen von Richards' Papieren verwendet hatten und das Finanzministerium Tonnen davon zum Drucken von Anleihen und Bankwechseln verwendet hatte. Natürlich haben wir alle angefangen, über alte Zeiten zu reden – alt scheinen sie jetzt, obwohl es noch kein Jahr her ist. „Richards", sagte Sisson schließlich, „was ist aus unserer letzten Bestellung für mit Wasser kaschiertes, reines Leinen-Bürgschaftspapier geworden ? Wir *haben es nie bekommen, und ich wusste nie, warum* . "

„Haben Sie gedacht, dass Kilpatrick es verstanden hat?" sagte Richards ziemlich schroff.

„Nichts von deiner Spreu, Richards. Sagen Sie einfach, wohin das Papier gegangen ist, denn durch den Verlust dieser Menge Papier ist, wie sich herausstellte, der Boden aus der Wanne des Finanzministeriums herausgefallen . Auf diesem Papier hätte unsere neue Ausgabe von gedruckt werden sollen zehn Prozent, konvertierbar, wissen Sie, und gesichert auf der Hochland-Baumwolle, die Kirby Smith über dem Big Raft hatte. Ich hatte die Drucker fast einen Monat lang bereitgehalten, um auf das Papier zu warten. Die Platten waren wirklich sehr ansehnlich. Ich' Ich zeige Ihnen einen Beweis, wenn wir die Treppe hinaufgehen . Sie waren völlig neu und wurden von einigen Franzosen angefertigt, die für die Bank von Frankreich gearbeitet hatten. Ich war so darauf bedacht, dass die Sache gut gemacht wurde, dass ich drei Wochen darauf wartete Papier, und, Gott sei Dank, ich habe einfach zu lange gewartet. Wir haben nie eine der Anleihen abbekommen, und deshalb hatten wir im März kein Geld.

Richards warf seine Zigarre weg. Ich will nicht sagen, dass er zwischen den Zähnen geflucht hat, aber er drehte seinen Stuhl herum und stellte ihn auf alle Viere, beide Ellbogen auf die Knie gestützt und das Kinn in beide Hände gestützt.

„Herr Sisson", sagte er, „wenn die Konföderation gelebt hätte, wäre ich gestorben, bevor ich jemals erzählt hätte, was aus Ihrem Orden geworden ist. Aber jetzt habe ich keine Geheimnisse mehr, glaube ich, und mir ist alles egal. Das tue ich." Ich weiß jetzt nicht, wie es passiert ist. Wir wussten, dass es eine besonders schöne Arbeit war. Und wir hatten es auf einem eleganten kleinen neuen französischen Langsieb, das uns mehr gekostet hat, als wir jemals bezahlen werden. Das hübsche Ding lief am Tag zuvor wie Öl. An diesem Tag , ich dachte, alle Teufel wären drin. Je mehr Leistung wir auflegten, desto mehr schrien die Walzen; und je weniger wir auflegten, desto mürrischer stoppte die Jade. Ich habe es selbst auf jede erdenkliche Weise versucht: Gegenstrom, ich habe es versucht, vorwärts Strömung, hoher Vorschub, geringe Freisetzung , ich habe es auf altem Papier versucht, ich habe es auf neuem Papier versucht; und, Herr Sisson, ich hätte in einer Kaffeemühle besseres Papier hergestellt! Wir haben jeden Tropfen Wasser abgelassen. Wir haben das Papier gewaschen Dann hat mein Bruder dort die ganze Nacht mit den Maschinisten gearbeitet und den Rahmen und die Rollen abgebaut. Sie würden es nicht glauben, Sir, aber dieses kleine Stück Draht" – und er holte es aus seiner Tasche ein Stück dieses verhassten Stahls, den ich, der arme Mann, inzwischen so gut kannte, – „dieses kleine Stück Draht war von einem Reifenrock her, an den Pflückern vorbei, an den Sieben vorbei, durch alle Tröge, auf und ab." das, was wir die Zerreißer nennen, und hatte sich eingearbeitet, wo, wenn Sie eine Fourdrinier-Maschine kennen, Ihnen vielleicht ein Messingring aufgefallen ist, der an der Querstange angenietet war, und dort dieses verfluchte kleine Messer – denn Sie sehen, es war ein Messer , zu diesem Zeitpunkt, hatte bei jedem Start der Maschine das endlose Drahtgewebe in Stücke geschnitten. Sie haben Ihre Fesseln verloren, Mr. Sisson, weil eine Yankee-Frau einen meiner Lumpenmänner betrogen hat.

Auf dieser Geschichte bin ich die Treppe hinaufgekommen. Arme Tante Eunice! Sie war der Grund dafür, dass ich am 1. April kein Gehalt bekam. Ich dachte, ich würde andere Frauen warnen, indem ich die Geschichte aufschreibe.

Mein tödliches Geschenk in diesen harmlosen Sanduhrpaketen war der Ruin der Marine, der Armee, der Kampfmittel und der Staatskasse der Konföderierten; und es führte auch zur Gefangennahme des armen Präsidenten.

Aber, Gott sei Dank, niemand soll sagen, mein Amt habe seine Pflicht nicht erfüllt!

WEIHNACHTEN WARTET IN BOSTON.

AUS DEN INGHAM-PAPIEREN.

[Als meine Freunde vom Boston Daily Advertiser mich letztes Jahr baten, zu ihrer Weihnachtsausgabe beizutragen, war ich sehr froh, als ich mich an diesen Ausschnitt aus Mr. Inghams Memoiren erinnerte.

Denn in den meisten modernen Weihnachtsgeschichten habe ich beobachtet, dass die Reichen plötzlich aufwachen, um sich mit den Armen anzufreunden, und dass die Moral aus diesem Mitgefühl erwächst. Die Ereignisse in dieser Geschichte zeigen, was alles Leben zeigt, dass die Armen die Reichen genauso befreundet haben wie die Reichen die Armen: dass im christlichen Leben jeder alles braucht .

Ich wurde ein Dutzend Mal gefragt, inwieweit die Geschichte wahr ist. Natürlich hat es in dieser Reihenfolge innerhalb von vier oder fünf Stunden noch nie eine solche Serie von Vorfällen gegeben. Aber hier wird nichts erzählt, was meiner Erfahrung nach oder der eines arbeitenden Ministers nicht völlig gerechtfertigt wäre.]

* * * * *

Ich mache mir immer ein Weihnachtsgeschenk.

Und in diesem besonderen Jahr war das Geschenk eine Weihnachtsliederparty, die so viel Spaß macht, wie es ein Mann nur haben kann, wenn alle Dinge freundlich gestimmt sind.

Wie sich zeigen wird, müssen viele Dinge zustimmen. Zunächst einmal muss gutes Schlittenfahren vorhanden sein; und zweitens, ein schöner Abend für Heiligabend. Unsere sind nicht die Weihnachtslieder von euren armen, zitternden kleinen Bewohnern der East Angles oder South Mercians, wo sie zu Fuß in Ländern herumtrampeln müssen, die nicht wissen, was eine Schlittenfahrt ist.

Ich hatte Harry gebeten, sechzehn der besten Stimmen der Kapellenschule für fünf oder sechs gute Weihnachtslieder auszubilden, ohne zu wissen, warum. Wir wollten sie nicht enttäuschen, wenn am 24. Dezember ein Tauwetter im Februar einsetzte und den Aufruhr abbrechen sollte, bevor er begonnen hatte. Dann hatte ich Howland gesagt, dass er für mich ein paar gute Pferde und einen Schlitten reservieren müsse, in den ich sechzehn kleine

Kinder dicht verstaut hineinpacken könnte. Howland ist in solchen Dingen immer gut, wusste, wozu der Schlitten da war, da er in anderen Jahren das Gleiche getan hatte, und baute die Spannweite von vier Pferden aus eigenem Antrieb, weil es den Kindern besser gefallen würde und „es keinen Unterschied machen würde." ihn." In der Nacht zum Sonntag drehte der Wind, wie es die Wetternymphen befohlen hatten, auf Nordwesten und alles fror hart. Am Montagabend beruhigte sich die Lage und der Schnee begann stetig zu fallen – so stetig; Und so gab das Volk der Metropolen am Dienstagabend seinen ungleichen Wettbewerb auf, alle guten Männer und Engel jubelten über ihr Unbehagen, und nur wenige der Leute im alleruntersten *Bolgie* waren bösartig genug, um zu trauern. Und so geschah es, dass am Donnerstagabend eine harte, kompakte Straße von Copps Hügel zur Gehenna des Knochenbrenners entstand, über die gute Männer und Engel reiten konnten, ohne Erschütterungen, ohne Lärm und ohne Ermüdung für Pferd oder Mensch. Als ich um sieben Uhr mit Lycidas zur Kapelle kam, stellte ich fest, dass Harry dort seine acht hübschen Mädchen und seine acht lustigen Jungs versammelt hatte und sie zum letzten Mal üben ließ.
„Carol, Carol, Christen,
Carol freudig;
Carol für das Kommende
Von der Geburt Christi."
Ich glaube, die Kinder hatten geahnt, was kommen würde, oder vielleicht hatte Harry es ihren Müttern angedeutet. Sicherlich waren sie warm gekleidet, und als Howland fünfzehn Minuten später mit dem Schlitten um sich kam, hatte er so viele Decken und Bärenfelle hineingelegt, als ob er glaubte, die Kinder würden als Neugeborene aus ihren jeweiligen Wiegen geholt. Der Jubel war groß, als die Glocken der Pferde unter den Kapellenfenstern läuteten und Harry nicht sein letztes *Da capo* für sein letztes Weihnachtslied bekam. Eigentlich nicht viel, denn sie waren schon vor Mitternacht vollkommen darin.
Lycidas und ich stolperten auf den Rücksitz, jeder mit einem Kind auf dem Schoß, um uns warm zu halten; Flankiert wurde ich von Sam Perry und er von John Rich, beide aus dem wechselhaften Alter und daher gut für Besorgungen geeignet. Harry war irgendwo vorn, flankiert von der gleichen Art , und die anderen Kinder lagen gemischt dazwischen, wie Sardinen, als man die Schachtel zum ersten Mal öffnete . Ich hatte Lycidas eingeladen, weil er nicht nur mein bester Freund, sondern auch der beste Kerl auf der Welt ist. und verdient daher das Beste, was der Weihnachtsabend ihm geben kann. Unter dem Vollmond, im immer noch weißen Schnee, mit höchstens sechzehn glücklichsten Kindern und mit den gesegneten Erinnerungen an das Beste, was die Welt je erlebt hat, kann es nichts Schöneres geben als zwei oder drei solcher Stunden.

„Zuerst, Fahrer, raus auf die Commonwealth Avenue. Das wird die Pferde beruhigen. Halten Sie links an, nachdem Sie die Fairfield Street passiert haben." Also rannten wir zur Vorderseite von Haliburtons Palast, wo er seine erste Weihnachtsfeier feierte. Und die Kinder, die Harry ein oder zwei Mal zum Schweigen gebracht hatte, brachen unter seiner kraftvollen Führung mit guter, voller Stimme hervor
„Hirte der zarten Schafe"
Singen Sie mit all dem unbewussten Pathos, mit dem Kinder singen, und lassen Sie inmitten Ihrer Freude Tränen in die Augen steigen. In dem Moment, als die Glocken der Pferde verstummten, begannen ihre Stimmen. Einen Augenblick später sahen wir, wie Haliburton und Anna zum Fenster rannten und die Jalousien hochzogen, und im nächsten Augenblick sahen wir weitere Gesichter an allen Fenstern. Und so sangen die Kinder Clements alte Hymne. Clemens dachte kaum an Glocken und Schnee, wie er sie in seiner Sonntagsschule dort in Alexandria lehrte. Aber vielleicht summen sie heute, während sie die Lorbeeren und die Palme in der Kapelle von Alexandria aufhängen, die Worte und denken nicht mehr an Clemens als an uns. Als die Kinder mit schlossen
„Schwillt an, das triumphale Lied
Zu Christus, unserem König.

Haliburton kam herausgerannt und flehte mich an, sie hereinzubringen. Aber ich sagte zu ihm „Nein", sobald ich ihre „Frohe Weihnachten"-Rufe zum Schweigen bringen konnte; dass wir eine lange Reise vor uns haben und nicht unterwegs aussteigen dürfen. Und die Kinder brachen mit aus
„Heil der Nacht,
Gegrüßet seist du heute",
eher ein Favorit – schneller und vielleicht eher für den kindlichen Geschmack als der andere – und mit einem weiteren „Merry Christmas" machten wir uns wieder auf den Weg.
Weiter ging es entlang der Commonwealth Avenue, bis zu der Stelle, an der sie den Brookline-Zweig des Mill-Dam kreuzt, und wir rasten mit den fröhlichsten Schlittengruppen mit, als wir zurück in die Stadt kamen, die Chestnut Street hinauf, über den Louisburg Square; fuhr mit dem Schlitten in eine Böschung am Hang der Pinckney Street vor Walters Haus; und bevor sie dort vermuteten, dass jemand gekommen war, sangen die Kinder
„Carol, Carol, Christen,
Carol freudig."
Küsse wurden aus dem Fenster geschleudert; Küsse, die von der Straße zurückgeschleudert wurden. „Frohe Weihnachten" noch einmal mit einem guten Willen, und dann begann eines der Mädchen,

„Als Anna das Baby nahm,
Und drückte seine Lippen auf ihre"
und alle fielen so fröhlich hinein. O mein Lieber! es ist ein Fetzen des alten
Syrers Ephrem, wenn sie es nur wüssten! Und als Harry danach am liebsten
weitergefahren wäre , weil zwei Weihnachtslieder in einem Haus die Regel
waren, wie bettelten die kleinen Hexen darum, dass sie dort nur noch ein
Lied singen dürften, weil Frau Alexander so freundlich zu ihnen gewesen war
Sie zeigte ihnen die deutschen Stiche. Und dann den Hügel hinauf und rüber
zum North End, und soweit wir konnten, brachten wir die Pferde hinauf
nach Moon Court, damit sie dem italienischen Bildhauer vorsingen konnten,
der Lucy den Jungen und den Hund in Gips geschenkt hatte, als sie krank
war im Frühjahr. Denn die Kinder hatten, wissen Sie, die Wahl, wohin sie
gehen wollten, und sie wählten ihre besten Freunde aus, und sie werden sich
eher an den italienischen Bildmenschen erinnern als an Chrysostomus selbst,
obwohl Chrysostomus „ein paar Bemerkungen dazu hätte machen sollen".
sie siebzehn Mal in der Kapelle. Dann hörte der italienische Bildermensch
zum ersten Mal in seinem Leben
„Jetzt ist die Weihnachtszeit gekommen"
Und
„Jesus bleibt in seinen Kindern."
Und dann kamen wir die Hanover Street hinauf und hielten unter Mr. Gerrys
Kapelle an, wo sie die Wände mit ihren immergrünen Pflanzen schmückten,
und gaben sie
„Heil der Nacht,
Gegrüßet seist du heute",
und so weiter die State Street hinunter und hielten beim Werbebüro an, denn
als die Jungen ihre „Literarische Unterhaltung" gaben, schaltete Mr. Hale ihre
Werbung umsonst ein, und oben auf dem alten Dachboden waren die
Komponisten erleichtert, als sie das hörten
„Weder Kriegs- noch Kampfgeräusche",
Und
„Die wartende Welt war still;"
so dass selbst der Chefredakteur von seiner Ernsthaftigkeit und der „In-
General"-Mann von seinen ernsteren Ansichten nachließ und die
Tageszeitung am nächsten Morgen allen frohe Weihnachten mit noch mehr
Segen wünschte und beschloss, dass dies auch in den kommenden Jahren der
Fall sein würde eine Beilage, groß genug, um alle guten Wünsche
aufzunehmen. Also wieder weg zu den Häusern der Konditoren, die den
Kindern Süßigkeiten geschenkt hatten, – zu Miss Simonds' Haus, weil sie in
der Schule so gut zu ihnen gewesen war – zu den Palästen der Millionäre ,
die unter Tränen für diese Kinder gebetet hatten, wenn auch nur für die
Kinder Ich wusste es – zu Dr Ich hätte sie besser in einer anderen Welt
singen hören , in der nichts repariert werden muss.

„König der Herrlichkeit, König des Friedens!"
„Höre das Lied und sieh den Stern!"
„Willkommen, himmlischer König!"
„War nicht Christus unser Erlöser ?"
und all die anderen, die mit Befehl oder ohne Befehl erklangen und die Stille sofort durchbrachen, als die Glocken der Pferde zum Stillstand kamen, wurden mit der ganzen Freude der Kindheit in die Luft geworfen, manchmal ausgewählt, wie Harry es für die Zuhörer am besten hielt, aber mehr Oftmals , wenn die jubelnde und unkontrollierte Begeisterung der Kinder sie dazu veranlasste, in die freudigste, am wenigsten studierte und rein lyrische Form von allen auszubrechen. Oh, wir waren an diesem Abend wohl an zwanzig Orten, schätze ich! Wir besuchten die großartigsten Orte in Boston und wir besuchten die ärmsten. Überall wünschten sie uns frohe Weihnachten und wir ihnen. Überall versammelte sich eine kleine Menschenmenge um uns, und dann rannten wir weit genug davon, um eine ganze andere Menschenmenge zu versammeln; und dann vielleicht zurück, ohne es zu bereuen, wenn nötig unsere Schritte zu verdoppeln, und jede Menge mit einem glücklichen Gedanken zurückzulassen
„Der Stern, die Krippe und das Kind!"
Um neun Uhr kamen wir zu meinem Haus, D Street, drei Türen von der Ecke entfernt, und die Kinder wählten ihr Bestes aus, damit Polly und meine sechs kleinen Mädchen es hören konnten, und dann ließen wir sie zum ersten Mal herausspringen und hineinrennen. Polly hatte ein paar heiße Austern für sie dabei, sodass der Spaß mit einem Leckerbissen gekrönt wurde. Es gab einen in sechzehn Stücke geschnittenen Weihnachtskuchen, den sie zum Träumen mit nach Hause nahmen; und dann wieder Kapuzen und Muffs an, und um zehn Uhr oder etwas später waren alle Mädchen und alle Kleinen zu Hause. Vier der großen Jungs, unsere beiden Flanker und Harrys rechte und linke Hand , bettelten darum, bis zum letzten Moment bleiben zu dürfen. Sie konnten vom Stall zurückgehen, und zwar „eher lieber gehen als nicht." Dem stimmten wir zu, nachdem wir die Erlaubnis der Eltern eingeholt hatten, da wir die jüngeren Schwestern in ihren jeweiligen Häusern zurückließen.
II.
Als wir diese bescheidenen Häuser betraten, dachten Lycidas und ich beide daran, die Kinder zurückzulassen, ihnen zu sagen, dass sie brav waren, und den Vätern, Müttern und Tanten, die uns in diesen Häusern willkommen hießen, „Frohe Weihnachten" zu wünschen war vielleicht der beste Teil von allem. Hier war der große, kräftige Seemannsjunge, den wir seit seiner Rückkehr vom Meer nicht mehr gesehen hatten. Er war noch ein kleines Kind, als er vor vielen Jahren unsere Schule verließ, um an Bord von Perrys Schiff in den Osten zu gehen, und war um die Welt gereist. Hier war die tapfere Frau Masury . Ich hatte sie seit dem Tod ihrer Mutter nicht mehr gesehen. „In der Tat, Mr. Ingham, ich habe mich damals so an das Zuschauen

gewöhnt, dass ich nachts noch nicht gut schlafen kann. Ich wünschte, Sie wüssten, dass irgendein armes Geschöpf mich heute Nacht haben wollte, und sei es nur zur Erinnerung an Bethlehem." „Sie machen sich große Sorgen um die Kinder", sagte Campbell, als er meine Hand in seiner zerdrückte; „Aber du weißt, dass sie dich lieben, und du weißt, dass ich das Gleiche für dich und deine Lieben tun würde" – wovon ich wusste, dass es wahr war. „Was kann ich Ihren Kindern schicken?" sagte Dalton, der gerade Schwertklingen fertigstellte. (Schlechter Wind war Fort Sumter, aber er wehte gut zum armen Dalton, den er mit seiner Schwertfabrik zur Welt brachte.) „Hier ist ein altmodisches Maßband für das Mädchen und ein Sheffield-Wimble für den Jungen." Was, es ist kein Junge da? Dann lass es doch eines der Mädchen haben, es zählt als weiteres Geschenk für sie." Und so drückte er mir sein braunes Papierpaket in die Hand. Aus jedem Haus, auch wenn es das bescheidenste war, ein Wort der Liebe, so süß, in der Tat, als hätten wir die Stimme der Engel am Himmel singen hören können.

Ich wünschte Harry eine gute Nacht; nahm Lycidas mit in seine Unterkunft und überbrachte seiner Frau meine Weihnachtswünsche und eine gute Nacht; und als ich wieder zum Schlitten hinunterstieg, überkam mich das Gefühl, das Sie, wie ich denke, alle verstehen werden, dass dies nicht die Zeit war, aufzuhören, sondern nur die Zeit, anzufangen. Denn die Straßen waren jetzt stiller und der Mond, wenn möglich, heller als je zuvor, und der Segen dieser einfachen Leute und der großen Leute und der Engel selbst im Himmel, die nicht an das Elend gebunden sind, Worte zu gebrauchen, wenn sie es tun Ich habe noch etwas Wertvolles zu sagen – all diese Wünsche und Segnungen waren um mich herum, die ganze Reinheit der stillen Winternacht, und ich wollte nicht alles verlieren, indem ich zu Bett ging. Also brachte ich die Jungen alle zusammen, wo sie plaudern konnten, bog noch einmal zügig durch die beiden Alleen, und dann, als ich durch die Charles Street ging, ich glaube, ich dachte sogar an Cambridge, bemerkte ich die Lichter in Woodhulls Haus, und, Als ich sah, dass sie wach waren, dachte ich, ich würde Fanny um Mitternacht anrufen. Sie kam selbst zur Tür. Ich fragte, ob sie auf den Weihnachtsmann warte, merkte aber gleich, dass ich nicht mit ihr scherzen dürfe. Sie sagte, sie hätte gehofft, ich wäre ihr Ehemann. In einer Minute war einer dieser Kontraste, die das Leben zum Leben machen. Gott bringt uns in die Welt, damit wir sie auf die Probe stellen und von ihnen auf die Probe gestellt werden.

Die Mutter der armen Fanny war im Springfield-Zug festgefahren, als sie zu Weihnachten einsteigen wollte. Die alte Dame war völlig durchgekühlt und lag jetzt mit einer Lungenentzündung im Bett. Beide Kinder von Fanny waren krank gewesen, als sie kam, und heute Morgen hatte der Arzt festgestellt, dass es sich um Scharlach handelte. Fanny hatte sich seit Montag nicht mehr ausgezogen und, so dachte ich, in der gleichen Zeit auch nicht geschlafen. Während wir Weihnachtslieder sangen und frohe Weihnachten

wünschten, hatte das arme Kind gewartet und gehofft, dass ihr Mann oder Edward, die beide auf dem Landstreicher waren, für sie finden und ihr die Musterkrankenschwester bringen würden, was jedoch nicht der Fall war noch erschienen. Aber um Mitternacht war diese unbekannte Schwester nicht angekommen, und auch keiner der Männer war zurückgekehrt. Als ich anrief, hatte Fanny gehofft, ich wäre einer von ihnen. Professionelle Vorbilder, lieber Leser, haben Angst vor Scharlach. Ich sagte dem armen Kind, dass es so, wie es sei, besser sei. Ich schrieb eine Zeile für Sam Perry, die er zu seiner Tante, Mrs. Masury , bringen sollte, in der ich einfach sagte: „Liebe Mama, ich habe das arme Geschöpf gefunden, das dich heute Nacht haben will. Komm in dieser Kutsche zurück." Ich lud ihn ein, einen Spaziergang bei Gates zu machen, wo sie alle darauf warteten, dass die Versammlung bei Papanti stattfinden würde . Ich habe ihn zur Albany Street geschickt; Und als ich da saß und versuchte, Fanny zu beruhigen, kam es mir tatsächlich so vor, als hätte es weniger Zeit gekostet, als ich diese kleine Geschichte über sie diktiert hatte, bevor Mrs. Masury sanft anrief und ich sie verließ, nachdem ich Fanny das Versprechen abgenommen hatte, dass sie die Geschichte weihen würde Tag, der in diesem Moment geboren wurde, durch das Vertrauen auf Gott , indem sie zu Bett ging und einschlief, im Wissen, dass ihre Kinder in viel besseren Händen waren als ihre. Als ich die Halle verließ, fiel das Gaslicht auf einen Druck von Correggios „Anbetung", wo Woodhull selbst vor Jahren geschrieben hatte:
„Ut apparéat „ Ich bin in der Dunkelheit und im Kern des Todes positi sunt."
„Dunkelheit und der Schatten des Todes" in der Tat, und was für ein Licht wie das Licht und der Trost, die eine Frau wie meine Mary Masury bringt!
Und so hätte ich, wenn es keinen dieser Unfälle gegeben hätte, wie wir sie nennen, die Jungs an der Ecke Dover Street abgesetzt und wäre mit meiner Weihnachtsstunde nach Hause gegangen.
Aber es geschah, wie wir respektlos sagen: Als wir den Park Square überquerten, der so genannt wird, weil er ein unregelmäßiges Fünfeck ist, von dem eine Seite entfernt wurde, erkannte ich einen großen Mann, der im Schnee hinübertrottete. Kopf gesenkt, runde Schultern, beim Gehen nach vorne gebeugt, wobei die rechte Schulter höher ist als die linke; und durch diese Zeichen kannte ich Tom Coram, den Prinzen unter den Bostoner Prinzen. Nicht Thomas Coram, der das Foundling Hospital gebaut hat, obwohl er ebenfalls aus Boston stammte; aber das ist schon länger her. Sie müssen nach ihm in Addisons Beitrag zu einer Beilage zum Spectator suchen – dem alten Spectator, meine ich, nicht dem Thursday Spectator, der neuer ist. Nicht Thomas Coram, sage ich, sondern Tom Coram, der morgen ein Krankenhaus bauen würde, wenn man ihm die Notwendigkeit zeigen würde, ohne vorher auf den Tod zu warten, und der immer voranhilft, wie es ein Prinz tun sollte, was auch immer fürstlich ist, sei es ein Statue zu Hause, eine

Schule in Richmond, eine Zeitung in Florida, eine Kirche in Exeter, eine Dampflinie nach Liverpool oder eine Witwe, die hundert Dollar will. Ich wünschte ihm ein frohes Weihnachtsfest, und während ich sprach, zog Mr. Howland mit einem feinen Instinkt die Pferde heran. Coram schüttelte die Hand; und da es selten vorkommt, dass ich einen leeren Wagen habe, während er zu Fuß ist, fragte ich ihn, ob ich ihn nicht nach Hause begleiten dürfe. Er war froh, hereinzukommen. Wir wickelten ihn mit der Beute des Bären, des Fuchses und des Bisons ein, drehten den Pferden erneut den Kopf – fünf Stunden, seit sie mit dieser verwickelten Aufgabe begonnen hatten – und gaben ihm die seine Fahrt. „Ich habe im Moment an Sie gedacht", sagte Coram, „und an die alten College-Zeiten gedacht, an das Geheimnis der Sprache, wie es Abbé Faria Edmond Dantes in den Tiefen des Chateau d'If enthüllte . Ich habe mich gefragt, ob Du könntest mir Japanisch beibringen, wenn ich dich zu einem Weihnachtsessen einladen würde. Ich lachte. Japan war damals wirklich ein Novum, und ich fragte ihn, seit wann er mit dem versiegelten Land in Korrespondenz stehe. Es schien, dass ihr Haus in Shanghae gerade seine Agenten dorthin geschickt hatte, um im Rahmen des neuen Vertrags das erste Haus in Edomo in Japan zu errichten. Alles sah vielversprechend aus, und der Grundstein für die Niederlassung gelegt, aus der dort inzwischen Dot und Trevilyan geworden ist . Die erste Nachricht davon erhielt er in seinen Briefen, die er an diesem Nachmittag mit der Post erhielt. John Coram, sein Bruder , hatte ihm geschrieben und gesagt, dass er zu seiner Belustigung das japanische Lastenheft in der ausgearbeiteten Fassung beifügte, auf deren Grundlage sie ihre Befehle für den Versand der ersten sortierten Ladung aller Zeiten gestützt hatten Amerika nach Edomo . Es gab eine Liste mit Einzelheiten, die sich in exquisiter Chirographie über das lange Seidenpapier erstreckte. Aber aus irgendeinem Grund der „völligen Verderbtheit der Dinge" war die übersetzte Bestellung für die sortierte Ladung nicht da. John Coram hatte in seinem Bemühen, die japanische Schrift schön zu falten, das verständlichere Englisch auf seinem eigenen Schreibtisch in Shanghai zurückgelassen. „Und so muss ich warten", sagte Tom philosophisch, „bis zur nächsten Ostindien-Post für meine Befehle, in der Gewissheit, dass sieben englische Häuser weniger enthusiastische und philologische Korrespondenten hatten als mein Bruder."
Ich sagte, das hätte ich nicht gesehen. Dass ich ihm vor Samstag nicht beibringen konnte, die taghalischen Dialekte so gut zu sprechen , dass er sie mit Leichtigkeit lesen konnte. Aber ich könnte es noch viel besser machen. Erinnerte er sich daran, vor fünf Jahren eine Nachricht für mich an den alten Jack Percival geschrieben zu haben? Nein, er erinnerte sich an nichts dergleichen; Er kannte Jack Percival, schrieb ihm aber nie in seinem Leben eine Nachricht. Erinnerte er sich daran, mir fünfzig Dollar gegeben zu haben, weil ich einen zarten Jungen mitgenommen hatte, den ich zur See schicken wollte, und ich mit der Regierungskleidung nicht ganz zufrieden war? Nein,

er erinnerte sich nicht daran, was nicht verwunderlich war, denn das war etwas, was er jeden Tag tat: „Nun, es ist mir egal, an wie viel du dich erinnerst, aber an den Jungen, über den du Jack Percival geschrieben hast, für wen Mutters Seelenfrieden, den du für das halbe Hundert gesorgt hast, ist wieder zurück – stark, gerade und wohlauf; was noch wichtiger ist, er hatte die gesamte Leitung von Perrys Kommissariat an Land in Yokohama und wurde dort ehrenhaft entlassen, heißt es Japanisch besser als Sie Englisch; und wenn es Ihnen überhaupt hilft, wird er beim Frühstück hier bei Ihnen zu Hause sein. Denn während ich sprach, blieben wir vor Corams Tür stehen. „Ingham", sagte Coram, „wenn Sie kein Pfarrer wären, würde ich sagen, dass Sie eine Romanze hatten." „Mein Kind", sagte ich, „ich schreibe manchmal ein Gleichnis für den Atlantik; aber die Worte meiner Lippen sind wahr, wie alle die der Sandemanianer. Geh zu Bett, träume nicht einmal von den taghalischen Dialekten, sei dir dessen sicher." Der japanische Dolmetscher wird mit Ihnen frühstücken, und wenn Sie das nächste Mal in Schwierigkeiten sind, rufen Sie den nächstgelegenen Pfarrer. George, sagen Sie Ihrem Bruder Ezra, dass Mr. Coram möchte, dass er morgen früh um acht Uhr hier frühstückt. Vergessen Sie nicht die Nummer, Pemberton Square, wissen Sie. „Ja, Sir", sagte George; und Thomas Coram lachte, sagte „Frohe Weihnachten" und wir trennten uns.

Es war Zeit, dass wir alle im Bett waren, besonders diese Jungs. Aber während ich diese Worte schreibe, bin ich froh darüber, dass die Begegnung mit Coram uns auf unserer nächtlichen Reise um eine Wende gebracht hat. Es kam zu einer weiteren Verzögerung. Wir fegten am Old State House vorbei, während die Jungen erneut „Carol, Carol, Christians" sangen, während wir durch die stillen Straßen liefen, als ich Adams Todd erblickte und er mich erkannte. Er hatte uns singen hören, als wir im Büro des Advertisers waren. Todd ist ein alter Mitlehrling von mir – und er ist jetzt, oder besser gesagt, war an diesem Abend Chefpressemann im Argus-Büro. Ich mag die Argus- Leute – dort war ich vor vielen Jahren als südamerikanischer Redakteur tätig – und sie sind bis heute befreundet mit mir. Todd begrüßte mich und ich blieb noch einmal stehen. „Was hat dich aus deinem warmen Dampfkessel getrieben?" „In der Tat ein Dampfkessel", sagte Todd. „Zwei Nieten locker, – Dampfbad voller Dampf, – Polizei verängstigt, – Nachbarschaft hintereinander, – und wir mussten das Feuer löschen. Sie wäre eine Woche lang gelaufen, ohne eine Fliege zu verletzen, – nur ein kleiner Zug rein Manchmal auf der Straße. Aber da sind wir, Ingham. Wir werden die Frühpost in ihrer jetzigen Form verlieren. Achtundsiebzig Marken müssen jetzt bearbeitet werden. Sie sprachen immer ausführlich über ihre Ausgabe im Argus. Habe es vielleicht mit vielen Augen gesehen; aber dieses Mal, da bin ich mir sicher, hat Todd die Wahrheit gesagt. Ich habe seine Idee sofort verstanden. In jüngeren und muskulöseren Zeiten hatten Todd und ich als Krafttest volle fünf Minuten am Stück an der Adams-Presse mit diesem Schwungrad gearbeitet; und vor meinem geistigen Auge sah ich, dass er in diesem Moment seine Zeitung mit Staffeln knirschender Hafenarbeiter druckte. Er sagte, es sei so. „Aber denken Sie heute Abend darüber nach", sagte er. „Es ist Heiligabend, und kein Ire kann eingestellt werden, obwohl man ihm Barren bezahlt hat. Kein Mann kann die Strapazen zehn Minuten aushalten." Das wusste ich aus alter Erfahrung sehr gut, und ich dankte ihm innerlich dafür, dass er mit Mantihni nicht „den Demnition-Grind" gesagt hatte . „Wir können die Presse nicht die halbe Zeit laufen lassen", sagte er; „Und die Männer, die wir haben, geben jetzt auf. Wir werden alle unsere Trägerlieferungen verlieren." „Todd", sagte ich, „ist dies ein Abend, an dem man über Barren reden kann oder über Anstellen, Verlieren oder Gewinnen? Wann wirst du erfahren, dass die Liebe den Hof, das Lager und das Argus-Büro regiert." Und ich schrieb auf die Rückseite eines Briefes an Campbell: „Kommen Sie in das Argus-Büro, Dassett's Alley Nr. 2, mit sieben Männern, die keine Angst vor der Arbeit haben"; und ich gab es John und Sam, befahl Howland, die Jungs zu Campbells Haus zu bringen, ging mit Todd in sein Büro, forderte ihn auf, fünf Minuten am Steuer zu sitzen, in Erinnerung an alte Zeiten, und brachte die müden Staffeln zum Lachen als sie sahen, wie wir uns festhielten; und dann – als ich mich abgekühlt hatte und meine Strickjacke anzog – begegnete Campbell mit seinen sieben Söhnen von Anak, die die Treppe hinunterstolperten und sich fragten, welche Gnade der Pfarrer diesmal für sie gefunden hatte. Ich machte mich auf den Weg nach Hause und wusste, dass ich jetzt meinen Argus zum Kaffee trinken sollte.

III.

Und so ging ich nach Hause. Vielleicht doch besser als im quirligen Schlitten mit klingelnden Glöckchen.

„Es war eine ruhige und stille Nacht!—
　　　　Siebenhundert Jahre und dreiundfünfzig
Wäre Rom zur Macht herangewachsen,
　　　　Und nun war sie Königin von Land und Meer!

Kein Ton war von aufeinandertreffenden Kriegen zu hören, –
　　　　Frieden brütete über dem stillen Reich;
Apollo, Pallas, Jupiter und Mars
　　　　Ihre alte Herrschaft blieb ungestört
　　　　　　In der feierlichen Mitternacht,
　　　　　　　Vor Jahrhunderten!"
Wie eine Ewigkeit kam es mir vor, seit ich angefangen habe, mit diesen Kindern Weihnachtslieder zu singen. Bethlehem, Nazareth, Golgatha, Rom, römische Senatoren, Tiberius, Paulus, Nero, Clemens, Ephräm, Ambrosius und alle Sänger – Vincent de Paul und alle liebevollen Wundertäter, Milton

und Herbert und alle Weihnachtsliederschreiber, Luther und Knox und alle Propheten – was für eine Welt von Menschen hatte Weihnachten mit Sam Perry und Lycidas und Harry und mir gefeiert; und hier waren Yokohama und die Japaner, der Daily Argus und seine zehn Millionen Marken und ihre Leser – die arme Fanny Woodhull und ihre kranke Mutter waren da und feierten auch Weihnachten! Für eine endliche Welt sind das ziemlich viele „Wartezeiten", die einem armen Kerl in der Weihnachtszeit in den Ohren singen müssen.

„ Es war in der ruhigen und stillen Nacht!—
Der Senator des hochmütigen Roms,
Ungeduldig drängte er zum Flug seines Streitwagens,
Von herrschaftlichem Schwelgen, stürmischem Zuhause.
Triumphbögen glänzen
Seine Brust mit Gedanken von grenzenloser Macht
Was beunruhigte den *Römer*, was geschah?
Eine armselige Provinz weit weg,
In der feierlichen Mitternacht,
Vor Jahrhunderten!

„Innerhalb dieser weit entfernten Provinz
Als müder Idiot trottete er nach Hause;
Ein Lichtstrahl lag vor ihm,
Durch eine halbgeschlossene Stalltür gefallen
Über seinen Weg. Er hat bestanden – umsonst
Erzählte , *was in ihm vorging* ;
Wie scharf die Sterne sind, sein einziger Gedanke,
Die Luft, wie ruhig und kalt und dünn,
In der feierlichen Mitternacht,
Vor Jahrhunderten!"

„Lichtstreifen" – Gibt es Licht in Lycidas' Zimmer? Sie sind nicht im Bett! Das macht eine Nacht draus! Nun, es gibt ein paar Stunden am Tag und in der Nacht, in denen ich nicht in Lycidas' Zimmer war, also öffnete ich mich mit dem Nachtschlüssel, den er mir gegeben hatte, und rannte die Treppe hinauf – es ist ein schreckliches siebenstöckiges, erstes … Klassenunterkunft. Ich für meinen Teil hatte das Gefühl, in einem Kirchturm zu leben. Ich rannte zwei Treppen hoch, zwei Stufen auf einmal , – ich war damals jünger als jetzt –, stieß die angelehnte Tür auf und sah eine solche Verwirrung, wie ich sie noch nie zuvor in Marys überaus hübschem Wohnzimmer gesehen hatte. Seltsam! Ich erinnere mich, dass das erste, was ich falsch sah, ein großer Ball aus weißem Kammgarn auf dem Boden war. Ihr Korb war umgekippt. Auf dem Teppich lag ein großer Weihnachtsbaum, viel zu hoch für das

Zimmer; daneben lag ein großes spanisches Klappmesser mit scharfer Spitze, mit dem sie es zerschnitten hatten; es gab zwei riesige Körbe mit Geschenken aus weißem Papier, beide umgekippt; aber was mir am meisten Angst machte, war der Tisch in der Mitte . Drei oder vier Taschentücher darauf , Handtücher, Servietten, ich weiß nicht was, alles braun und rot und fast schwarz vor Blut! Ich drehte mich todkrank um, um ins Schlafzimmer zu schauen – und war wirklich erleichtert, als ich jemanden sah. Schlimm genug war es jedoch. Lycidas, aber gerade so stark und gesund, lag blass und erschöpft auf dem blutigen Bett, die Kleidung von seinem rechten Oberschenkel und Bein entfernt, während sich Mary und Morton über ihn beugten. Ich erfuhr später, dass der arme Lycidas, während er den Weihnachtsbaum schmückte und sich fröhlich mit Mary und Morton unterhielt, – der glücklicherweise seine Geschenke spät vorbeigebracht hatte und blieb, um Glaskugeln und Äpfel anzubinden – Geschenke gemacht hatte Er hatte sich mit der Spitze des unglücklichen Messers eine tiefe und gefährliche Wunde zugezogen und hatte viel Blut verloren, bevor die Blutung unter Kontrolle gebracht werden konnte. Kurz bevor ich eintrat, war der von Morton improvisierten Stockstaupresse der armen Mary in dem Moment, in dem sie die blutende Arterie sichern wollte, die ungeübte Hand entglitten, und das Blut floss in einem solchen Schwall hervor, dass er seine ganze Aufmerksamkeit dem Anhalten widmen musste sein Fluss. Er erkannte meinen Auftritt nur durch das „Ah, Mr. Ingham" des verängstigten irischen Mädchens, das nutzlos hinter dem Kopfende des Bettes stand.
„O Fred", sagte Morton, ohne aufzusehen, „ich bin froh, dass du hier bist."
„Und was kann ich für dich tun?"
„ Zuallererst etwas Whisky ."
„Es sind zwei Flaschen", sagte Mary, die die Kerze hielt , „im Schrank hinter seinem Ankleideglas."
Ich nahm Bridget mit, zündete in der Umkleidekabine Licht an (was für ein Fehler sie wegen des Streichholzes machte) und stellte fest, dass die Schranktür verschlossen war! Der Schlüssel steckte zweifellos in Marys Tasche – wahrscheinlich in der Tasche eines „anderen Kleides". Ich habe nicht gefragt. Nahm mein eigenes Bündel, wollte unbedingt, dass mein Kontobuch-Schubladenschlüssel das Schloss steuern sollte, und das tat es auch. Wenn nicht, hätte ich meine Faust durch die Platten stecken sollen. Flasche Wanzengift; Flasche mit der Aufschrift „Bay Rum"; eine weitere Flasche ohne Markierung; zwei Flaschen Saratoga-Wasser. „Leg sie alle auf den Boden, Bridget." Eine große Flasche Köln. Flasche mit MS-Markierung. Was zum Teufel ist das? „Bring die Kerze mit, Bridget." „ Eau destilliert . Marron, Montreal." Wofür in aller Welt hat Lycidas destilliertes Wasser aus Montreal mitgebracht? Und dann Mortons klare Stimme im anderen Raum: „So schnell du kannst, Fred." „Ja! in einem Moment. Leg das alles auf den

Boden, Bridget." Hier sind sie endlich. „Bourbon Whiskey." „Korkenzieher, Bridget."

„ Indade , Sir, und wo ist es?" „Wohin? Ich weiß es nicht. Lauf so schnell du kannst runter und bring es mit. Seine Frau kann ihn nicht verlassen." Also rannte Bridget, und das erste, was ich hörte, war das Rasseln, als sie kopfüber die letzten sechs Stufen des ersten Treppenabsatzes hinunterstürzte. Hoffen wir, dass sie sich nicht das Bein gebrochen hat. Währenddessen treibe ich eine silberne Gabel in die Bourbon- Korken und die Klinge meines eigenen Taschenmessers auf der anderen Seite.

„Jetzt, Fred", von George drinnen. (Wir nennen Morton alle „George.") „Ja, gleich", antwortete ich. Die Klinge des Taschenmessers bricht ab, die Gabel lässt sich ganz herausziehen, zwei Korkkrümel liegen bei. Wird dieses Mädchen nie kommen?

Ich drehte mich um; Ich fand einen Kelch auf dem Waschtisch; Ich nahm Lycidas' schwere Kleiderbürste und schlug den Flaschenhals ab. Haben Sie, lieber Leser, das jemals mit einer dieser gepressten Glasflaschen gemacht, die sie heute herstellen? Es zerschmetterte wie ein Prince-Rupert-Tropfen in meiner Hand, zerfiel in siebzig Stücke – ein übler Whiskygeruch lag auf dem Boden – und ich hielt mich nur am harten Boden des Dings fest, während zwei große Stacheln wertlos in die Luft schossen. Aber ich ergriff den Kelch, schüttete den Rest hinein und trug ihn so leise ich konnte zu Morton. Er befahl mir, Lycidas so viel zu geben, wie er schlucken konnte; Dann zeigte er mir, wie ich meinen Daumen durch seinen ersetzen und die große Arterie komprimieren kann. Als er überzeugt war, dass er mir vertrauen konnte, begann er schweigend wieder mit seiner Arbeit; Ich sage nur, was man dieser tapferen Maria sagen muss, die drei Hände zu haben schien, weil er sie brauchte. Als alles in Ordnung war, warf er einen Blick auf das gespenstisch weiße Gesicht mit den Schweißperlen auf der Stirn und der Oberlippe, legte seinen Finger auf den Puls und sagte: „Wir werden noch etwas Whisky trinken. Nein, Mary, du bist übertrieben." schon; lass Fred es bringen. Die Wahrheit war, dass die arme Maria fast so weiß war wie Lycidas. Sie würde nicht in Ohnmacht fallen – das war der einzige Grund, warum sie nicht in Ohnmacht fiel – und im Moment wunderte ich mich , dass sie nicht fiel. Ich glaube, George und ich hatten beide damit gerechnet, jetzt war die Aufregung vorbei. Er nannte sie Mary und mich Fred, weil wir alle jeden Tag unseres Lebens zusammen waren. Sie sehen, Bridget war immer noch nirgendwo.

Also zog ich mich wegen meines Whiskys wieder zurück, um die andere Flasche in Angriff zu nehmen. George flüsterte schnell, während ich ging: „Bring genug, – bring die Flasche." Wollte er, dass die Flasche verkorkt wurde? Würde dieser Kelt jemals die Treppe hinaufkommen? Ich ging am Klingelseil vorbei, als ich in die Umkleidekabine ging, und klingelte so laut ich konnte. Ich nahm die andere Flasche und biss fest mit den Zähnen auf den Korken, nur um natürlich das Ende abzureißen. George rief mich an und ich trat zurück. „Nein“, sagte er, „bringen Sie Ihren Whisky mit.“

Mary hatte sich gerade sanft auf den Boden zurückgerollt. Ich ging wieder verzweifelt. Aber dieses Mal hörte ich Bridgets Schritte. Erster Flug, erste Passage; zweiter Flug, zweite Passage. Endlich stürmte sie triumphierend herein, mit einem *Schraubenzieher!*

"NEIN!" Ich flüsterte: „Nein. Das krumme Ding, mit dem man Korken zieht“, und zeigte ihr noch einmal die Flasche. „Finden Sie irgendwo eines und kommen Sie nicht ohne zurück.“ Also verschwand sie zum zweiten Mal.

„Friedrich!“ sagte Morton. Ich glaube, er hat mich noch nie so genannt. Soll ich noch einmal die Kleiderbürste riskieren? Ich öffnete Lycidas' eigene Schubladen – Papiere, Kisten, alles in Ordnung – kein Zeichen von Werkzeug.

„Friedrich!“ „Ja“, sagte ich. Aber warum habe ich „Ja“ gesagt ? „Vater der Barmherzigkeit, sag mir, was ich tun soll.“

Und meine verwirrten Augen, getrübt von Tränen – haben Sie jemals vor Aufregung Tränen vergossen? – fielen auf einen alten Rasierriemen aus der Zeit des Rasierens, hergestellt von C. WHITTAKER, SHEFFIELD. Das „Sheffield“ ragte in schwarzen Buchstaben wie eine Vision vom Rest ab. Auch in Sheffield werden Korkenzieher hergestellt. Wenn dieser Whittaker nur einen Korkenzieher gemacht hätte! Und was ist ein „Sheffield-Wimble“? Hand in meiner Tasche, braunes Papierpaket.

„Wo bist du, Frederic?“ „Ja“, sagte ich zum letzten Mal. Schnur ab! braunes Papier ab. Und ich erfuhr, dass der „Sheffield Wimble“ eines dieser Dinger war, deren Namen man noch nie zuvor gehört hat und die einem im Thames Tunnel verkauft werden, wo ein Hufreiniger, ein Bohrer, ein Schraubenzieher und ein *Korkenzieher* in einem Griff vereint sind .

„Ja“, sagte ich noch einmal. „Pop“, sagte der Korken. „Blase, Blase, Blase“, sagte der Whisky. In der einen Hand die Flasche, in der anderen das volle Glas, ging ich hinein. George schüttete diesmal Lycidas ein halbes Glas in den Hals. Ich wage auch nicht zu sagen, wie viel er danach eingeschenkt hat. Ich habe aus dem, was er über den Puls sagte, herausgefunden, dass es nötig war, als alles vorbei war. Ich schätze, Mary hatte auch welche.

Dies war der Wendepunkt. Er war außerordentlich schwach, und wir saßen abwechselnd die ganze Nacht bei ihm und gaben ihm in kurzen Abständen Aufputschmittel und solche Nahrung, die er leicht schlucken konnte; denn ich erinnere mich, dass Morton sehr darauf bedacht war, seinen Kopf nicht mehr zu heben, als wir verhindern konnten. Aber danach bestand keine wirkliche Gefahr mehr.

Als wir uns am Weihnachtsmorgen vom Haus abwandten – ich predigte und er seine Patienten besuchte – sagte er zu mir: „Hast du diesen Whisky gemacht?“

„Nein", sagte ich, „aber der arme Dod * Dalton musste den Korkenzieher liefern."

Und ich ging in die Kapelle hinunter, um zu predigen. Die Predigt hatte zu Hause auf meinem Schreibtisch gelegen , und Polly hatte sie mir gebracht, denn ich hatte keine Zeit gehabt, von Lycidas' Haus in die D Street zu gehen und zurückzukehren. Da war der Text, ganz wie am Vortag : —

> „Sie halfen ein jeder seinem Nächsten, und ein jeder
> sagte zu seinem Bruder: Sei getrost! Da ermutigte der
> Zimmermann den Goldschmied und den, der mit
> dem Hammer glättete , den, der auf den Amboss
> schlug."

Und da waren die Pat-Illustrationen, wie ich sie gestern fertiggestellt hatte; von dem Trost, den Maria Magdalena Joanna, der Hofdame, schenkte; und der Trost, den die Hofdame Maria Magdalena spendete, nachdem der Mittler eines neuen Bundes zwischen ihnen vermittelt hatte; wie Simon der Kyrenier und Joseph von Arimathäa und der Bettler Bartimeus einander trösteten, einander Kraft, gemeinsame Kraft und *Trost gaben* , als das Eine Leben in allen ihren Adern floss; wie sich an Bord des Schiffes der Zeltmacher als Kapitän erwies und der Centurion von seinem Gefangenen seine Pflicht lernte und wie sie „ *alle* sicher an Land kamen", weil das neue Leben dort war. Aber während ich predigte, fiel mir Frye auf. Frye ist immer kritisch; und ich sagte mir: „Frye würde seine Illustrationen nicht von vor achtzehnhundert Jahren übernehmen." Und ich sah den lieben alten Dod Dalton, der versuchte, wach zu bleiben, und Campbell, der tief schlief, nachdem er es versucht hatte, und Jane Masury, die sich umsah, um zu sehen, ob ihre Mutter nicht hereinkam; und Ezra Sheppard, der nicht so sehr mich ansah, sondern das Fenster neben mir, als wären seine Gedanken am anderen Ende der Welt. Und ich sagte zu ihnen allen: „Oh, wenn ich euch, meine Freunde, sagen könnte, was mir alle zwölf Stunden meines Lebens sagen: wie die Frau der Frau hilft und der Mann dem Mann hilft, wenn nur das Eis gebrochen ist." ,-wie wir alle reich sind, sobald wir herausfinden, dass wir alle Brüder sind, und wie wir alle in Not sind, es sei denn, wir können jeden Moment um die Hand eines Bruders rufen,- dann könnte ich Ihnen etwas verständlich machen, in dem Leben, das Sie jeden Tag führen, darüber, was der Neue Bund, das Neue Commonwealth, das Neue Königreich sein soll.

Aber ich wagte nicht, Dod Dalton zu erzählen, was Campbell für Todd getan hatte, und ich wagte auch nicht, Campbell zu erzählen, mit welchen unbewussten Künsten der alte Dod Lycidas geholfen hatte. Vielleicht wäre die Predigt besser gewesen, wenn ich das getan hätte.

Aber als wir abends unseren Baum zu Hause hatten, erzählte ich Polly und den Kindern diese ganze Geschichte , und ich gab Alice ihr Maßband – kostbar mit einem Fleck von Lycidas' Blut – und Bertha ihr Sheffield-Genick.

„Papa", sagte die alte Clara, die das nächste Kind ist, „alle Leute haben

Geschenke gemacht, nicht wahr, wie auf dem Bild in deinem Arbeitszimmer?"

„Ja", sagte ich, „obwohl sie nicht alle wussten, dass sie sie gaben."

„Warum gibt man solche Geschenke nicht jeden Tag?" sagte Clara.

„O Kind", sagte ich, „nur sechsunddreißig Stunden der dreihundertfünfundsechzig Tage erinnern sich alle Menschen daran, dass sie alle Brüder und Schwestern sind, und das sind die Stunden, die wir deshalb nennen: Heiligabend und Weihnachtstag.

„Und wenn sie sich immer daran erinnern", sagte Bertha, „wird es immer Weihnachten sein! Was für ein Spaß!"

„Was für ein Spaß, gewiss; aber Clara, was ist auf dem Bild?"

„Eine alte Frau hat dem Baby in der Krippe Eier gebracht, und ein alter Mann hat ein Schaf gebracht. Ich nehme an, sie haben alle mitgebracht, was sie hatten."

„Ich nehme an, diejenigen, die von Sharon kamen, brachten Rosen mit", sagte Bertha. Und Alice, die elf Jahre alt ist und die Lincoln School besucht und daher alles weiß, sagte: „Ja, und die Damaskus-Leute haben Damaskus-Wimbles mitgebracht."

„Es ist sicher", sagte Polly, „dass niemand versucht hat, einen Strohhalm zu geben, aber der Strohhalm, wenn er ihn wirklich gegeben hat, war ein Segen."

Die gute Zeit naht; oder: Unser neuer Kreuzzug.
Quadratisch 18 Monate. Papier, 50 Cent; Stoff, 1,00 $
„Es hat alle Eigenschaften seines brillanten Autors: unermüdliche Unterhaltung, Hilfsbereitschaft, suggestive, praktische Hinweise und eine ansteckende Vitalität, die einem das Blut in Wallung bringt. Wer „Ten Times One is Ten" gelesen hat, wird genau wissen, was wir meinen. Wir Sagen Sie voraus, dass der neue Band, da er eine charmantere Geschichte ist, eine ebenso große Leserschaft haben wird. Der Kern des Buches besteht darin, zu zeigen, wie es für die besten Geister einer Gemeinschaft durch kluge Organisation möglich ist, sich zu formen zu einem Hebel, mit dem der gesamte Ton des sozialen Status erhöht werden kann und das gute und höchste Glück der hilflosen Vielen durch die selbstverleugnenden Anstrengungen der wenigen Mächtigen erreicht werden kann." – *Southern Churchman.*
THE INGHAM PAPERS, 16 Monate. 1,25 $.
„Aber wir schätzen Mr. Hales Geschichten nicht nur wegen ihres Witzes und ihres Einfallsreichtums, sondern auch wegen des ernsthaften Gedankens, der moralischen oder praktischen Anregung, die ihnen allen zugrunde liegt. Sie sind nicht nur zur Unterhaltung geschrieben, sondern haben einen ernsteren Zweck." Von den Geschichten im vorliegenden Band ist „The Rag Man and Rag Woman" die beste unseres Erachtens." – *Boston Transcript.*
WIE MAN ES MACHT 16 Monate. 1,00 $
„Gesunder Sinn, sehr praktische Vorschläge, aussagekräftige Illustrationen (in Worten), lebhafte Fantasie und entzückender Humor machen die Hinweise von Herrn Hale äußerst ansprechend und anregend, und wir sehen nicht, wie beide Geschlechter nach der Lektüre seiner Seiten daran scheitern können wissen, wie man spricht, wie man schreibt, wie man liest, wie man in die Gesellschaft geht und wie man reist. Dazu gehören das Leben in der Schule, das Leben im Urlaub, das Leben allein, Gewohnheiten in der Kirche, das Leben mit Kindern, das Leben mit den Ältesten , Lesegewohnheiten und Vorbereitungen sind die verschiedenen Themen der mehr als ebenso vielen Kapitel und machen den Band zu einem Band, das in die Hände jedes Jungen und Mädchens gelangen sollte. Zu diesem Zweck möchten wir es uns ansehen jede Sabbatschulbibliothek im Land." – *Kongregationalist.*
CRUSOE IN NEW YORK und andere Geschichten, 16 Monate. 1,00 $
„Wer sich etwas Einzigartiges wünscht, voller Witz, einem verschleierten Sarkasmus, der reich an Extremen ist, wird in diesem bezaubernden kleinen Buch alles finden. Die Aura vollkommener Aufrichtigkeit, mit der sie erzählt werden, die Diktion, die einen an „ „Der Pfarrer von Wakefield" und die lächerliche Unwahrscheinlichkeit der Geschichten verleihen ihnen eine

Kraft, die man in „Kurzgeschichten" selten findet. Aus dem ruhigen kleinen Band lässt sich so manches lernen.

SEIN BESTES NIVEAU. 16 Monate. 1,25 $.

„Wir mögen Herrn Hales Stil. Er ist frisch, offen, scharfsinnig, geradlinig und pointiert. Die erste Geschichte ist diejenige, die dem Buch seinen Titel gibt, und sie wird auf würdevolle Weise erzählt und zeigt besondere Genialität und humorvolles Talent." Die Inhalte sind: „His Level Best", „The Brick Moon", „Water Talk", „Mouse and Lion", „The Modern Sinbad", „A Tale of a Salamander" – *Philadelphia Exchange.*

NACH TEXAS GEGANGEN; oder „Die wunderbaren Abenteuer eines Pullman", 16 Monate. 1,00 $.

„Es gibt nur wenige Reisebücher, die in einem Roman über wahre Liebe so viele Einblicke in das wirkliche Leben vieler Menschen vereinen, in Einblicken in glückliche Häuser, in Bildern von Landschaften und Sonnenuntergängen, während sich das wunderschöne Panorama vor unseren Fenstern entfaltet dieses Pullman-Auto. Das Buch ist klar und hell und hat einen angenehmen Geschmack; und was auch immer im Geiste seines Autors schön ist oder in seinem Namen ein guter Bericht, man kann hier nachsehen und das Versprechen finden, dass beides erfüllt ist." – *Exchange* .

Welche Karriere? oder: Die Wahl eines Berufes und die Nutzung der Zeit. 16 Monate. 1,25 $.

„,Welche Karriere?' ist ein Buch, dessen Lektüre jedem gut tun wird; vor allem ist es ein wertvolles Buch für junge Männer zum „Lesen, Markieren und innerlichen Verdauen". Herr Hale scheint zu wissen, was junge Männer brauchen, und hier präsentiert er ihnen das Ergebnis seiner großen Erfahrung und sorgfältigen Beobachtung. Eine Liste der in diesem kleinen Band behandelten Themen wird seinen Umfang hinreichend verdeutlichen: (1) The Leaders Lead; (2) Die Besonderheiten; (3) Noblesse Oblige; (4) Das Maximum des Geistes; (5) Ein Theologisches Seminar; (6) Charakter; (7) Verantwortlichkeiten junger Männer; (8) Studieren außerhalb der Schule; (9) Die Ausbildung der Menschen; (10) Übung." – *Watchman.*

HÖHEN UND TIEFEN. Ein Alltagsroman, 16 Monate. 1,50 $.

„Dieses Buch ist auf jeden Fall sehr unterhaltsam. Es schildert das amerikanische Leben so anschaulich, dass wir das Gefühl haben, als hätte Mr. Hale jeden Erdfleck, den er beschreibt, gesehen und jeden Charakter, den er so geschickt darstellt, persönlich gekannt. In seiner herzlichen Gemeinschaft mit der Jugend." Seine große Macht liegt in den Menschen. Die Geschichte ist von einem Geist der Fröhlichkeit und Elastizität durchdrungen, der in diesem hektischen, ängstlichen und geldverdienenden Zeitalter für jeden, der noch keine Teenager ist, äußerst erfrischend ist; und die Sympathie des Autors ist für ihn sehr erfreulich , und der Respekt vor den kleinen Romanzen seiner jungen Freunde ist äußerst brüderlich." – *New Church Magazine* .

Anmerkungen

1. Nach Chapman.

2. Nach Cowper und Pope. Lange danach!

3. Ilias, vi.

4. Ilias, vi – PAPST.

5. Ilias, xii., nach Sotheby.

6. Ich weiß nicht, ob diese Erklärung überhaupt klar ist. Lassen Sie mich, wie die Mathematiker sagen, ein Beispiel nennen, das die Bedeutung dieses Berufs verdeutlichen soll. Es ist nun ein paar Monate her, seit ich die folgende Nachricht von einem angesehenen Mitglied des Kabinetts erhalten habe:

„WASHINGTON, Januar ——, 1842.

„Sehr geehrter Herr: – Wir stecken wegen einer Kleinigkeit in kleinen Schwierigkeiten. In dieser Stadt gibt es jetzt nicht weniger als drei Herren, die als Geschäftsträger der Republik Oronoco für die Regierung akkreditiert sind. Sie sind natürlich von drei verschiedenen Heimatorten aus akkreditiert Regierungen. Als die erste eintraf, gab der Präsident zu verstehen, dass er am 2. Proximo den Chargé von dieser Regierung erhalten würde, aber keiner von uns weiß, wer der richtige Chargé ist. Die Zeitungen berichten nichts Befriedigendes darüber. Ich nehme an, Sie wissen: Kannst du mir vor dem 2. Tag schreiben?

„Die Herren sind: Dr. Estremadura, akkreditiert von der ‚Verfassungsregierung‘ – seine Beglaubigungsschreiben sind auf den 2. November datiert; Don Paulo Vibeira von den ‚Freunden des Volkes‘, 5. November; M. Antonio de Vesga , „Verfassung von 1823“, 27. Oktober. Sie legen großen Wert auf unsere Entscheidung, da jeder ein Stück Papier zum Verkauf hat. In aller Eile, wirklich Ihre.“

Auf diesen Brief antwortete ich wie folgt :

„ SIR: – Unsere letzten Daten aus Oronoco beziehen sich auf das 13. Ultimo. Die ‚Verfassung von ‚23‘ war damals in voller Kraft. Wenn es jedoch die Politik unserer Regierung sein sollte, die Herren anzuerkennen, deren Direktoren am… Zweitens ist es eine ganz andere Angelegenheit.

„Vielleicht sind Ihnen die Formeln zur Bestimmung der Dauer einer bestimmten modernen Revolution nicht bekannt. Ich verwende jetzt Folgendes, was ich fast genau richtig finde.

„Multiplizieren Sie das Alter des Präsidenten mit der Anzahl der Statutsmeilen vom Äquator entfernt, dividieren Sie durch die Anzahl der Seiten in der gegebenen Verfassung; das Ergebnis ist die Dauer des Ausbruchs in Tagen. Diese Formel beinhaltet, wie Sie sehen werden: ein Ausgleich für die Hitze des Klimas, den Eifer des Führers und die Ausführlichkeit der Theoretiker. Die Verfassung von 1823 wurde am 25. Oktober letzten Jahres erneut proklamiert. Wenn Sie die obige Formel in die Hände eines Ihrer Angestellten geben, Die Berechnung daraus wird zeigen, dass diese Regierung am 1. Februar, 25 Minuten nach 13 Uhr, ihre Macht verlieren wird. Ihre Wahl am 2. muss daher zwischen Vibeira und Estremadura liegen; hier werden Sie keine Schwierigkeiten haben. Bobádil (Vibeiras Rektor) wurde am 13. Ultimo zum Tode verurteilt, und zwar so weit von der Hauptstadt entfernt, dass er unmöglich entkommen und vor dem 2. Februar an die Macht gelangen kann. Die „Freunde des Volkes" in Oronoco haben das schon immer getan bewegten sich langsam; in weniger als neunzehn Tagen Kampagne kam es nie zu einem Aufstand; das war im Jahr 1839. Im Allgemeinen sind sie sogar noch länger. Natürlich wird Estremadura Ihr Mann sein.

„Glauben Sie mir, sehr respektvoll, Ihr gehorsamer Diener,

„GEORGE HACKMATACK"

Das Kabinett hatte den guten Sinn, auf meinen Rat zu reagieren. Meine Informationen erwiesen sich als nahezu korrekt, der einzige Fehler war einer von sieben Minuten beim Sturz der Verfassung von 1823. Dies lag daran, dass ich den Längengradunterschied zwischen Piaut , wo ihre Regierung gegründet wurde, und Opee , wo sie zerschlagen wurde, nicht berücksichtigte. Der Zeitunterschied zwischen diesen Orten beträgt sechs Minuten und dreiundfünfzig Sekunden, wie der Leser auf einem Globus sehen kann.

Estremadura wurde natürlich dem Präsidenten vorgestellt und verkaufte seine Aktien.]

7. Zeitungsleute aus dem Jahr 1868 werden sich amüsieren, wenn sie denken, dass es 1836 halb zwei spät war. Zu dieser Zeit sollte die „Great Western Mail" um 18 Uhr in Boston eintreffen, und es gab keine späteren Nachrichten außer „lokal" oder gelegentlich ein Pferd äußern.
8. Der Leser wird die arkadischen Gewohnheiten von 1836 beobachten, als das Deutsche noch unbekannt war.
9. Anno Christi, 60.
10. Stillschweigend. Annal., xiv. 9
11. Anno Christi, 60. Siehe Neander, P. & T., B. iii. CH. X
12. Diese Korrespondenz, wie sie in den Fragmentsammlungen erhalten ist, hat zu sehr das Aussehen einer Schulübung, als dass sie große Anerkennung beanspruchen könnte, obwohl hohe Autoritäten sie als echt bekräftigen. Aber die Wahrscheinlichkeit, dass es eine solche Korrespondenz gab, obwohl sie heute verloren ist, ist sehr hoch.
13. Der Feueralarm ist die Erfindung von Dr. William F. Channing:

„Ein Zauberer von so gefürchtetem Ruhm,
Als ich in der Höhle von Salamanca war,
Er zeigte seinen Zauberstab zum Winken,
Die Glocken würden in Notre Dame läuten.

14. Ich kann mit Stolz sagen, dass solche Vorschläge so viel Gewicht hatten, dass im Jahr 1868 der Alarm die Nummer des Kastens schlug, der als erster die Gefahr meldete, sechs-vier, sechs-vier usw., wobei sechs die Bezirksnummer und vier die Nummer war Postfachnummer in diesem Bezirk.

Tetrao lagopus.

Was bedeutet: „Im dreizehnten Jahrhundert", mein lieber kleiner Glocken- und Korallenleser. Sie haben richtig vermutet, dass die Frage „Was ist die Geschichte der Reformation in Ungarn?" bedeutet.